U0600913

学高为师　身正为范

——纪念戚文彬教授诞辰 100 周年

朱利中　主编　郭伟强　戚志红　副主编

ZHEJIANG UNIVERSITY PRESS
浙江大学出版社

图书在版编目（CIP）数据

学高为师　身正为范：纪念戚文彬教授诞辰 100 周年 /
朱利中主编 .— 杭州：浙江大学出版社，2019.10
　　ISBN 978-7-308-19640-6

　　Ⅰ.①学… Ⅱ.①朱… Ⅲ.①戚文彬（1919—2002）
－纪念文集　Ⅳ.①K826.13-53

　　中国版本图书馆 CIP 数据核字（2019）第 221442 号

学高为师　身正为范——纪念戚文彬教授诞辰 100 周年

朱利中　主编　郭伟强　戚志红　副主编

金友元　诗词编辑　陈恒武　图像编辑

责任编辑　傅百荣

责任校对　李瑞雪　徐雨薇

封面设计　刘依群

出版发行　浙江大学出版社
　　　　　　（杭州市天目山路 148 号　邮政编码 310007）
　　　　　　（网址：http://www.zjupress.com）

排　　版　杭州中大图文设计有限公司

印　　刷　浙江海虹彩色印务有限公司

开　　本　787mm×1092mm　1/16

印　　张　16.25

字　　数　337 千

版 印 次　2019 年 10 月第 1 版　2019 年 10 月第 1 次印刷

书　　号　ISBN 978-7-308-19640-6

定　　价　88.00 元

版权所有　翻印必究　印装差错　负责调换

浙江大学出版社市场运营中心联系方式：0571-88925591；http://zjdxcbs.tmall.com

目 录

一、戚文彬教授生平

二、文章叙情愫

三、诗画记缅怀

四、部分科研学术成果

一、戚文彬教授生平

戚文彬教授简历

1919 年 2 月 9 日	出生于浙江省慈溪市新浦镇
1926 年 2 月—1932 年 7 月	读小学（新浦仁德小学、锦堂小学）
1932 年 8 月—1935 年 7 月	读初中（宁波四明中学，现为宁波第四中学）
1935 年 8 月—1937 年 4 月	读高中（宁波浙东中学，现为宁波第四中学）
1937 年 4 月—1939 年 1 月	因病离校回到家乡新浦镇治疗
1939 年 2 月—1940 年 7 月	重返宁波浙东中学读高中至毕业
1940 年 8 月—1941 年 7 月	考入浙江大学化学系；因当时浙大已经内迁至贵州，故在英士大学借读
1941 年 8 月—1942 年 1 月	前往贵州遵义；途中不幸覆车受重伤，在遵义卫生院疗伤
1942 年 2 月—1945 年 1 月	就读于浙大理学院化学系（在贵州湄潭）；获学士学位
1945 年 2 月—1947 年 7 月	浙大药学系助教（先在贵州湄潭，1945 年秋迁回杭州）
1946 年 10 月	在杭州与陈育敏结婚，二人共养育三女一子
1947 年 8 月—1951 年 1 月	任职于宁波浙东中学（教高中化学和数学）
1951 年 2 月—	浙江大学化学系（次年 8 月经全国高等院校院系调整，调整后为浙江师范学院化学系）助教，1952 年 8 月晋升讲师
1958 年 8 月—	一直在杭州大学化学系（1988 年秋归属浙江大学）任教
1978 年 8 月	晋升为副教授
1979 年 9 月	开始招收研究生，至退休共招收 12 名
1983 年 3 月	经教育部批准晋升为教授
1989 年 8 月	退休，返聘至 1995 年 8 月
2002 年 1 月	因病逝世于浙江医院（凌晨 3 时 58 分）

新浦名人：分析化学家戚文彬

戚文彬像

戚文彬（1919—2002），浙江省慈溪市新浦镇人。1945 年 1 月毕业于浙江大学化学系，并留校任教。1952 年院系调整后并入浙江师范学院化学系，后转入杭州大学化学系，直至 1989 年 8 月退休，又返聘至 1995 年 8 月。1978 年任副教授，1983 年晋升为教授。

戚文彬在教学和科研上的主要方向为分析化学和环境化学，均取得了较大的成绩。

在分析化学方面，曾主讲过无机化学、分析化学、化学分析法及硕士生的专业课——多元络合物在分析分离中的应用等课程。1954 年受高等教育部委托，与王琎教授编写高等师范院校本科生教材《分析化学》，1958 年由高等教育出版社出版。20 世纪 80 年代初，受上海科学技术出版社委托，主编大学自学丛书之一的教材《分析化学》（上册 1982 年，下册 1983 年），还主编分析化学工具书《分析化学手册（第二分册）》（化学工业出版社，1982），该书被收录于《中国优秀科技图书要览》。戚文彬在分析化学科研方面卓有建树，被公认为全国知名分析化学家及浙江省分析化学学科带头人之一。着重研究增效试剂对显色和荧光反应的增效作用，以及两种或两种以上增效试剂的协同作用。所研究的对象主要有两大类：表面活性剂和环糊精及其衍生物。他首先创立了"胶束刚性不对称微环境"原理，编著出版了两部专著：《表面活性剂与分析化学》（中国计量出版社，上册 1986 年，下册 1987 年，并获 1987 年浙江省教育委员会自然科学成果荣誉奖），《新分析增效试剂》（杭州大学出版社，1994），在国内外发表论文一百余篇。

由于他在分析增效试剂研究上的成就，曾应邀为 1989 年和 1995 年太平洋沿岸地区国际化学大会有关分析增效试剂的专题讨论会的共同组织者之一。他的"表面活性剂在分析化学中的应用及其机理研究"和"有序介质中的分析反应的机理和应用"成果，分别获 1989 年国家教育委员会科技进步奖二等奖和 1994 年国家教育委员会科技进步奖三等奖，1996 年化学工业部自然科学奖三等奖。

　　在环境科学方面，戚文彬作为杭州大学化学系环境化学专业的筹建人，1983 年起任环境化学教研室主任，拟定了很多新分析方法，其中以表面活性剂为增效试剂，用邻硝基苯基荧光酮为显色剂测定废水和土壤中 Cr（Ⅵ）的新光度法，被全国高等农业院校《环境测定》教材所采用。

引自网页 ren.bytravel.cn/history/10/qiwenbin6596292.html

戚文彬教授主要成就简介

戚文彬像

戚文彬（1919-2-9—2002-1-19），字景康，浙江省慈溪市新浦镇人。1945年初从浙江大学化学系毕业，先后在浙江大学药学系、宁波浙东中学（现宁波四中）、杭州大学和浙江大学化学系、环境科学系执教。1978年和1983年先后晋升为副教授和教授。1989年8月退休后又返聘至1995年8月。

戚文彬先生在教学和科研上的主要方向为分析化学和环境化学，在这两个领域都取得了较大的成就。

戚文彬先生早年在王琎（季梁）教授领导的浙江大学化学系工作，由于得到这位中国分析化学前驱的亲自指点，加上自己的勤奋刻苦，各方面颇有成效，不久便晋升为讲师。1954年，高等教育部委托王琎教授为高等师范院校本科生编写《分析化学》教材（此前均借用英文教材），王教授邀请戚文彬为唯一的合作者。两人分工合作，由王琎教授主编定量分析讲授教材，戚文彬编写定性分析讲授教材及定量分析和定性分析的全部实验内容。这套教材分上下二册，共计63万余字，均于1958年由高等教育出版社出版，其后近二十年中一直被全国高等师范院校采用。

自王琎教授告老后，戚文彬先生一直担任杭州大学化学系分析化学教研室主任并主持工作。1981年起，戚文彬因发展需要，参与筹建环境化学专业并主持工作，直至退休。

20世纪80年代初，戚文彬先生应上海科学技术出版社之邀，主编大学自学丛书之一的《分析化学》教材，上下册分别于1982年和1983年出版，共计55.5万字。戚文彬先生还曾主编分析化学工具书——《分析化学手册（第二分册）》，该书由化学工业出版社于1982年出版，计154万字，并被收录于《中国优秀科技图书要览》（由中国科学技术协会编，辽宁科学技术出版社出版）。1994年，《分析化学手册》筹备出第二版，此时戚先生虽已退休，仍认真参与新版的修订，指导其弟子郭伟强完成了全书 114.8 万字中 44.2 万字的修订稿并于 1997 年 12 月出版。该新版手册 2000 年 6 月获第十届全国优秀图书奖二等奖，2000 年 8 月获国家石油和化学工业局第六届优秀图书奖一等奖，2001 年 11 月获第五届国家图书奖提名奖。

除了教材建设之外，从 1985 年起，戚文彬先生共担任过三届《分析化学》杂志编辑委员会的委员。该杂志是由中国科学院长春应用化学研究所和中国化学会共同主办，于 1972 年创刊，为 SCI 核心期刊，CSCD 核心期刊，北大核心期刊，统计源期刊，先后获得百种重点期刊、中科双高期刊、第二届全国优秀科技期刊等荣誉称号。

由于在分析化学科研中的独特贡献，戚文彬先生被公认为全国知名分析化学家及浙江省分析化学学科带头人之一；他在某些领域内的创新，也得到国内外同行的认可和赞誉。

戚文彬先生及其研究团队着重研究增效试剂对显色和荧光反应的作用、多种增效剂的协同作用及反应机理。他们所研究的增效试剂主要有两大类：表面活性剂和环糊精及其衍生物。

自 20 世纪 70 年代起，戚文彬先生致力于探索多元络合物在分析化学中的应用，特别对表面活性剂进行胶束增敏机理研究，于 1981 年在国内首创"浊点析相"光度法，成为痕量分析技术和研究胶束体系性质的一种有效方法，受到同行肯定并得以推广应用。

戚文彬先生在国际上首先创立了显色反应增敏"刚性不对称微环境"等一系列理论。他所著《表面活性剂与分析化学》一书（分上、下二册，下册与其研究生浦炳寅合著），分别于 1986 年和 1987 年由中国计量出版社出版。这是国内外第一部有关表面活性剂在分析化学中应用的专著，获得国内外同行一致好评，其学术水平被认为处于国内先进行列。此书获 1987 年浙江省教育委员会自然科学荣誉奖。戚文彬先生及其研究团队在"表面活性剂在分析化学中的应用及其机理研究"和"有序介质中的

《表面活性剂与分析化学》书影

分析反应的机理和应用"的研究成果，分别获 1989 年国家教委科技进步奖二等奖、1994 年国家教委科技进步奖三等奖和 1996 年化学工业部自然科学奖三等奖。

在全国第四届多元络合物光度分析学术会议上

戚文彬先生先后两次主持由中国化学会主办的全国多元络合物分析应用学术会。他还曾多次应邀在国内多所大学、专业学会主办的学习班上讲学，以及在各种学术会议上作专题报告。例如，国家教委科技委 1990 年 5 月举行"分析化学前沿和教育"研讨会时，特邀戚文彬先生作专题发言，其文稿《增效分析试剂的发展鸟瞰》被收录于由高鸿院士主编的《分析化学前沿》专辑（科学出版社，1991）。

戚文彬先生的研究成果也引起国际同行的兴趣和关注。因此，他早在 20 世纪 90 年代就先后三次分别赴美国和印度，应邀在国际化学会上宣读学术论文。1989 年太平洋沿岸地区国际化学大会（PACICHEM'89）邀请戚文彬先生作为"Analytical Chemistry Using Surfactants" 专题讨论会的共同组织者之一，并作特邀报告。PACICHEM'95 召开时，再次邀请戚文彬先生共同组织"Ordered Media（Micelles，Cyclodextrins，etc.）and Analytical Chemistry，A Successful Marriage"研讨会。1987 年美国化学会（American Chemical Society）的全国年会也向戚文彬先生发出邀请，他遂派自己的研究生在大会上作有关我国应用表面活性剂与分析化学的近况报告。

自 20 世纪 80 年代中叶起，戚文彬先生等在国内首创将 β- 环糊精用于分光光度法，并率先开始研究 β- 环糊精对多种类型显色反应的增效机理；先后测试了 20 余种金属离子与多类显色剂的作用，拟订了测定 Ag（I），Cr（VI）等离子的新光度法，并探讨有关络合反应的机理，总结出一些规律。

戚文彬先生在古稀之年退休后仍不断耕耘，开拓新领域。20 世纪 90 年代初，他和团队成员将研究扩大到环糊精及其衍生物作为荧光反应的增效试剂以及它们与表面活性剂的协同增效作用。曾在著名的匹兹堡分析化学和应用光谱学术会议（1994 年）、第七届国际环糊精研讨会（1994 年）、1994 年中国化学会第五届多元络合物分析应用学术会议、第二届长春国际分析会议和 1995 年太平洋沿岸地区国际化学大会（PACICHEM'95）等重要会议上发表多篇有关论文，获得国内外学者的普遍好评。

1994 年，戚文彬先生和其小女儿戚志红合作完成的《新分析增效试剂》由杭州大学出版社出版。这本计 18.2 万字的专著重点介绍了环糊精及其衍生物与客体分子包合物的结构和性质、增效试剂混合使用时产生的协同作用、表面活性剂与分析化学的新发展等等，还提出有关分析增效试剂的新见解。

《新分析增效试剂》书影

戚文彬先生在环糊精研究领域里的领先地位也使他得到《分析科学学报》编辑部的特别邀请，为其撰写有关"环糊精衍生物在荧光分析中的应用进展"的综述。

环境化学是环境科学中的重要分支学科之一，是一门用化学方法研究化学物质在环境中的行为及其对生态体系影响的科学。自 1972 年 6 月联合国人类环境会议在瑞典斯德哥尔摩举行之后，环境保护日益得到重视，我国也将环境保护确立为基本国策。

1980 年，杭州大学化学系任命戚文彬为创办环境化学专业的筹建人，并于同年率先于浙江省内其他理科高等学校开始招收"工业环境保护"专科生。1981 年秋起开始招收环境化学专业本科生。1983 年 2 月成立环境化学教研室，至 1994 年发展成环境科学系。作为首任杭州大学化学系环境化学教研室主任的戚文彬，在这门相对新兴的学科上倾注了满腔热忱。在校内，他除了给学生讲授环境化学课程以外，科研上也更多侧重环境分析，从而建立起多种简便、灵敏的环境分析法。例如，戚文彬等拟定的以表面活性剂为增效试剂，用邻硝基苯基荧光酮为显色剂测定废水和土壤中 Cr（Ⅵ）的新光度法，发表于权威分析化学杂志 Talanta，并被全国高等农业院校《环境监测分析》教材采用。

由浙江省环境保护局主管的《环境污染与防治》于 1979 年创刊，是我国最早的环境保护专业期刊之一。戚文彬先生从 1984 年起担任此刊编辑委员，为传播环保科学思想，普及环保科学知识做出了贡献。

戚文彬先生在主持杭州大学化学系环境专业的同时，还热心于社会上的环境教育。在他倡导下，1989 年浙江省环境科学学会成立了环境科学宣传教育委员会，戚先生被选任为首届主任委员，退休后仍担任该会名誉理事，他还曾任杭州市环境科学学会常务理事。他在工作中呕心沥血，不辞劳苦。七十高龄退休后，戚先生依然连续数年冒酷暑为全省高等师范院校教师或重点中学化学教师举办环境科学讲习班，除主持全面工作外，还亲自任教。1991 年 5 月 2 日出版的《中国环境报》所报道的一段文字，便是很好的写照："去年盛夏的一天，台风正裹挟着暴雨向杭州发难，校园里已不见人影，在一间教室里，从全省重点中学来参加环境

戚先生在环境科学讲习班上讲课

1984.12 登威夷

与岑卓卿博士在夏威夷（参加 PACICHEM'84 期间）

科学讲习班的化学教师们正焦急地望着窗外，像是在等待着什么，蓦地，谁叫了起来，'来了，来了！'狂风暴雨中，只见一位清癯的老人双手斜撑着雨伞，挽着裤腿深一脚浅一脚地由远而近，'戚先生，您好！''大家好，大家好！'年逾古稀的戚文彬教授边甩着伞上的雨水，边带着宁波口音答道。他匆匆地用手帕擦了擦脸，便笑着招呼道：'时间快到了，我们上课吧。'"

戚文彬先生关注与环境科学密切相关的微量元素与人体健康的研究。他曾于 1984 年在太平洋沿岸地区国际化学大会上由美国堪萨斯大学教授、岑卓卿博士（祖籍慈溪市逍林镇）主持的专题讨论会上，宣读了《生长和加工条件对大米、小麦、玉米和红薯中矿物质含量的影响》，这篇论文是戚先生根据浙江省实际情况研究的成果。

戚文彬教授从事教学和科研 50 年，作出了较大的贡献，也得到了相应的荣誉。他的主要事迹和研究成果已分别载于《浙江省科技志》、《浙江教育名人》（浙江教育出版社，1994 年）、《求是群芳谱（第三集）》（浙江大学出版社，1995 年）、《当代中国科学家与发明家大辞典》第三卷（当代中国出版社，1996 年）、《中国高等教育专家名典 I》（入典，并应聘为该典特约顾问编辑，由香港中国国际交流出版社、中国经贸出版社出版）、英国剑桥传记中心的国际知识分子名人录（*Who's Who*，1995）等处，他还被美国传记研究所授予杰出人物称号（1996）。

戚文彬教授为人谦逊低调，从不炫耀自己。他给自己定下的座右铭就是"做好自己应做的工作是我最大的乐事"。正是这个朴实无华的理念，使他几十年如一日，勤奋努力，刻苦钻研，诲人不倦。

借戚先生诞辰 100 周年之机，简要介绍他在化学教育和研究中的主要成就，以纪念先生并勉励后人。

戚文彬先生亲笔手书他的座右铭

注：本文的部分内容曾刊载于《百年新浦》（新华出版社 2007 年 7 月）

戚志坚（戚文彬长女）、戚志红（戚文彬幺女）

2018-8-8—2018-9-26

斯人之初：那时、那家、那乡

历史的车轮在一片阴云笼罩下，沉重地驶入了 1919 年。

在不足两个月之前的 1918 年 11 月 11 日，刚刚经过四年血战的协约国和同盟国宣布停火，终于为人类历史上第一次世界大战画上了句号。1919 年 1 月 18 日，在一战中获胜的协约国集团聚集于法国巴黎的凡尔赛宫，开始了将持续五个多月的巴黎和会，包括中国在内的 32 国分别派代表前去参加。

在美国，第 26 任总统西奥多·罗斯福于 1 月 6 日病逝。当时在位的是第 28 任总统托马斯·伍德罗·威尔逊，他也是唯一拥有哲学博士头衔的美国总统。为了参会，他在巴黎待了近 6 个月，为创建国际联盟竭尽努力，终于使有关章节写入 1919 年 6 月 28 日巴黎和会最后一日所签署的《凡尔赛和约》，因此获得当年的诺贝尔和平奖。

在中国，1919 年 5 月 1 日传来消息：巴黎和会不顾中国代表的抗议，将德国在山东的权益转让给日本，国人闻讯群情激愤。5 月 4 日，北京十三所学校的三千余学生在天安门前齐集示威，提出"外争国权，内惩国贼"，要求惩办北洋军阀政府的亲日派官僚，主张拒绝在《凡尔赛和约》上签字。"五四运动"随后波及天津、上海、广州、南京、杭州、武汉、济南及其他城市，演化成中国近代史上一场影响深远的群众运动，甚至直接促进了中国共产党的诞生和发展。

1919 年 2 月 9 日，即农历己未（羊）年正月初九那天，戚文彬诞生于浙江省慈溪市新浦镇。他响亮的第一声啼哭穿越老屋前一小片空间，触及院门外的街道。戚家小院由几间平房围成三边，另一边则是条宽四五米的小河，边上的居民常年用河水洗衣被、洗蔬菜、清便桶。房前屋后都种上了蔬菜，其间还夹杂着几株桃树和橘树，春天花吐艳，秋季果飘香。前院屋檐下排放着几只大水缸，用来贮存"天落水"，经过静置或加点明矾沉淀了杂质，便用来烧饭饮用。

戚文彬的爷爷戚尧嵩是一名秀才。戚文彬的父亲生于 1892 年农历八月十八日，原名东乔，字友群，号元朋，被乡人尊称为生裕先生。戚友群从小聪颖好学，深得其父喜爱。他先读私塾得启蒙，后进入新式学堂。由于成绩优异，戚友群于 1914 年被保送到浙江甲种工业学校就读，四年后从机械专业毕业，即被保送去日本东京帝国大学继续深造，成为新浦历史上第一位留学生 [1]。

可惜戚友群在日本期间罹患重病，不得不辍学治疗和休养，以致中断了学业。

戚友群回到家乡以后，胞兄戚长裕邀他一起开办了"戚祥丰酒米店"。据乡人回忆[2]，祥丰酒米店除了经营酒米，还有腐乳和酱油等名产。例如，祥丰店制作五种风味的"瓮豆腐"（腐乳），深受新浦一带乡亲的喜好，以至流传下来有"乌干菜、白米饭，祥丰豆腐过泡饭"之谚。

赴日留学时的戚友群

戚友群在儿子出生时，按照族系辈分为他起名景康，字文彬。在中国社会几千年"万般皆下品，唯有读书高"的传统下，显然希望为戚家传宗接代的唯一男孩学有成就、文质彬彬。为此，戚友群从儿子的童年时代起，就对他各方面严格要求，使他养成诚实、节俭、勤奋和不屈不挠的品格。在儿子的学业上，戚友群不吝花费，总是在自己力所能及的范围内，让他得到最好的教育。

戚友群留学东洋虽遇挫折，他却没有放弃干一番事业的远大志向。1931年戚友群应友人之邀，毅然离家远行，赴济南莘城制造局任职。他不但精于机械工程，还广学博览，加上他为人正直友善，逐渐脱颖而出，曾随同军事考察团出访日本、朝鲜等国，并被授予少校军衔，后来又转任湖北汉阳制造局材料科科长。但他如日中天的事业，及至他的命运，都将被1937年日本全面侵华之乌云黑霾而笼罩，此为后话，读者会在《随校西迁：一段崎岖上行的求学路》中获得进一步了解。

戚文彬的母亲张润美（农历1895年七月二十八日—1987年七月六日）是新浦附近的胜山镇人。张氏五官端正，慈眉善目，性情也格外老实温柔。她嫁入戚家后，不仅当好贤妻良母，还尽心伺候公婆，顺从兄嫂，为维持大家庭的和睦不惜忍辱负重。她乐于助人，在邻里之间有很好的名声；她勤劳能干，70多岁还亲手纺织土花布，送给孙辈做衣服。

张润美（60岁）

慈母的"个性基因"在戚文彬的行事为人上也颇有彰显。子女们一致认为他是个少见的好脾气的爸爸。学生们感觉戚老师爱生如子，身教重于言教，有的甚至表示："人说一日为师，终身为父，我却感到你比父亲给我的还多。"在同事中，他以慈悲宽容出名，被众人亲切地称作"戚伯伯"。更难能可贵的是，即便受到不公正待遇，他也能平心以待，不计人恶。当然，戚文彬并非圣贤（他自认是一个蒙恩的"罪人"），个人的品行也不能单靠遗传与生俱来。多年来在戚文彬的写字桌玻璃台板下压着一张卡片，其上是他亲手抄写的引语——"仁爱、喜乐、和平、忍耐、恩慈、良善、信实、温柔、节制"，可见他对美德的刻意追求。

然而，张润美身上最让外国人或中国现代年轻人所惊愕的，却是那双仅长三寸左右（约10厘米）的小脚。这畸形产物来源于中国古代沿袭下来的一个劣俗：裹足，亦称缠足。因苏东坡曾填过诗词史上第一首专咏缠足的词《菩萨蛮》[3]，曾有学者以此证明该习俗在宋代的盛行，可见由来已久。千百年以来，中国社会视女子的小脚为美，以至成为男人择妻的重要条件。直到"五四运动"以后，这种变态的审美习俗才渐渐绝迹。

张润美的小脚自然也给她的日常劳作带来诸多不便。

20世纪60年代初，戚文彬邀请慈母赴杭与儿孙们小聚。当时戚家居住在杭大河南宿舍的14幢9号，位于二楼。张润美见儿子媳妇整天忙于上班，还要养育4个孩子，便尽力帮做家务活。那时南方城市尚无煤气灶，居民烧煮靠煤炉，其燃料是煤球或煤饼（又叫蜂窝煤）。煤炉每晚需要"封"（减少氧气进入），次日使用炉子前则须"生炉"（打开供氧通道以助燃烧）。到杭州不久的一天清晨，老人家早早起床后，独自拎着煤炉下楼处理，因三寸金莲行动困难，在二层楼梯上失足，连人带十来斤重的炉子滚落到底楼，以至左脚踝骨骨裂，让老人家吃了不少苦头，三代人同游西湖的计划也未得实现。值得庆幸的是，张润美那次去杭州时，祖孙三代去照相馆拍了一张全家福合影。

祖孙三代全家福
前排从左到右：母亲、祖母、幼女、父亲。
后排从左到右：儿子、长女、次女

伴随戚文彬度过童年时代的唯一同胞手足是他姐姐戚雅娟（农历一九一五年十月十一日—二零一六年九月一日）。戚雅娟既有父亲的聪明果敢又不乏母亲的温情善良。她孝顺长辈，照顾弟弟，关爱后代，戚文彬一向与姐姐关系亲近，并主动将归属儿子继承的家族房产与她分享。戚雅娟暮年时也得到自己三子一女的尽心照料，临近101周岁时才安详离世。

1973年初夏，在距离戚文彬家乡西南边不远处一个小村子的水利工地上，"当啷"一声响，一位农民正在挖地基的锄头磕破了什么硬物。他弯腰捡起，发现是一个陶片，于是好奇地再掘了几下，又挖出些破碎的陶器、木矛、骨针和鹿角等不寻常物件，由此发现了闻名世界的河姆渡文化遗址（当时属于浙江慈溪市，现隶属浙江余姚市河姆渡镇）。两期考古发掘（1973—1974，1977—1978）中所获的大量遗迹表明，早在新石器时代（约前7000—前5000），我们的祖先就已在这里生息[4]。

2008年5月1日，全长36公里的杭州湾跨海大桥正式通车，一举形成以上海为中心的江浙沪两小时交通圈。慈溪市地处跨海大桥的南端，是长江三角洲黄金节点城市，从以下数据便可略见慈溪的经济实力：2015 年美国权威杂志《福布斯》发布中国最佳县级城市榜单，慈溪居第七名，福布斯也曾选其为中国十大最富有县级市之一。在 2017 年全国中小城市综合实力百强县市中，慈溪名列第五。

从左到右：陈育敏、戚文彬、戚雅娟（为戚友群扫墓）

慈溪始称于唐开元二十六年（738），县治设在现今的慈城。慈溪地处钱塘江到东海的入口处，原先是从沧海而出的小片桑田。从宋庆历七年（1047）开始直至 20 世纪末，政府部门先后多次组织筑塘围涂，向大海索地。戚文彬的故乡新浦便是一个围垦海涂而成的新兴乡镇。清咸丰初年（1851—1854），为接通破山浦（即"旧浦"），另外掘了一条江浦，名为"新浦"。直到 1930 年，新浦方才正式设乡，那时戚文彬已是个 11 岁的少年人。以后几十年中，新浦的划归和行政级别曾几经变更。1988 年，慈溪县改为慈溪市，新浦成了慈溪市辖镇。

新浦镇东距宁波市和北仑港 65 公里，西至杭州市 130 公里。今日的新浦具有十余公里黄金海岸线，拥有非常丰富的海洋资源，加上海涂和内陆养殖，盛产鱼、虾、蟹、鳗、蛤、蛏子、泥螺等。戚文彬从小生长在这里，故特别喜好海鲜。他成家以后即使在物质匮乏、难得吃到肉食的时期，妻子陈育敏总是想方设法为他准备一些鱼类菜肴，不管是哪一种，也无论大小，或新鲜或腌制，都被戚文彬视为珍馐。

新浦人崇尚耕读传家，尊师重教。旧时，在孩子接近就学年龄时，都要先排八字，算出上学岁数宜单或宜双。单岁上学多在七岁，双岁上学则多选六岁，其次选八岁。1912 年元月中华民国建立后，新浦境内原先的私塾纷纷由民间个人捐资或宗祠拨房产改建为学堂，以便招收更多学童。

戚文彬 7 岁上学，从 1926 年 2 月至 1932 年 7 月，先后在当时新浦的仁德小学

和锦堂小学就读。如今保留下来最早期的照片是他小学毕业时拍的：头发理得很短，身穿立领直身、偏大襟的长衫。时年 13 岁的戚文彬即将离别家乡亲人，只身赴宁波上中学，为前途独自打拼。

戚文彬少小离家，当了大半生游子，但家族亲友以及祖籍的水土草木却令他魂牵梦绕，思乡情怀日久弥重。除了书信往来，他也尽量抽空常回家看看。母亲张润美逝世之前的十数年间，他每年必携妻返乡陪伴老人家过

小学毕业时的戚文彬

春节。

　　戚文彬的乡亲也念念不忘这位从本土走向全国的知名学者。2007 年，新浦镇出版的《百年新浦》中，为介绍和纪念戚文彬占用了相当可观的篇幅。戚文彬去世 16 载后的 2018 年，慈溪市和新浦镇的官网上仍把他列为"著名人物"；在新浦镇的一面墙壁上，依然展示着图文并茂的《名人——戚文彬》。

　　一百年倏忽而过，新浦经历了沧海桑田的巨大变迁。然而，戚文彬与故乡的渊源却悠长凝重，永流不息。

参考资料/注释：

[1]　王孙荣，《新浦第一位留学生——戚友群》，《百年新浦》第 167 页。

[2]　《老店史话》，《百年新浦》第 53 页，新华出版社，2007 年 7 月。

[3]　宋代诗人苏东坡曾专门作《菩萨蛮》一词，咏叹缠足。"涂香莫惜莲承步，长愁罗袜凌波去；只见舞回风，都无行处踪。偷立宫样稳，并立双跌困；纤妙说应难，须从掌上看。"（2018.6.20 查询网页 https://baike.baidu.com/item/ 裹足）

[4]　援引信息来自《百度百科河姆渡遗址》等网站（2018 年 6 月搜索）。

戚志红（戚文彬幼女）、戚志民（戚文彬之子）

2018-6-19—2018-8-31

随校西迁：一段崎岖上行的求学路

1937 年，日寇策动"七七卢沟桥"事变，开始全面侵华。8 月，日军进攻上海，"淞沪战役"失利，日军逼近杭州。9 月，地处东部沦陷区的浙江大学师生在校长、著名地理气象学家和教育家竺可桢先生带领下，先部分转移到西天目山上课。两个月后，由于战火进一步蔓延，浙大全校迁至浙江建德。同年 12 月，杭州失陷敌手，迫使 700 多名师生继续往西南跋涉，横穿浙江、江西、广东、湖南、广西、贵州六省区，驻足九地，共历时两年半，行程 5000 多里。1940 年抵达贵州后，以遵义为学校总部，在湄潭设立分部，又在青岩和永兴两地先后设立一年级分部，坚持办学共七年，直到抗战胜利，谱写了一部伟大的"文军长征"史。

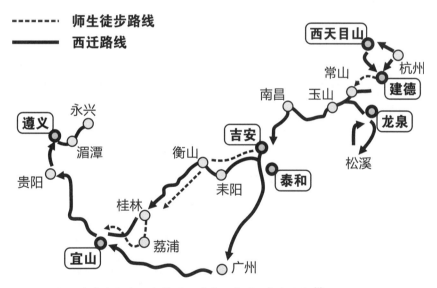

抗日战争期间浙江大学西迁路线示意图 (来自网络 [1])

1940 年 7 月，大约在浙大师生抵达贵州之时，戚文彬从宁波浙东中学（今宁波第四中学）高中毕业，并以优异的成绩考入浙江大学。不幸的是，此时浙大早已离杭西迁。戚文彬一时无法进入浙大，只好去当时浙江省为安置战地失学青年建立的英士大学，在应用化学系临时借读了一年。期间，日军于 1941 年

4月侵占戚文彬的故乡慈溪。同年7月，他与家人不告而别，毅然踏上了赴黔求学的崎岖旅途。

1940年，高中毕业时的戚文彬

贵州在地貌上属于中国西南部高原山地，平均海拔在1100米左右，素有"八山一水一分田"之说，是全国唯一没有平原支撑的省份。当时的小学课本上有顺口溜如此描述——"天无三日晴，地无三尺平，人无三分银"，可见那儿的贫穷和山势险峻。戚文彬一路艰辛辗转，好不容易才进入贵州境内。不想在从贵阳到遵义的途中，他所搭乘的长途车翻落山崖。虽然从死亡线上被救了回来，戚文彬却因重伤在遵义卫生院住了几个月，直到1942年2月方得入学，因此他从浙大毕业延迟至1945年1月。

据他当年的同学回忆，车祸后戚文彬的头肿得比斗大，很长时期内一直头裹纱布。时隔半个多世纪，他自己在一篇题为《团聚杂感》的短文[2]中写道："我去贵州时因翻车头部受伤，到遵义和湄潭初期，头上还缠着白布，很像当地人，混在三、六、九赶场（赶集市）的人群中，也认不出来。"经历了那场事故，戚文彬九死一生，右前侧的颅骨留下了约二厘米深的凹陷，当年的伤势可想而知，对其大脑健康也不可避免地产生负面影响，然而上天仍为他保全了足够的脑功能，使他得以在日后的化学教研中颇有建树，实在可算是一个奇迹。

戚文彬在远离亲人的他乡异地，度过了痛苦漫长的疗伤过程。在此期间，曾得到浙大的许多老师和同学的关怀照料，感恩之情铭记不忘。也因此，戚文彬日后见别人有需要时，每每出于爱心竭力相帮。1945年抗战胜利后，浙大师生开始从贵州湄潭迁回杭州。当时有位陈姓宁波籍学生患了肺结核，且正处于传染性很强的发展期，有些人因此避而远之，戚文彬却主动承担起照料病人旅行的重任。一路上他与另一位学友搭档，悉心陪伴看护陈同学，直至护送他平安回到家乡母亲身边。

1946年秋戚文彬结婚后不久，新婚妻子帮助整理他的一只破旧小箱子，见里面一条毯子上有斑斑血迹。问他是啥，戚文彬解释说这是陈同学在途中吐的血。身为医护人员的妻子得悉详情后，不由大大吃惊并感到后怕，也因此对丈夫的人品充满敬佩。数年后戚文彬夫妇在宁波浙东中学执教时，曾应邀一同去陈家做客，陈家母视他为自己儿子的救命恩人，非常热情地接待他们。

浙大在遵义湄潭办学期间，抗日大后方物价飞涨，物资短缺。由于经费紧张，浙大被迫逐年精简人事，降低员工薪金，以至部分家中人口较多的教授夫人，不得已上街摆起饮食摊（例如卖茶叶蛋）来贴补家用[3]，当时师生们都过着极其艰苦的生活。

与戚文彬同时毕业的浙大化学系同学熊光迪，在其回忆文章《在浙大学习的日子（1941—1945）》[4] 写道："有一段时间在湄潭，因伙食没有筹划好，吃了第一碗饭就没有了，这一天就要过着半饥饿的生活。"在国难当头、物资匮乏的恶劣环境中，德高望重的竺可桢倡导"求是"学风，大家同心协力共渡难关。比如，由学校弄到一些土地，师生自己种菜，帮助解决大家的温饱问题。

随着日军向内陆的纵深侵入，贵州与外界的交通渐渐被阻断，使许多学生无法得到原先由家庭提供的经济资助，浙大校领导便想方设法为学员创造各种勤工俭学的机会。例如熊光迪所忆及[4]："在湄潭，美国学生救济委员会在靠近西门的一个民房里设立一个俱乐部，设有 crown（皇冠）棋和图书出借。借皇冠棋的人颇多，它的玩法类似弹子（台球），但不是圆球形的弹子，而是像大象棋的大棋子，中间一个大圆孔，象征王冠。因此桌面的水平要求比较低。我们有时也借出来玩。这是美国学生救济中国学生勤工俭学的组织，戚文彬学长曾介绍我参加过工作，借此获得一些报酬。"

大学时代的戚文彬

戚文彬也通过打工解决自己的生活开销。比如，他曾做过后来向熊光迪介绍的工作，给教授子弟当家教，还在浙大药学系当助教等等。因为有过这段助教经历，1945 年初他从化学系毕业留校后，继续在药学系工作。

有关西迁时期的生活环境，戚文彬在《团聚杂感》中有如下描述："回忆在湄潭求学时的情景，苦乐兼有，在'文庙'上课，在'祠堂'里做化学实验，当做回流实验时，以板凳搭高台，盛水器上下不断替换。灯草浸桐油照明下苦读，穿着用当地土布制的短裤和草鞋漫步在湄潭小街。以及来去于仁、义、礼、智、信斋临时宿舍，习以为常。"

根据浙大网站所提供的信息，湄潭文庙始建于明万历四十八年（1620）。西迁时期，那儿曾是浙大分部的办公室、图书馆和医务室的所在地。湄潭的浙大学生宿舍有 5 幢两层的楼房，分别叫仁斋、义斋、礼斋、智斋、信斋，其中前四幢楼是男生宿舍，信斋则是女生宿舍。

有关教学内容，熊光迪对当时化学系二年级的情况详述如下[4]。

湄潭浙大学校学习气氛很浓，同学实践环节很多。化学系除普通化学实验（两个学期）在永兴大一完成以外，我在湄潭完成的实验有：物理实验，植物实验，分析化学实验（一个学期定性，一个学期定量），有机化学实验（两个学期），有机分析实验（一个学期），有机合成（一个学期），物理化学（十几个实验），毕业论文（一个学期）。化学文献查找，化学文献报告（两个学期，每个同学要报告一次）。

教师讲授的课程有：物理，植物（崔征，选修），无机化学（王承基，必修），分析化学（定性，张启元；定量，王季梁），有机化学（王葆仁），德文（德梦铁），物理化学（刘云浦），有机化学分析（于同隐），有机化学选读（王葆仁，选修），有机天然产物（王葆仁，两学期选修），药物化学（张其楷，选修），化学史（必修，王季梁），工业化学（王季梁，必修），还有国防化学（选修）。

化学系的学生基础课是抓得很紧的，有严格考试，不及格要补考，甚至要开除。

我们除了上课以外，大部分时间都在化学实验室中，化学系的学生实验室和老师的研究室放在湄潭的文庙（湄潭浙大分校本部）隔壁的财神庙中。化学文献阅览室放在财神庙的戏台上。我们的有机化学课和文献报告就在那里进行，四周摆满了书，中间放了四张大桌子。

熊光迪所提及的化学教授王季梁即王琎先生（本名王琎，字季梁），德文教授德梦铁后来成为王琎的续弦夫人。王琎诞生于1888年，自幼便天赋出众且好学多才。1909年，他作为第一批庚款留美学生前往美国，先后获里海大学学士和明尼苏达大学硕士。1915年学成回国后，王先生曾在多所大学先后任教授、系主任、理学院院长等职。他长期担任《科学》杂志主编；参与创建中央研究院，并为该院化学所的第一任所长；20世纪30年代曾参与建立中国化学会，并担任成立大会主席，他是中国化学史与分析化学研究的开拓者。

浙大西迁期间，王琎先后出任化学系系主任及师范学院院长，是鼎力辅佐竺可桢校长的"八贤王"之一。戚文彬师从于王琎先生，正是从湄潭时期开始。学生时

在王琎诞辰百年纪念会上发言（墙上是王先生的照片）

代的耳濡目染及后来在其手下工作时得到的指点，对于戚文彬日后事业的发展具有重大影响。1954年，高教部委托王先生编写高等师范院校通用的《分析化学》教材，当时还只是一个年轻讲师的戚文彬被王先生邀请成为唯一合作者，他编写定性分析讲授教材以及全部实验教材，与王先生主编的定量分析讲授教材共有63万

余字，分上下两册，均由高等教育出版社于 1958 年出版，此后近 20 年中被全国师范院校采用。

王琎先生有个经历值得在此提及：浙大西迁时期，他本人也曾在川桂公路上遭遇翻车之祸，险些丧命 [5]。那一带地势之险峻及当初路况之恶劣，由此也可见一斑。

王琎先生在中国科学界的崇高地位从一个事实便显而易见：他曾经和新中国的最高领导人在一起吃过饭，并且在八人的餐桌上，他当时就坐在毛主席和周总理中间 [6]。不幸的是，这位泰斗级学者竟在"文革"初期惨死于劫匪之手 [7]。某大学的一个学生，从"内部消息"得知，王琎先生冻结的工资及从他家抄走的值钱物已经发还了。他于 1966 年 12 月 28 日趁夫人德梦铁和保姆外出办事时，以红卫兵自称来到王家，这个丧心病狂的歹徒，为了谋财，竟对年近 80 岁的老先生下毒手，一代科学巨星就这样陨落了！

戚文彬不仅在浙大西迁办学时遇见了日后的导师，也在贵州"认识"了以后携手共度 56 个春秋的人生伴侣。抗战胜利后，戚文彬和陈育敏于 1946 年 10 月在杭州喜结良缘，他们的主婚人是西迁时期的浙大体育系主任舒鸿先生。

生于 1894 年的舒先生也是浙江慈溪人，与戚文彬同乡。舒鸿先生早年留学美国，先后获得体育学学士学位及卫生学硕士学位。回国后曾在包括浙大在内的多所大学从事体育教育，还参与创建了中国第一个裁判员组织——中华运动裁判会，并在 1927 年至 1928 年担任会长。西迁征途中，有一次他在日军飞机轰炸前果断行动，保护了学生；驻黔办学期间，他与竺校长配合默契。

戚文彬与夫人

其实，舒先生在西迁之前就已名扬神州 [8]。1936 年 7 月，第 11 届奥运会在德国柏林开幕，篮球项目当时第一次成为正式比赛项目。在美国队和加拿大队即将决赛前，由谁担任裁判一时成为篮联的难题。决策者们经过慎重考虑，最后将这个历史性的使命给予中国代表团篮球队助理教练舒鸿。在中国人还被视为"东亚病夫"的年头，此消息公布时引起一片哗然，但美加两国教练却因奈·史密斯博士（篮球项目创始人，也是舒鸿在美学习时的导师）对舒的力荐而坦然接受。比赛结束后，舒鸿赏罚分明的裁决让众人心服口服。那年中国首次派出一支庞大的代表团参赛，但成绩始终欠如人意，随行的媒体也发不出好消息。1936 年 8 月

镌刻在石板上的浙大西迁人员名单

15日却一反常态：各大城市街头到处都是小报童响亮的声音，"号外！号外！舒鸿为国争光！"1936年10月，舒鸿从德国载誉回浙大时，竺可桢校长为他安排了一场盛大的欢迎仪式。

英国著名的生物化学家、中国科技史家李约瑟博士（Joseph Needham，1900—1995）曾于1944年4月和10月两次前往贵州考察浙大的办学实况[9]。李约瑟回国后在1945年10月出版的《自然》杂志上发表《贵州和广西的科学》，他在文章中真情洋溢地写道："在遵义之东75公里的湄潭，是浙江大学科学活动的中心。在那里，不仅有世界第一流的气象学家和地理学家竺可桢，有世界第一流的数学家陈建功、苏步青教授，还有世界第一流的原子能物理学家卢鹤绂、王淦昌教授。他们是中国科学事业的希望。"也正是这位李约瑟博士，赞誉浙江大学是"东方剑桥"。

当年在贵州的每一个学生都曾面对竺校长的发问："诸位在校，有两个问题应该自己问问，第一，到浙大来做什么？第二，将来毕业后要做什么样的人？"

李约瑟早在1945年所做的观察准确得近乎预言。事实上，浙大在西迁期间集聚了竺可桢、苏步青、卢鹤绂、谈家桢、贝时璋、王淦昌等一大批科学泰斗，求真求是，奋进不息，创造出累累科研成果，并培养出后来的诺贝尔奖获得者李政道，国家最高科学技术奖获得者叶笃正、谷超豪和程开甲等一代蜚声中外的学子。

2006年6月25日，湄潭浙江大学旧址作为中国近现代重要史迹，被国务院核定为全国重点文物保护单位。

在现今贵州湄潭县湄江镇的几处原浙大屋舍之间，一块造型新颖的大理石令人瞩目，上面镌刻着700多位当年西迁师生员工的姓名，戚文彬也在其中。

1945年8月抗战胜利后，浙江大学开始往杭州回迁。戚文彬归心似箭，期待与家乡失联已久的父母亲友团聚。但他万万没有料到父亲戚友群已撒手人寰。戚文彬12岁时，其父便独自前往山东闯荡，一年以后戚文彬离家去宁波求学。戚文彬自高中毕业后与家人分离已逾五年，总算盼到抗战胜利，有望阖家团圆，却因晚到寥寥数周，失去了与父亲最后告别的机会，怎不叫戚文彬痛心疾首！

新浦镇街壁上展示的戚友群生平事迹（摄于 2017 年 9 月）

抗日战争的全面爆发使戚友群在外地的事业突然中断。回到新浦老家后，当地政府想聘请他，但铁骨铮铮的戚友群不屑与他们同流合污，不愿为入侵的日寇服务，因此断然拒绝了这份工作。

那时余姚一带均属敌占区。有一次，几个日本散兵来新浦骚扰抢掠，被众乡人痛打一顿。这几个日本人回营报告后，鬼子派出一队人马，准备翌日前来烧杀报复。乡长闻讯，焦急万分，赶忙来找戚友群求助。第二天，戚友群穿上西装打着领带，陪同乡长等在村头。日军抵达，他便迎面而上，抄着一口流利的日语告诉小队长：他们的大首领某某将军曾是他在日本帝国大学的校友……经戚友群大胆巧妙的调解，这队日军最终放弃了血洗新浦的原计划。以后每当日军前来，乡长就来找戚友群出面应对，多次化解了危机。

新浦人对戚友群当年勇敢的义行交口称赞，念念不忘。至今在镇中心区的一面墙上仍保留着《名人——戚友群》，简短的介绍中如此写道："作为日本东京帝大的高才生，在日伪时期当然是日寇拉拢的主要对象。但不管怎样利诱威吓，戚友群始终都没有被拉下水，保持了一名中国人应有的民族气节。同时还利用自己留学东洋的背景和一口流利的日语，多次与日寇周旋，挽救了不少同乡的性命，为维护一方安定做出了非常重大的贡献。"

然而，在兵荒马乱的战争年代里，戚友群本人各方面的际遇却每况愈下。没有工作收入、祥丰酒米店生意萧条、银行倒闭失去积蓄等因素，使戚家的日常开销都出了问题。但最让戚友群焦心的是独子戚文彬内迁贵州后长期杳无音讯，生死不谙。戚友群在压抑和忧虑的重压下，常常

晚年的戚友群

就着一把兰花豆，借一盅粟烧酒消愁，最后因胃部大出血而病逝。乡人如此感叹道^[10]：“当时新浦文化修养最高、做人最有涵养，曾经留学东洋、出访朝鲜的老知识分子竟生活得如此潦倒，确实叫人难过。”1945 年夏，也就是抗日战争胜利前夕，戚友群在失意潦倒中病逝，享年 54 岁，无声无息，像大风吹走一根草似的走了。他的当年豪情、他的满腹经纶、他的仁厚超脱都因为没有遇到好时代而就此已矣。连日寇投降、祖国光复都没有看到，实在令人扼腕痛惜。”

在浙江大学建校的史册上，西迁是壮丽多彩的一页。

于戚文彬而言，西迁求学是他人生和事业最关键的节点。在这四年中，他经历了艰辛、危难和失丧，但同时拥抱了奋斗、机遇和希望。戚文彬因而十分珍惜这段经历，并常常以此勉励后代。例如在 20 世纪 80 年代中叶，戚文彬的幼女硕士毕业后去美国做访问学者，期间得知有转读博士的可能，遂写信与家人商讨。戚文彬立即去信鼓励：^[11]“……我为你经过严肃而慎重的考虑而选择了继续学习的道路感到高兴。回想我中学毕业后，如果贪图小家庭的温暖，不毅然‘不别而行’前往贵州学习，怎能有今天？当然我可能有更多的钱，但我所追求的是学术，并不在乎金钱。……当一个人为自己的理想奋斗并获得一些成就时，这是最大的享受。”

在戚文彬百年华诞前夕，探究这段尘封的历史、回顾当时的风云变幻、体悟他在各种境遇面前的感受，使我们对他的一生有了更深刻的理解。愿“西迁精神”也激励我们和后辈勤奋进取、不断上行。

参考资料 / 注释：

[1]　2018.8.16 查询网页：http://www.infzm.com/content/129080

[2]　原载《浙大校友》1995（上）

[3]　徐彬，《父亲啊父亲》系列回忆录之三“西迁岁月”2018.06.24，发表于“杭大人”微信群

[4]　熊光迪，《在浙大学习的日子（1941—1945）》2018.8.15. 查询网页：http://www.jianbihua360.com/book/41864.html

[5]　《王琎》（百度百科）2018.8.16 https://baike.baidu.com/item/ 王琎 /10692548?fr=aladdin

[6]　王天骏，《和爷爷的最后一次谈话》2018.6.2. 查询网页：http://digitian.blogchina.com/232764.html

[7]　凤凰卫视 2013 年 8 月 13 日报道　 2018.6.2. 查询网页：http://phtv.ifeng.com/program/tfzg/detail_2013_08/14/28609529_0.shtml）

[8]　"科普中国"百科科学词条《舒鸿》2018.6.3. 查询网页：https://baike.baidu.com/item/
舒鸿/6457738

[9]　《浙江在线》2017 年 10 月 22 日 报道 2018.6.5. 查询网页：http://zjnews.zjol.com.cn/
zjnews/zjxw/201710/t20171022_5421760.shtml

[10]　王孙荣，原载《百年新浦》，新华出版社 2007 年 7 月

[11]　节选自戚文彬 1986 年 4 月 8 日致幼女戚志红的信

戚志红、戚绚如（戚文彬次女）

2018-5-28—2018-8-31

五味杂陈：戚文彬与宁波四中

宁波第四中学是浙江省一级重点普通高中，至今（2018年）173年悠长的历史可以概括为由"一个源头、两条干流、三条支脉"汇合而成[1]，其中与本文内容有关的为"一个源头、两条干流"部分。"源头"指欧美的教会。从这一源头淌出来的第一滴水，便是美国长老会的麦嘉缔于1845年创办的崇信义塾，后几经波折，1912年发展成为崇信中学。所谓"两条干流"，一条是美国浸礼会于1855年在西大街创办的私塾，于1912年发展成为浸会中学，1923年浸会中学与崇信中学合并成四明中学；另一条是英国循道公会1860年在解放北路竹林巷创办的私塾，于1930年发展成为斐迪中学（当时已迁至江北泗洲塘）。

1935年，经三方教会协议，四明中学和斐迪中学合并，取名浙东中学，校址设在占地30亩的原斐迪中学内。

1952年12月，宁波市人民政府接管浙东中学，改名为宁波第四中学。100多年来，宁波四中为社会培养了许多栋梁之材，例如：宁波效实中学创办者之一的陈谦夫，曾任教育部副部长的著名教育家林汉达，中科院院士谈家桢（遗传学家）和孙儒泳（生态学家），青岛大学原校长、杰出的航天轨道专家竺苗龙等等。

这所学府尚未演化成为宁波四中之前，从1932年到1951年的19年间，戚文彬曾在此校园中留下了近10年的人生轨迹。

1932年8月戚文彬第一次入校。当时学校名为四明中学，而他是一名初中寄宿新生。戚文彬的父亲戚友群于1931年告别妻儿，前往迢迢千里之外的山东济南，在莘城制造局任职。一年之后，戚文彬小学毕业。戚友群从长计议，决定让独子离开家乡，只身去宁波求学。因此，四明中学对于刚刚进入少年时代的戚文彬来说，不但是学堂，也成了他的寄居之家。

如同他的母亲张润美，戚文彬的性格温柔而相对内向，并且他从小体弱多病。即便在交通发达、通信联系便利的今天，让一个小学毕业生离开亲人，在完全陌生的环境中独立生活，也是极不容易适应的。因此在开始阶段戚文彬身心所承受的压力之大，可想而知。所幸他不仅坚持读完初中，还在这期间结识了几位日后与他成为终生至交的同窗好友。三年之后的1935年7月，戚文彬作为一名品学兼优的学生，从四明中学初中毕业。

想来戚友群对当初为儿子选择的学校十分满意，所以让他继续留在原处读高中。恰巧在戚文彬初中毕业那年，四明中学与斐迪中学合并，成为宁波浙东中学。正当戚文彬快要结束高二的课程时，却突然遭遇到不测风云。1937年春天，命运向他发出沉重的一击：传染病淋巴结核病魔的利爪将他紧紧抓攫。

初中时代的戚文彬

结核病是由结核杆菌引起的慢性传染病。虽然最广为人知的是肺结核（又名"肺痨"），结核杆菌也可侵入其他脏器。淋巴系统为人体内强大的免疫体系，专事清毒杀菌。但当遭遇结核杆菌感染时，便集结于颈部、腹部、腋窝、腹股沟等肌表组织，形成毒瘤——淋巴结核（又名"瘰疬"）。几百年来，它是令人恐惧和迷惑的"白色瘟疫"，所到之处，死神紧随。至19世纪90年代后期，人类死于结核病占全部死亡人数的1/7，就此而论，甚至超过了几次造成世界流行的鼠疫和霍乱病[2]。

1882年3月24日，德国医生和病原细菌学的奠基人罗伯特·科赫（Robert Koch，1843—1910）在柏林生理学学会上，以严密的实验数据证明：结核病的罪魁祸首为结核杆菌。但在戚文彬染上结核病时，世界上尚无任何有效药物。结核病患者唯有通过休息、晒太阳、补充营养，依赖人体抵抗力对抗疾病，其中相当一部分人则被白色瘟疫所杀戮。世界上第一个抗结核药物链霉素于1943年10月19日在美国罗格斯大学（Rutgers University）的赛尔曼·瓦克斯曼实验室分离成功。可是链霉素临床应用后不久，顽固狡猾的结核杆菌便衍生出具有抗药性的变种，直到20世纪60年代形成异烟肼、链霉素和对氨基水杨酸联合治疗方案，结核病方才逐渐走出"不治之症"的阴影。

1937年4月，戚文彬被送回家乡新浦养病。在慈母的精心照料下，依仗着青春期的生命活力，他居然从死神手中逃过一劫，慢慢康复起来。22个月后，他于1939年2月又返回宁波浙东中学继续学习，直到1940年7月高中毕业。

戚文彬虽然以优秀成绩被浙江大学化学系录取，高中毕业后却由于战争局势无法入学。就在戚文彬病倒后不久的1937年夏天，日寇全面入侵中国，并于当年12月攻陷杭州。此前不久，浙大师生在竺可桢校长带领下离开杭城，向西南内地转移。1940年抵达贵州，在遵义和湄潭办学，直至抗战胜利。

1939年底，病后回高中

1940年8月，戚文彬进入英士大学工学院应用化学系临时借读。在此期间，老家慈溪及余姚和鄞县（今宁波）于1941年4月沦陷敌手。1941年7月，在无法与家人告别和商量的情况下，戚文彬毅然做出决定，独自踏上了赴黔加入浙江大学的旅途。有关浙大西迁及戚文彬在大学阶段的经历，《随校西迁：一段崎岖上行的求学路》

另有叙述。

在此简单介绍英士大学。抗战时期，为了安置类似戚文彬那样的战地失学青年，浙江省政府从1938年11月起筹备成立战时大学，1939年2月正式开办。为纪念辛亥革命先烈陈英士，同年5月正式定名为省立英士大学。1939年10月26日英大开学授课。当时设有工、农、医三学院，校址在浙江省东部。农学院在松阳白龙圳，设农艺、农业经济、畜牧兽医学系；工学院在丽水三岩寺，设土木工程、机电工程、应用化学系；医学院在丽水通惠门，由浙江省立医药专科学校改组而成，设医学、药学二系。此外还有农学、合作两专修科。1940年秋又办了特产专修科，内设茶业专修班。

1943年4月，国民政府行政院决定，英士大学升格为国立英士大学。及至1949年，学校已有工、农、医、法、文理共5个学院，20多个系科，2800名师生，校誉日隆，蜚声国内外。很可惜，由于荒唐的政治原因（1916年遭袁世凯暗杀的陈英士被认为"反共"——可是中国共产党成立于1921年——直至1978年后，史学界才统一确认陈英士为辛亥革命先驱），1950年英士大学遭裁撤而废校，其院系并入浙江大学和复旦大学。

抗战胜利，戚文彬随母校回到杭州。次年金秋他与陈育敏喜结良缘。提起二人的婚姻，不用"奇妙"二字恐怕难以描述，而其中的起源正是来自戚文彬的中学母校。

戚文彬的初中同学和好友陈裕明，也考入浙大农学院农艺系并随校西迁。戚文彬遭车祸后长达数月的疗伤期间，陈裕明曾和其他几位学友轮流看护，直至他康复。陈裕明在湄潭读书期间，与从宁波前来的未婚妻徐莲卿成婚。此前徐莲卿在宁波华美医院门诊部工作。在她指导过的实习护士中，特别喜欢一个名叫陈育敏的女孩。徐莲卿和陈裕明便说服戚文彬先给姑娘写信。一段时间的鸿雁往来后，两个年轻人之间逐渐有了好感。但由于战乱，他俩无法长期保持通信，这段关系似乎也便不了了之。

1945年秋，由黔回迁途中

其实戚文彬并没有忘掉陈育敏。1945年8月抗战结束，他在回迁返乡途中，特意绕道在宁波华美医院停留。理智的戚文彬先去看望在华美医院工作的两位熟人：他早先的英语老师马先生和一位姓何的小学同学。从可靠朋友那儿间接了解陈育敏的情况，结果令他十分满意，他于是去找陈育敏。

陈育敏生于1922年2月17日，比戚文彬小三岁。她的祖籍在现今的浙江省余姚市丈亭镇的陈家村（原属慈溪县），西北部不远处是戚文彬的老家新浦，西南边与闻名世界的考古遗址河姆渡不过一箭之遥。陈育敏的父亲是位有识之士，通达开明，在"女子无才便是德"

之传统理念依然盛行的年代，就不惜代价，把自己的两个女儿送进学堂。

陈育敏的母亲和同时代的绝大多数女子一样，裹小脚，也未上过一天学。在 20 世纪初叶的中国乡镇，普遍的社会性别意识仍旧是："嫁出去的女儿，泼出去的水"，所以认为不值得在女孩儿的教育上投资。陈育敏读完初小（小学一至四年级）时，母亲觉得小女儿能读会写足够了，应该就此辍学帮忙料理家务，也可减轻家中的财务支出。但父亲却主张陈育敏两姐妹都应当学一技之长，以便独立谋生。于是，陈育敏得以继续读完高小（小学五至六年级）及初中，并于 1939 年进入宁波华美高级护士职业学校。

1988.1.31.

一对相濡以沫的夫妻

宁波华美护校附属于宁波华美医院，二者均由美国一家基督浸信教会创办。陈育敏所在的第 23 届班级共有 10 个学生，全是女孩（那时中国还没有男护士）。1943 年毕业时，陈育敏由于品行和学业都很突出，在选拔留校生时胜出（"击败"同班的院长及一位主任的千金），留在华美医院任病区护士长，并兼护校儿科学的教师。她单纯热情，手脚勤快，又能吃苦耐劳，在医院里口碑很好。

戚文彬在 1945 年秋季突然找上门来，倒是让陈育敏大吃一惊。两人通信时虽互有好感，但未曾有过任何承诺；况且失联已久，她已把这段关系置之脑后，不抱任何希望。但那天两人都觉得一见如故，仿佛早有情缘，于是很自然地谈婚论嫁，开始为今后作打算。

即便以 21 世纪的眼光来看，这也是一桩非同寻常的婚姻。要说浪漫吧，戚文彬和陈育敏既无花前月下的亲密，又无激情火热的追求，并且两人都很尊重中国传统，一致认为应先禀告双方父母后再作最后决定。要说平淡无奇，则更有失事实。人们常把"一见钟情"当作浪漫的极致，但他俩第一次见面便定了终生。最重要的是他们走到一起后，在 56 年风风雨雨的人生道路上，始终相依厮守，直到戚文彬离开人世。

现实中的夫妻关系，毫无疑问地超越了小说和电影作者虚构的想象力。

话说戚文彬与陈育敏告别后，风尘仆仆赶回新浦老家，却不料尚不足 53 周岁的父亲，已因忧病交加而撒手人寰。戚文彬的大伯（即戚友群的哥哥戚长裕）为侄儿的人生大事，亲自出面去了解陈育敏的家庭背景，其结果让戚家长辈满意。接下来由陈育敏陪戚文彬去拜见她的双亲，在丈亭陈家村住了三天，得到陈家父母认可，于是便定下了婚期。

1946 年 10 月 10 日，戚文彬和陈育敏在当年的杭州惠兰中学（今杭二中）举行了规模很小（只办了两桌酒席）但十分庄重的婚礼，由一位陈姓牧师证婚，浙大教授舒鸿先生担任主婚人。戚文彬当时手头拮据，多亏浙东中学一位老师借钱给他，他才得以支付婚事花销及小夫妻租房的费用。婚后小两口住在东街路（现今下城区的建国南路），离老浙大很近，戚文彬去药学系上班或去图书馆都很方便。陈育敏在杭州市一医院住院部当护士，早出晚归路也不算远。

话题转回浙东中学。1941年初，随着日本军队向宁波（当时的鄞县）逐渐逼近，老校长寿子鲲亲自带领师生们转移内迁，度过了几个动荡艰难的年头。不幸的是，坐落在江北泗洲塘、当时撤空了的浙东校区，在战乱中被炸成了一片废墟。

1945年8月抗战胜利，学校奉命复学，师生们分别从奉化、诸暨等地回归宁波。寿校长因在流亡生活中积劳成疾，此时已离开人世。复校和重建浙东中学的历史重任，便落在浙东中学的第二任校长俞国桢的肩头。俞校长首先费尽心机借地办学，使学校得以于当年11月1日开学复课。紧接着，他又四处募款募捐，购置建造，终于重建起大部分校舍，1947年春天，分散在两处的高中部与初中部合二为一，迁入新址。当时全校师生兴高采烈地举行庆典，为浙东中学的新生欢呼雀跃。

1948年，在浙东中学

为了提高学校的教学质量和知名度，目光长远的俞国桢校长特别重视师资队伍的建设。除了续聘原先的称职教师之外，他还努力从浙江大学吸引一批年富力强、有真才实学的浙东校友。临近1947年春节，俞校长写信给戚文彬：热情邀请他回母校执教高中的数学和化学，同时邀请戚文彬的新婚妻子陈育敏去浙东中学组建校医室，并任初一年级的生理卫生教师。

戚文彬夫妇接到俞国桢校长诚恳而富有人情味的邀请。考虑之后，欣然决定应聘。以后的几个月中，他们先后辞去工作，打点行装，将简单的家具折价卖给房东。1947年8月，两人便正式在浙东中学上任了。他们住集体宿舍，在学校食堂吃饭，度过了婚后最轻松舒心的一段日子。

1948年5月，戚文彬和陈育敏的长女出生。初为人父人母，他们都非常欣喜，并决定陈育敏辞去工作，专心在家带孩子。同时他们向校方申请搬迁，以免新生儿夜间的啼哭打扰同宿舍的学生。俞校长十分善解人意，很快安排他们暂时住进甬江北面小学内暂时

在浙东中学的住宅（正门口）

空着的一个小间。

1949 年，常驻浙东中学的传教士施明德夫妇离甬返回英国原籍，俞校长便通过教会让戚文彬一家搬入施牧师曾住之宅。那是一栋双层小洋楼，正门口两侧各有一对气派的石柱，任由廊前一丛花枝繁茂的蔷薇依偎缠绕。卧室里皆已配备家具，二楼朝南间外带有一个设计典雅的阳台。房前是一片绿茵茵的草坪，院内墙边屋角有两棵大树遮阴。就是在浙东中学提供的优裕环境里，戚文彬的二女儿于 1950 年 1 月加入了他们充满忙乱和欢乐的小家庭。

在浙东中学的住宅（前院草坪上）

新中国成立前夕是一段兵荒马乱的时期。内战的动荡波及每一个角落，整个社会再无世外桃源。有一次，国民党的几个散兵闯进了戚家住所，四处搜寻有价值的小件物品，当着戚文彬的面抢走他唯一拥有的那双皮鞋。此后，每逢有乱他们便紧闭大门，提心吊胆度日。

一天，仍处于婴儿期的长女突然发起高烧。因医院路远，外面又是一片混乱，出门难保安全。陈育敏以一个护士的经验决定暂留宝宝在家，衣不解带地守在她的小床前观察监护：间歇喂些温开水以保证不脱水，热度升高时就进行物理降温。这样整整三天，孩子无医无药而愈。

一个快乐和自豪的爸爸

新中国成立前夕，国民党统治区经济面临崩溃，物价飞涨，戚文彬一家的温饱也面临过极大压力，后来他们在院子里掘地种菜，以自家栽种的萝卜当水果吃，也别有一番滋味。夫妻俩各自无怨无悔地为四口之家忙碌。戚文彬晚上下班回家，两个女儿便扑到爸爸怀里，他也不顾一天的劳累，左右手各抱一个，脸上笑容满面。

转眼到了 1950 年暑假。浙江大学给戚文彬发函，聘请他到化学系任教，并希望能尽快上任。此时，戚文彬已十分适应在浙东中学的工作，也与同事和学生依依不舍，并且浙大暂时只能给他一个宿舍床位，妻儿一时无法随行。但夫妻俩讨论再三，觉得无论从情理还是从长远事业的角度来考虑，他还是应该听从母校召唤返回浙大，于是决定让陈育敏带着两个幼女去戚家祖籍新浦暂住。

1951 年 2 月，戚文彬向他 19 年前第一次跨进的母校浙东中学最后告别，只身回杭州。从此开始了他在大学化学教研道路上的漫漫征途。

参考资料与注解：

[1]　史料来源于网络，如：https://baike.baidu.com/item/ 浙东中学 /12601548（2018-6-8 搜索）

[2]　朱苏宝，《医学科学家罗伯特·科赫是怎样发现结核杆菌的？》https://www.haodf.com/zhuanjiaguandian/zhusubao_55455.htm（7/3/2018 搜索）

戚志红

2018-6-30—2018-8-31

团聚杂感

"光阴如箭，日月似梭"。人逾古稀，更感韶光易逝！最近我常与友人开玩笑说，现在的"箭"，应是"火箭"，"穿梭"则似潜艇在海底梭驰来回。在我们1944届级友毕业50周年团聚会前后，感慨更深！

回忆在湄潭求学时的情景，苦乐兼有，在"文庙"上课，在"祠堂"里做化学实验，当做回流实验时，以板凳搭高台，盛水器上下不断替换。灯草浸桐油照明下苦读，穿着用当地土布制的短裤和草鞋漫步在湄潭小街。以及来去于仁、义、礼、智、信斋临时宿舍，习以为常。给我记忆最深的是：我去贵州时因翻车头部受伤，到遵义和湄潭初期，头上还缠着白布，很像当地人，混在三、六、九赶场（赶集市）的人群中，也认不出来。各系级友因同住在一山乡，接触频繁，真如现在台湾的农业化学系级友马诒纶这次团聚会后来信说："忆昔与吾兄有长期同餐同桌之雅"，赠来合影留念，所以如今回忆当时情景，真是苦中有乐，乐中有苦。还有在清秀的湄江畔与同学漫步，在幽丽的"风水联堡"赏景等，这即使与在美丽的西子湖畔相比，也别具风味，回想当时大家风华正茂，而今匆匆半世纪过去了，大家都变成白鬓老人了！

今看到竺可桢校长在浙大校门口墙上的两个问题："诸位在校，有两个问题应该自己问问，第一，到浙大来做什么？第二，将来毕业后要做什么样的人？"我们当时在母校"求是"学风熏陶下在苦乐并存的环境中苦读4年后，即各投身社会，半个世纪来，祖国经历了翻天覆地的变化，我们在这变化中经受了不同考验，如今回到竺校长的遗像前，各人可交上各种不同的答卷，看到了老和山下今天的母校，与贵州时期相比较，也有翻天覆地之感，给我们50年前学子无

浙江大学化学系1945届同学留影
（戚文彬位于第三排中间）

限感怀和依恋！

但"天下无不散的筵席"，匆聚匆别，不以我们的意志而转移，然而同窗友谊诚挚，必将延续千万年，并热诚渴望在母校百周年时再重逢！

我青年时爱好文学，但自攻读化学后，古诗的音韵已忘得一干二净，今聊写此不成诗的打油诗，以表达感念之忱于万一而已。

黔北苦乐犹眼前，

天翻地覆皆白头！

老和山下喜重逢，

同窗情谊千万秋。

戚文彬　　原载《浙大校友》1995（上）

浙大西迁时期在湄潭曾用来作为大教室的文庙

孺子牛

戚文彬 1954 年加入中国民主同盟。1987—1992 年曾任民盟浙江省第六届委员会委员；1986 年 5 月—1990 年任民盟杭州大学盟委副主任兼组织委员。《浙江盟报》1994 年 8.9 期（教师节十周年专刊）上登载过一篇文章，题为《孺子牛——访盟员、杭大戚文彬教授》。

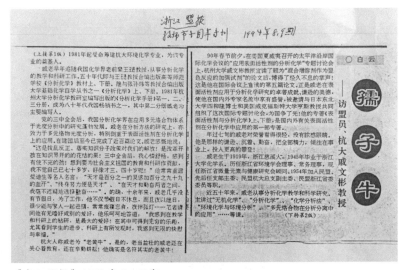

《浙江盟报》1994 年 8、9 期

全文内容如下：

90 年春节前夕，在美国夏威夷召开的太平洋沿岸国际化学会议的"应用表面活性剂的分析化学"专题讨论会上，杭州大学戚文彬教授宣读了题为"混合增溶剂作为显色反应的加强试剂"的论文后，博得了经久不息的掌声！这是他在国际会议上宣读的第五篇论文。正是戚老在表面活性剂应用于分析化学研究的卓著成就、谦逊的美德，使他在国内外专家名流中享有盛誉，被邀请与日本东北大学四柳隆博士和美国威克福斯特大学亨斯教授共同组织了这次国际专题讨论会，为国争了光！他的专著《表面活性剂与分析化学》上、下册，是国内外有关表面活性剂在分析化学中应用的第一部专著。

年过七旬的戚老对荣誉看得很轻，没有眩惑眼睛。他是那样的谦逊、沉着、勤奋，把全部精力，倾注在事业上，投入更高的攀登！

戚老生于 1919 年，浙江慈溪人，1945 年毕业于浙江大学化学系。历任浙江省环境学会理事、常务理事,现任浙江省微量元素与健康研究会顾问。1954年加入民盟。先后任支部主委、民盟杭大总支副主委、民盟浙江省委委员等职。

近五十年来,戚老从事分析化学教学和科学研究,主讲过"无机化学"、"分析化学"、"化学分析法"、"环境化学与环境分析"、"多元络合物在分析分离中的应用"等课。

1981年起受命筹建杭大环境化学专业,为该专业的奠基人。

戚老早年追随我国化学界老前辈王琎教授,从事分析化学的教学和科研工作。20世纪50年代即与王琎教授合编出版高等师范学校教材《分析化学》上、下册。继与张孙玮等教授合编出版大学基础化学自学丛书之一《分析化学》上、下册。1981年杭州大学分析化学教研室编写出版的《分析化学手册》第一、二、三分册,成为80年代我国畅销书之一,其中第二分册戚老为主要编写人。

党的十一届三中全会后,我国分析化学界在应用多元络合物体系于光度分析中的研究蓬勃发展。戚老在分析方法的研究上,亦致力于多元络合物光度分析,特别侧重于表面活性剂在分析化学上的应用。在新中国成立后至今已完成了近百篇论文。戚老感慨地说:"这是拨乱反正、落实知识分子政策对我们的解放!是改革开放在知识界开的花结的果!三中全会后,我心情舒畅,感到有使不完的劲!想到要为社会主义祖国的教育和科研做贡献,我不觉自己已七十多岁,好像才三四十岁呢!"

他常常重温爱迪生等人的名言"天才是百分之一的灵感加百分之九十九的血汗"、"终身努力便是天才"、"在天才和勤奋两者之间,我毫不迟疑地选择勤奋……"。的确,十余年来,戚老几乎没有节假日。为了工作,他不仅节假日不休息,而且夜以继日,很少能与家人一起进膳,常常废寝忘食,夜伴孤灯……笔者请问他有

1989年戚老(后排左二)与浙江省高校盟务工作研讨会参加者合影

无嗜好或别的爱好,他乐呵呵地答道:"我感到在教学和科研上的钻研,是我最大的爱好!在其中可得到无穷的乐趣。尤其看到学生的进步、科研上有所发现时,我感到无限的快慰与幸福。"

杭大人称戚老为"老黄牛"。是的,老当益壮的戚老还在关心着教育,还在辛勤耕耘! 他确实是名符其实的老黄牛!

二、文章叙情愫

怀念戚文彬先生

俞汝勤

　　戚文彬先生是我们敬重的分析化学界前辈。我有幸与戚先生结识，是在改革开放伊始，科学春天降临神州大地的 20 世纪 70 年代。一次在广西召开的全国性分析化学学术交流会上，我被安排与戚先生共住一室。戚先生是会议领导层的学者，我只是一般的受邀报告人。戚先生给我的第一印象是一位和蔼可亲的宽厚长者，对后辈极为关爱。我了解到戚先生当年在抗战烽火中就读于内迁贵州的浙江大学化学系，毕业后留校任教。50 年代院系调整，从浙大到浙江师院，后改为杭州大学。

1989.12.
美国夏威夷

作者（右一）与戚文彬先生（左一）及中国同行

　　我曾从《竺可桢日记》和部分浙大校友回忆录中读到，《中国科学技术史》的作者李约瑟（J. Needham）到贵州访问浙大，在那里他见到一批优秀的中国学者并盛赞浙大为"东方的剑桥"。当时李约瑟在浙大见到曾师从美国分析化学大师

柯尔蜀夫 (I. M. Kolthoff) 的化学系主任王琎,与他讨论有关中国古代炼丹术的问题,这件事坚定了李约瑟撰写《中国科学技术史》这部著作的决心。看来戚先生与这位我国分析化学的先驱王琎先生有深厚的渊源。王先生是原中央研究院化学研究所的首任所长 (我在中国科学院化学研究所工作时听老人说,这个所实际是科学院化学所、冶金所及硅酸盐所的前身)。王先生还是中国化学会的发起人之一,并曾任临时主席。从浙江师院到杭州大学,一级教授王琎告老后,戚先生即担任分析化学教研室主任。20 世纪 50 年代王琎受高等教育部委托主编高等师范院校教材《分析化学》,戚先生是唯一与王先生共同署名的作者。我们庆幸分析化学领域有戚先生这样我国本土培养的优秀学科带头人,由他直接传承老一辈分析化学家王琎先生的学脉。

传承老一辈分析化学家的传统,戚先生为学科发展做出了多方面的贡献。我们有机会接触到的如大型工具书《分析化学手册》的编写。戚先生带领杭州大学分析化学教研室主编该书最早的分册,这无疑在这部大型手册成型与编辑进程中起到了十分关键的作用,为我们后来有幸参与第十分册 (化学计量学) 的编写工作创造了条件。戚先生在探索表面活性剂和环糊精衍生物对显色和荧光反应的增效作用方面进行了很深入的研究,提出诸如"胶束刚性不对称微环境"等十分有创意的反应机理,发表了大量学术论文及专著。

戚先生在分析增效试剂研究上的成就受到国际同行的重视,受邀担任 1989 年和 1994 太平洋沿岸地区国际化学大会有关分析增效试剂的专题讨论会的共同组织者。我有幸受邀出席在夏威夷火奴鲁鲁举行的由日本柳隆夫教授、美国亨兹 (W. L. Hinze) 教授与戚先生共同发起和组织的 1989 年会议。这年我正在华盛顿大学过程分析中心 (CPAC) 访问,年终赴火奴鲁鲁在会上见到北大徐光宪先生和许多前辈学者。会上戚先生报告混合增溶剂对显色反应的作用,南开大学史慧明先生报告双体系和双波长分光光度法理论。我应邀报告了具有不同反应基团的新型表面活性剂和高分子电解质的增敏效应的研究结果。在这些学术活动中,我深切地感受到戚先生和学术界前辈们严谨踏实的学风和对后辈无微不至的关怀与殷切的期望。

2018 年 4 月

作者简介：

俞汝勤 (1935—),分析化学家,中国科学院院士。湖南长沙人。1952 年长沙雅礼中学毕业后,高考入选出国留学。1953 年入苏联列宁格勒矿业学院,1954 转列宁格勒大学化学系学习,1959 年毕业。回国后在中科院化学研究所工作。1962 年调湖南大学在化学系任教,1993—1999 年任湖南大学校长。研究领域包括有机分析试剂、化学传感器和化学计量学，曾获国家自然科学二等奖、国际化学计量学终身成就奖等奖励。著有《现代分析化学与信息理论基础》、《化学计量学导论》等。1991 年当选为中国科学院化学部委员，1994 年改称院士。

1982 年 6 月 12 日摄于无锡，作者（前排左二）与咸文彬先生（二排左一）和其他与会者

纪念戚文彬先生

郑小明

作者在戚先生百年诞辰纪念会上讲话

戚文斌教授离开我们17年了，今天我们在一起纪念戚文斌教授诞辰100周年，这说明他的精神感人至深。

戚文斌教授是我校化学分析的学科带头人，也是我校环境化学学科的创建人之一。他德高望重，学问精深，是我们大家非常敬佩的导师。对同事和同学关爱备至，在大家口中，他是慈祥的戚伯伯。

作为一位老知识分子，他一生的道路不算平坦。我也是他的学生，我的分析化学就是他传授的。我认识他时，他正在教育革命的讲坛上检讨批判分析化学的"硫化氢系统"，因为长期接触硫化氢而被腐蚀的鼻子造成讲话的"嗡"声给我留下了深刻的印象，但在以后的教学创新中，他又是制定新教学体系的骨干。在"文革"中，因为历史上的一些小问题，受到了不小的冲击。他是化学系第一批被关进牛棚的人，也是最早被摘帽子解放的第一人。受尽委屈，他也没有灰心。党的十一届三中全会吹响改革开放的号角，科学的春天来了，终于使他放开了手脚，在科研教学育人的道路上自由奔跑。在"多元络合物"和"分析增效试剂"上取得了很大的成果，在国内外都有了相当的影响；杭大环境化学专业是全国综合性大学的第一个环化专业；他还培养了一大批研究生和本科生，像浦炳寅、朱利中、郭伟强等后来都成了所在单位的骨干。

先生离开我们已经17年了。可以告慰先生的是，先生毕生从事的事业又有了长足的进展，环科系经由老浙大和农大的加盟，已发展成浙大环境学院，成为国家双一流重点学科。他的学生也取得了很多重要成就。其中，朱利中成了工程院院士，浦炳寅成了院长，郭伟强也成为分析化学手册的主编。他们的成就也饱含了先生的心血。

今天，大家在这里纪念先生，说明先生的为人感人至深。

今年是国家改革开放 40 年，愿戚文斌教授的榜样能够激励大家为祖国的现代化建设事业继续奋斗。

2019 年 1 月

作者简介：

郑小明，教授、博士生导师，浙江省首批特级专家。浙江宁波人。1963 年毕业于杭州大学化学系并留系任教。日本北海道大学物理化学研究室客座研究员。曾任杭州大学校长、九届全国人大代表、九届浙江省人大代表、浙江省科协副主席、教育部科技委化学部委员，教育部理科教学指导委员会环境教学委员会委员，环境学教学指导组副组长。曾任浙江省应用化学重点实验室主任，中国化学会常务理事，浙江省化学会理事长，中国化学会物理化学学科委员会委员，催化专业委员会主任、环境化学专业委员会委员，亚洲废弃物治理学会顾问等学术职务。还被聘为《化学通报》编委，《浙江大学学报（理科版）》主编，催化基础国家重点实验室学术委员会委员等。

后记：怀念

张孙玮

作者在戚先生百年诞辰纪念会上讲话

有一位老人，在他离开我们已近20年后的今天，他的几十位学子、门生，又一次远道而来，聚首一堂，来怀念老人对自己的栽培之恩。这位老人就是原杭州大学戚文彬教授，他的弟子、门生有的已经是院士、教授，有的是海内外成就卓著的学者、专家，几乎个个都学有所成，硕果累累。他们不忘师恩，各自写下怀念老人的文章，情深谊长，楚楚动人。令我一卷在手而不能放下，读来是那么亲切，种种画面，都会浮现面前。

在"文化大革命"前，我曾经是戚老师的助手，得到他老人家的种种指导和培育。我是在"反右"那一年进入大学的，在整个大学期间，都是伴随着不间断的政治运动渡过的。在大学二年级正要学分析化学时，一声令下就去大炼钢铁了，回来后便开始上有机化学，唯独没有学过分析化学课程。毕业后我留化学系任助教，分配在分析化学教研室。于是只能与学生一起听戚老师的课，晚上就下学生寝室去辅导、答疑，有的问题自己理解不透时，立即请教戚老师。现买现卖。那几年国家执行"调整、巩固、充实、提高"的八字方针，系主任陈嗣虞对我们要求十分严格，规定每学期每人要做一次读书报告。戚老师也放开胆子地跟我说：做学问贵在"准、透、味"三个字。即选题要"准"，当人家还没有看到时，你能早一步看准，便是难能可贵的了；但是需要把课题看"透"，看清楚，想明白，不要一知半解没想透就匆匆启动，收不了场；"味"是无论上课也好，科研也好，切忌谈而无"味"，令听众、读者感到乏味，而要让他们感到津津有味才好！戚老师的几句话，让我受益匪浅，得益终身。另一件事是我在中学和大学期间，学的外语都是俄语，是他亲自为我上专业英语课，把我领入英语世界。从我留校任教到"文革"开始的短短五年，是我这辈子成长与收获最大的时间段，人生之中，有如此美好的五年时光，是幸福的，该满足了。

今天是难得的美好的一天，我还想说的是戚老师上课时常说："分析化学是科学的眼睛！"希望我们发挥自己的聪明、才干，把知识奉献社会。是的，戚老师的心愿，就是我们努力的方向和动力。在此指引下，我们成功地合成了温度指示剂、湿度指示剂等系列产品，并加工为文化产品出口欧美；我本人曾经在相关企业的古铜色着色液的污水处理方法建立了"差异分析法"而消除了污水：即在寻找出发黑液的初始液成分与发黑过程的动力学已经停止的废液之间成分变化的规律后，再以去除或添加相关药品的方法将其修复，实现变废为宝的愿望。污水没有了，企业也不用再交排污费，且大大降低了原材料的成本，充分显示了"科学眼睛"的作用。另一个案例是，30年前我带着研究生去柯桥做印染污水治理研究的课题，结果论文发表了，印染污水仍然存在，直到柯桥因污水治理不力而将其关闭。几年前，绍兴市领导问我："污水到底能不能治理？"我说可以治理，对方说我当年不是不了了之，现在怎么治理？那天我穿着一件美国生产的激光彩打面料的衣服，给他们看，面料已经使用激光彩打了，还何来污水？绍兴人真聪明，立即给予150万元的课题经费，要我为他们解决国产彩打颜料不过关的难题。那天浙江大学常务副校长黄书孟也在，鼓励我把课题接下来，但现实告诉我，自己已经不是承担该任务的年纪了。

如今，我们迎来了改革开放正在深入的大好日子，如果戚老师还在，一定能大展宏图，为我们美好的祖国，贡献出他的无限才华！

作者简介：

张孙玮，曾担任杭州大学科研处长、宁波大学副校长、杭州大学化学系主任等职，曾任浙江省科技协会常务理事，中国化学会理事等多项社会职务，1990年任国家教育部高等学校首届理科教学指导委员会委员，1991年始享受国务院政府特殊津贴。先后被国内外多家公司、企业聘任为顾问、科技专家和科技总顾问等职务，并担任多个市、县人民政府科技与经济发展顾问、政府科技专家等职。1984年至2005年间，被亚洲（澳门）国际公开大学、瑞士日内瓦商学院、瑞士酒店管理学院等大学聘为外籍教授及合作代表，1994年5月被联合国亚太经合组织聘任为专题报告人。

回忆戚文彬先生

傅克廷

作者（左）与戚文彬先生一起聊天

人生一世，白驹过隙，百年之后，有人纪念他，表明他还活在人们心中。下面我说说先生留给我的印象。

一、温文尔雅真君子

孔子有言"君子之道，温文尔雅，谨言慎行，诚实厚道，彬彬有礼"。温文尔雅真君子，言出于此。先生大名"文彬"，想必也取之于此。先生必谨记躬行此道，修得正果，又先生师从王琎老先生嫡传高足，王老先生德高望重，先生在研究上与其一脉相承并将其发扬光大。

二、浩气凛然大丈夫

孟子言大丈夫"富贵不能淫，贫贱不能移，威武不能屈"，又言"得者与民由之，不得者独行其道"。"文革"期间先生遭厄运，处逆境，不得志，负重忍辱。先生君子形象依旧，又彰显大丈夫气节。先生独行其道，潜心治学，研究课题，日后表面活性剂与分析化学课题在此期间酝酿而成。

三、老骥伏枥志在千里

1978 年先生已年届花甲，但壮志未酬，念及时不我待，遂以只争朝夕精神，全力以赴，投身于科研和教学工作。鄙人暗喻，"老牛耕田"，有诗云："老牛不向日西斜，毋用扬鞭自奋蹄。"

当时，先生工作条件甚差，无固定实验室，无助手，无科研经费。课题开始，需用试剂、材料、仪器、采购筹集，事必躬亲。先生单独在大实验室一角做实验的形象至今犹存。一个花甲老人单独做薄层层析实验，全手工操作，勉为其难。先生出于无奈要我做事，对我来说是本职工作，然先生言出必言"请"，我心深受先生感召，尽力而为。

党的十一届三中全会以后，大学开始招研究生，化学系也迁入新大楼，情况有所改善。此后，先生在课题研究之余，创建环境化学专业和环科系，积极参与各项社会活动，所作贡献多多，硕果累累，毋庸赘言。"莫道桑榆晚，微霞尚满天。"先生绘就的晚景，瑰丽灿烂。

四、施惠于人

真君子大丈夫为人处事，施惠于人，先生施惠于我。

常言道，人生如梦，人生如戏。鄙人1960年进杭州大学，1996年退休，亦如梦如戏。1961年我从学生调出来做实验员，系主任陈嗣虞先生和我们谈话，勉励我们说"努力学习，做好工作，将来实验员也可以升教授"。当时我心里想这是做梦。1963年，我调到溶液室工作后与戚先生相识。一直到1990年，我居然真的领到一本环境化学专业副教授任职资格证书，戴上教授桂冠（姓傅不分正副）。有道是梦想成真必有神仙指引或贵人相助。神仙未见，贵人真有。1962年我未被下放，想必是贵人陈嗣虞先生、周志瑞先生高抬贵手。至于我升副教授，助我圆梦之贵人非戚先生莫属。三十年来先生施惠于我，我随学生听分析化学课，受先生启蒙；实验员工作不会做，先生教导；事情做不好，先生指导；出了差错，先生出手纠正；先生让我做事是先生对我的栽培，抬举；先生让我分享成果，就是施惠于我。简言之，先生是助我圆梦的大贵人，先生用心良苦，我心感恩不尽。

在此，我也向原分析教研室和环境科学系的诸多同仁施惠于我，表示谢忱。

作者简介：

傅克廷，1960年入学杭州大学，后一直在化学系和环境科学系任教，1990年晋升副教授，曾担任戚文彬教授的科研助手。

感恩我的引路人戚文彬先生

浦炳寅

本文作者（右）和戚文彬先生及师弟胡利（左）合影

按老套的说法，我生在旧社会，长在红旗下，属老三届大学生，由于时代的局限和主观努力不够，半生蹉跎。1968年上海华东师范大学毕业（实际未读满五年）后分配到江西大余荡坪钨矿当矿工，直到1976年调到四川雅安一所厂办中学教书，从此我的生命开始了一个重要转折。

1978年恢复考研，我从报纸上查到杭州大学戚文彬先生招收两名分析化学硕士研究生的消息，抱着试试看的心态报了名，当时并不抱太大的希望，没想到竟然考上了，由此和先生结缘。先生成了我终生的良师益友，甚至像慈父一样对我有着重大的影响，可以说改变了我后半生的命运，如今我在事业和生活上的所有收获都和先生分不开，转眼先生已去世16年，每每怀想，先生音容宛在，闭目追思，往事如烟……

报考研究生之前，我的学业已荒废多年，一时不知道如何重拾，报名后我便给先生写了封信，询问有关情况和参考书目，先生很快给我回了信，告诉我需要做哪些准备，复习哪些内容并列出了参考书目。有的书我手上没有，便去找四川农学院端木校长。端木老先生也是个热心爱才的人，带我去图书馆指点我并借给我所需书籍，还给我打气，分析考上的概率。

有一桩往事至今仍觉得有意思。当时我忽发奇想，想测算一下未来的导师戚文彬先生是个什么样的人，他会怎样待我，我随手找了一本英汉字典，用先生的姓名笔画查找对应的单词条目，找出来的居然是kind这个单词，我认定先生就是这样的人，事实证明的确如此，真可谓天机示人。

考研揭晓，我被录取了，同时录取的还有来自贵州的师弟胡利。去杭大报到前，我借机回上海老家待了几天，直到规定报到的最后一天傍晚，我才姗姗来迟。先到杭大研招办，然后找到学校安排的研究生宿舍。同寝室的王哨天、胡利、周青山同学早已到了，他们告诉我："戚先生已来找你几次了。"正说着，先生来了，我看先生年纪在六十开外，衣着朴素，慈眉善目，和我想象中一个样。"我姓浦"，我说。先生笑答："我也新浦"，我不禁纳闷：先生明明姓戚怎说和我同姓浦呢？直到听他解释"我是新浦人"，才知先生说的浙江话"新浦"和普通话"姓浦"同音。我起先还怕先生批评我迟到，看到先生笑容可掬，心里一块石头落地了。先生交待了我们一些事情，从此开始了我在杭大三年的学习生活，紧张而有序，愉快而进步。

我原先想象的研究生导师就是上课来下课走，布置了学业任务就考试再见，但先生不是这样，而是既亲临指导，又放手让我们独立操作。从上课、布置作业和实验课目到课程结束考试，先生始终全程关注，指导所有细节。遇到问题我们去找先生讨论，他也总是十分耐心细致地给我们讲解。化学是一门实践性很强的学科，几乎所有结论都是建立在实验基础上，所以我们除了上课，更多的时间是在实验室。我当时学业生疏，动手能力也差，有时实验做了很多遍得到的结果仍不理想，先生总是鼓励我们说：化学实验就是失败多成功少，不要气馁，好好总结！我们难免毛手毛脚，打坏试管烧杯，先生也从不责怪我们，只是告诫我们多加小心。我们做出一点成绩，写了论文，先生逐字逐句审阅，从实验报告，数据结论，文字标点都十分认真详细地批改，和我们共同完成了一个个课题。

除了学习，先生对我和胡利的生活也很关心，经常问及我们家里的事情，有什么困难等等。他和师母有时邀请我们去他家吃饭，师母也和先生一样和蔼可亲，把学生当自己孩子看待。记得有一年春节期间我和朱利中师弟去先生老家给他拜年，我俩在慈溪借了两部自行车骑到新浦，看到先生的亲戚长辈还在担水劈柴，十分勤俭，这是一个典型的劳动人民家庭。这期间和先生一道外出，公交车上没有空座，我们和一个年轻人商量可否给老教授让座，先生阻止我们并笑说"没关系，我能站，不累"，先生的谦和令人感佩。

有一年暑假我妻子从四川来杭州探亲，先生陪同我们一道游览西湖。夏天的西湖风光明媚，到处开满含笑花，芬芳馥郁，沁人心脾。从小孤山走到放鹤亭，我们和先生一路谈笑风生。我妻子说：戚先生真是个特别的人，睿智又儒雅，第一次见面就感觉和蔼亲切。他话不多，但风趣幽默，时而眯着眼睛，略微抬头笑笑。我忽然觉得先生就像放鹤亭的那只仙鹤，独立飘逸，出类拔萃。时至今日先生的这个形象还深深印在我的脑海里。毕业以后，我与先生和师母的关系一如既往，像家人一般，但因工作的原因见面少了，实为遗憾！先生家楼下庭院里有一株蜡梅，每年入冬满树花开，清香幽远。1989 年我曾在树下和先生师母合影，这张照片保存至今，我觉得先生和师母的人品就像蜡梅花，平凡而高洁，朴实而美丽。

还有一件趣事至今印象很深。好像是有一年的中秋节吧，我和师弟胡利买了一个盒装的奶油蛋糕去看望先生，胡老弟拎着蛋糕盒子很兴奋，一路甩手甩脚的，一不小心，蛋糕盒脱手飞出摔在地上，我俩面面相觑，不敢打开看，知道那蛋糕的样

学高为师　身正为范

——纪念戚文彬教授诞辰100周年

1989年作者夫妇与戚先生及师母在腊梅树下合影

子必定惨不忍睹。那时很穷，也没钱另买一个，怎么办？我俩决定原包装送去，佯装不知。从先生家出来我们想象他们打开蛋糕后的表情：先生一定闭着眼睛笑出了声。数年后我和师母说起这事，还真是这样，但先生从未对我们提起，为了照顾我们的自尊心。

三年的学习很快结束，1982年我顺利毕业，希望留在杭大，先生也尽力帮助，无奈那时人事关系复杂，未能如愿，结果被分配到宁波师院，胡利则去了湖州师院，现在看来都是不错的选择。但那时的宁波不像现在这样美好发达，所以我心里不爽。先生对我说：宁波是个好地方，你去那里一切都会好起来的。先生说得对，我到宁波后一切慢慢好起来，妻子第二年也从四川调来，至今我们一家在宁波这个宜居城市生活幸福安定。初来时先生还把我介绍给他以前在浙江师范学院的学生，那时在宁波师院任教的黄炳荣老师，请他对我多加关照。在炳荣师兄的帮助下我妻子也顺利调到宁波。黄炳荣师兄是先生最早的高足弟子，1986年他病重住院，戚先生专程来宁波看望，在病榻前留下一张我们三人的合影。如今恩师兄长均驾鹤西去，我也年逾古稀，偶尔翻看旧照，颇感伤怀！有次和胡利师弟见面，念及先生，胡师弟也很感恩戴德，说先生对他有点化之恩。他把自己工作的成就都归功于先生指引。师弟说得对，先生不仅点化了我们，还把我们从偏远的川黔地方引到秀丽的江南，让我们能人尽其才并继承了先生的事业教书育人，不负先生的期望。到如今物是人非，不免令人唏嘘感叹！

1982年至1989年我在宁波师院化学系，当过系主任，做了一件好事，创办了宁波师院学报，这里也有先生的功劳。宁师院后来合并到宁大，改名为宁波大学学报。这是一个正规合格的大学校刊，受到各方好评。当时的宁波师院（那时还叫师专）根本没有条件办学报，别说排版印刷，编辑审稿人员都不足。在学院领导的支持下，我到杭大找到戚先生，通过先生请杭大帮忙，先生一方面鼓励我克服困难，同时多方奔走，联系了杭大印刷厂，协助我们出版了宁波师专学报自然科学版。1983年第一期面世，1984年改版为宁波师院学报。戚先生不仅帮助联系出版事宜，还亲自为学报撰稿，参加稿件评审并介绍其他学科的教授权威人士帮助审稿。如今的宁波大学学报，高质量，像模像样，我每看到学报就想起先生的付出。

先生和我一度在化学科研方面有所合作。1986年底，我与先生的另一学生傅克廷及先生合作的一篇论文投稿第六届国际表面活性剂大会被录用，先生代表我们赴印度新德里参会，回来时带给我两件小礼物：一个小钢琴八音盒和一串玉石项链，被我妻子珍藏多年，睹物思人，亲切难忘。1987年我提交一篇论文在美国新奥尔良举办的 194 届 ACS 国际会议上作报告，也得益于先生的指导和帮助，这两篇论文参加国际会议为我进一步发展打下了基础。

1989 年在知识分子出国深造的热潮中，我联系了瑞士联邦苏黎世理工大学 (ETH) Hartland 教授，去他的手下做访问学者，一做 6 年，挣得了一个化学博士学位。在 ETH 读博期间，前 4 年做基础研究，

1986 年作者与先生在黄炳荣老师的病榻前留影

带领组里的几个中国留学生做表面化学化工方面的科研工作，期间去过美国和法国参加国际化学会议。在 ETH，我们的工作和在杭大读研究生一样以实验为主，我从一个大学毕业就脱离了实验室的人能在 ETH 这样一个世界著名的学府得到博士学位，可以说全靠恩师戚文彬的栽培。我深切体会到戚先生教给我的严谨踏实，勤于思考，手脑并用，细心观察，坚持不懈，追求真理的精神对一个科学工作者来说至关重要。

在瑞士的 6 年中，戚先生一直和我通信，关心我的学习、工作和生活，使我在异国他乡感受到亲人般的温暖和支持。刚去的那年，大儿子考上杭大，妻子带他去看了戚爷爷奶奶，后来先生给我来信，要我告诉儿子有困难就去找他们，这句话下面还加了重点划线。第一年的中秋节，戚先生还带着月饼去看我儿子，但我儿子后来没有再去戚爷爷奶奶家，直到先生病重住院。2001 年，我和妻子及大儿子去医院看望先生，当时先生已半昏迷，我叫了一声"戚先生"，先生竟然低声叫出了我的名字！当即我的眼泪在眼眶里打转，三年师恩如父，如今竟然要离我而去！后来参加先生的葬礼，送别至墓园……至今历历在目。

1994 年我在瑞士留学结束，先生来信催我回国，说我年龄也不小了，该是回国报效祖国的时候了。我于 1995 年回到原单位宁波大学，学校对我很重视，特批了一万元给我做科研经费，我用这笔钱也做了些事情，后来评上教授职称，升任理学院副院长，分得了住房，至今安度晚年，可以说没有先生的引导指教，我的今天就不是这样，我一家不会过得这么好，先生是我的引路人，我为此感恩，永志不忘！

由于先生乐于助人，很多人都愿意和他交往合作。西南师范学院教授、英国皇家学会会员刘绍璞先生 1994 年 11 月就邀请先生参加他主持的第五届多元络合物分析化学应用会议，刘老对先生的印象也非常好，他说和戚先生在一起总是很愉快。还有一件事记忆犹新：那是 1987 年在宁波举行第三届全国多元络合物光度分析法学术会议，我当时在宁波化学会，担任大会秘书长，有很多烦琐的工作要做，又没有经验，先生和杭大教授黄宪前来帮忙。许多先生的弟子也都来了，会后我们去普陀山旅游，先生和我们一道挽起裤腿，赤脚跳进大海合影，大家都像活泼的少年人，

踏浪戏水，非常开心。当时的情景至今依然如在眼前，难以忘怀。

先生不仅对我和我的家人关爱有加，对同事朋友和周围所有需要他帮助的人都十分热情。宁波大学的教师魏丹毅和胡捷都找先生帮过忙，小魏和先生合作论文，胡捷出国写英文文章和推荐信都找先生，由于她英文底子太薄，先生费了很多的精力，帮助她的同时又向她指出还是要自己努力，不要让别人包办。我的一个华侨朋友回国，想找浙江美术学院老师学国画，找到戚先生，先生帮助联系了美院教授王伯敏，又多次和这个华侨联系，最终让她如愿以偿。这些往事在先生和我的来往书信里都有记述。

找先生办事的人很多，他又总是来者不拒，亲力亲为，加上自己还有繁重的教学科研工作，常常忙得不可开交，以至体力精力渐衰，终于不支。先生于 2002 年 1 月 19 日病逝于杭州，去世时还不足 83 周岁，令人扼腕！

戚文彬先生信奉基督教，他在世时努力遵照《圣经》的教诲，把上帝的大爱传送给周围的人，助人为乐，仁爱慈祥。作为一个学者，他爱国敬业，勤奋博学，成就卓著；作为一个教师，他治学严谨，师德高尚，桃李满天下；而作为一个普通人，他是一个谦谦君子。先生的人格魅力感染着一代代学子，我们今天纪念先生，就要牢记他的教诲，学习他的品德，把自己的一生贡献给祖国和人民。今天写下这些文字，缅怀先生的恩德并纪念先生华诞一百周年。

2018 年 1 月 16 日

作者简介：

浦炳寅：教授，原宁波大学理学院副院长，瑞士联邦苏黎世理工大学化学博士。1979 年考入杭州大学化学系，成为戚文彬先生指导的硕士研究生，毕业后在宁波大学任教直至退休。

纪念恩师戚文彬先生诞辰 100 周年杂忆

胡利

师兄浦炳寅和师弟郭伟强很早就将纪念戚先生诞辰 100 周年有关活动事宜告知于我，但我的身体状况很糟糕，感觉自己朝不保夕，得的虽然不是绝症，但与大脑神经系统有关，记忆力衰退严重，头脑中只有模糊一片，自以为关于戚先生的纪念文字，与其写不如不写。

先生与弟子浦炳寅和胡利在杭大校园

昨天，收到郭伟强的微信信息："师兄弟们每人都写了一篇纪念文章，我们知道你现在身体不适，是否就由你口述，辛苦嫂夫人或孩子记录一下，不论格式内容和篇幅。希望能在国庆前完成。"于是我想，这不就是要我写一点关于戚先生的文字么，且无规制要求，看来能填上一个空缺即可。既然这样，我何不一试？好在众师兄弟们早已经把戚先生平凡而伟大的事迹与形象，用真切感人的笔触都细细地阐述刻画过了。

1978 年我正在贵州省纳雍县一所中学里教书，"四人帮"被打倒后，国内开始恢复研究生的招考，当年我仅复习了一个月，试考了我的母校复旦大学的催化专业的研究生，结果名落孙山，但此考给我壮了胆。于是，我信心百倍地认真复习备考了一整年，1979 年我报考了杭州大学化学系分析化学专业戚文彬先生的硕士研究生名额。至此，我与浦炳寅兄有幸成为戚先生的开门弟子。浦兄是华东师范大学的高材生，他学的是英语，当时他正在教的也是英语；而我学的是俄语，当时正在教的是化学。

说起当年考研，记起一事，不免在此赘述，说明在冥冥中我与戚先生是有缘分的。招考目录中所列参考书中，有一本是张孙玮老师等编著的《有机试剂基础》，此书我手头正好有着，是我前一年回上海探亲时从南京东路新华书店购得。一个在贵州教中学化学的老师，竟能拿得出这样一本还算"专"的参考著作，除了"有缘"

是难以另作别解的。另外，我的第一外语是俄语，也是有不小局限的，戚先生通晓多国语言，其中就含俄语，此不经意间，也有"缘"的影子。

戚先生对我的研究生学业是关怀备至的。我的第一外语俄语课与其他课程上课时间有冲突，为不影响我的俄语科目成绩，戚先生专门为我跑腿，与俄语教师协调商量，请他另找时间为我单独补课。说老实话，我的学术基础或者说学术潜质是比较差的。我的第二外语英语没有一点基础，这将给我的课题信息的获得和学术研究带来巨大阻碍。但读研只要能够正常毕业，今后的工作、生活条件都会得到很大改善。抱着这样的想法，所以我在读研的三年里，身上背负着很大的压力。由于精神过于紧张，有一段时间我甚至得了功能性胃肠综合征，疼痛的时候很难受。后来，还好吃了一个多月的中草药汤剂，慢慢地缓解了。在此期间，戚先生和戚师母也多方给予关照，起到了关键的作用。

我的几门研究生必读科目考试通过后，遇到的最后难题便是毕业论文的实验与答辩了。在戚先生的亲自指导下，我选择了若干个比较接近实际应用的小课题。结果不但论文实验还算顺利，有的论文还在答辩前就已发表于国内的学术刊物，为毕业论文的通过抢得了先机。结果，不言而喻，在戚先生的悉心指点下，我在杭州大学的研究生生涯被画上了一个圆满的句号。我被戚先生的神奇之手"点化"了，何去何从，我思考着。

研究生办公室征求了我个人的意见，将我分派到浙江省湖州市一所师范性大专学校，当时叫作嘉兴师范专科学校，这所学校后来改名为湖州师范专科学校，直至扩建为现在的湖州师范学院。我比较喜爱教师这个职业，我的经历和知识结构也比较适合去当一名师范大专的专业教师。我到这所学校后，一直从事第一线的教学工作，所教课程几乎没有变过，包括"分析化学""仪器分析""分析化学实验""仪器分析实验"。从我到校不久起直至退休，一直担任分析化学学科教研组组长。学校后来升格为本科，教学任务中增加了指导学生做毕业论文的工作。我的教学特色为师生所称道，努力培养学生规范的分析实验操作技能和理论结合实际、解决实际问题的创造性思维能力。我把当年戚先生教给我的上好每一堂课、带好每一次实验的责任心与敬业态度，自始至终地实践在我的学生身上。虽然，在职期间，我没能在专业学术上有大的发展，但我在专业教学上同样做出了问心无愧的努力与业绩。学院专门发文宣布我为湖州师范学院某届学术委员会委员，这是对我的教学业绩的一种肯定。我把我在教学工作上的无私奉献归功于恩师戚先生潜移默化中的言传身教。

我被分配到师专不久，曾被推举为全国师范专科学校分析化学教学研讨会的秘书长。有一年的研讨会在江西九江师专举办，我邀请戚文彬先生到会作有关表面活性剂与分光光度分析学术报告，开始我还有点忐忑不安，怕先生因路途遥远和年迈而体力不支，后来先生一场精彩纷呈的报告做下来，仍神采奕奕，受到与会老师的一致好评，我才如释重负。这也可印证诸位师兄弟文章中一再提到的，戚先生身上有一股向善向美并且一切尽力而为的伟大精神!

我 2005 年从湖州师范学院生命科学学院退休,阖家回归上海。退休之后,起初十年,大病不生小病没有,带外孙,打乒乓,不亦乐乎。这十年的好时光终于过完,之后,自己的身体不是这里不适,就是那里难受,渐渐地"作"将起来,到现在为止,还只知道大概是神经内科方面的毛病,疑其或是帕金森综合征。对不起戚先生戚师母和众师兄弟,堂堂大师兄,纪念世界知名的大学者、大好人戚文彬先生诞辰一百周年,竟只能写出如此这般的文字来,深感罪过!

2018 年 9 月 20 日

作者简介:

胡利:湖州师范学院教授,1979 年考入杭州大学化学系,成为戚文彬先生指导的硕士研究生,毕业后在湖州师范学院任教直至退休。

师恩永怀

——小记恩师戚文彬先生对我人生处世的潜移默化

郭伟强

再一次站在先生的面前，凝望着先生慈祥的笑脸，一盆浅紫色的草花，怀念淡淡地弥漫在空气中，感恩永记在自己的心田里——戚文彬，这个普普通通的名字，这个在 20 世纪 80 年代引起过人们崇拜的名字，这个引导我进入科学殿堂的名字，这个像慈父般关爱着我的名字，这个……

作者（左四）与戚先生（正中）及其他同学和同事

旁边吹来的燃烧香烛纸钱的缕缕烟气，提示我这是在先生的墓前，先生自 2002 年 1 月 19 日离开我们已经整整 16 个年头了。先生的音容笑貌，先生的严谨学风，先生的慈悲胸怀，有关先生的一切，虽然随着时间的流逝有些淡薄了，但却始终在我心中驻留。

说来惭愧，虽然先生是我们化学系的大教授，但因他不参与本科生的教学工作，我与先生的初次见面，竟然是在父亲一位朋友的陪同下实现的。1982 年，大四的我参加了当年的研究生入学考试，选择导师的时候，本科毕业论文指导教师杨国梁先生推荐我报考戚先生，一直在关心我成长的杭州日报编辑李文伯先生也做出了同样的推荐，于是在李伯伯的陪同下我初次正式见到了戚先生。

其年先生已过耳顺，记得那天先生身着蓝色中山装，面目清癯一点不显老。先生问了我考试情况和本科的成绩（大一和大二我都是校级三好学生，学习上自然不会不敢也不曾放松过），给了我很多的鼓励，临走时给我开了张读书清单，让我在假期里慢慢读，现在先把本科毕业论文做好。于是，我走进了先生的科研团队。

进入研究生学习阶段后，先生的功底渐渐展露在我们的面前。先生授课与其他几位教授有所不同，既不是满黑板写满，也不是只列提纲。他的板书疏密有间，讲课旁征博引，虽然是研究生的基础课，在介绍表面活性剂研究的基本理论的同时，也展示了当时国内外研究现状，即便是对一些较不活跃的研究方向的进展也是如数家珍。这应该就是先生平时十分注重文献资料的收集阅读的结果，因为只要我去先生家，几乎每次都看到他坐在写字台前读着或写着。这种敬业对我后来的教学工作有很大的帮助，即便是大一年级的基础课，也努力效仿先生，将一些研究进展展现给学生，尽量让学生在愉悦的心情下吮吸尽可能多的化学知识营养。

"戚伯伯"慈悲宽容是出了名的，但这不适用于先生对我们学术上的要求。宽容不是不要求，放手更不等于放羊。先生在下达研究任务给我们以后，既有前期的督促文献检索，探讨研究前沿，也有中期的进展交流和答疑解惑，更有后期的理论提升和结论验证。整体上的动态把控，细节上的自由发挥，幕后的全力支持，就是先生留给我的宝贵财富。我的毕业论文是考察金属离子（锌离子为主体）的分光光度检测方法，有两件事先生给我留下了深刻的记忆，对我后续的教学科研工作带来很大的影响。

第一件事是：根据文献检索，至 1985 年初已有 79 篇文献介绍了 108 个有机试剂—锌离子显色反应体系。这众多反应的内在原因是什么？从原子分子的角度上如何解释？当时也有一些学者（包括张孙玮老师）提出过类似的问题，也发表了一些大同小异的见解，提出了锌离子的分析功能团结构为：

由两个 N 原子提供配位键连同两个 C_π 与锌离子作用形成多个环状结构，我们的实验也证明这一功能团的结构是合理的。当时我根据实验结果提出认同这一结构，但适当将结构中的 C_π 基团由文献的中—OH、—COOH、—AsO_3H_2 进行拓展和改造，调整为：

且 C_π 基团也可以是—N。当时我自己有一点小得意，这毕竟已经在原有基础上有了新的创意。但先生认为我的想法不够全面，应进一步深入探讨。因为这样结构的分子在与锌离子发生作用时有可能形成一个不稳定的四元环（因为式中 R 可以是 =CH—CN=、=N—C—N=，也可以没有 R，A 也可以没有），在理论上存在缺陷。

在先生的启发下，在仔细考虑并征求其他老师的建议后，我提出了当 R 不存在（即普通偶氮类试剂）的情况下，将不是由两个 N 原子直接配位，而是由偶氮双键配位成键，形成

的结构，终于得到了先生的认可。在这样深入探讨反应机理的处理过程中，除了体会到先生对我毕业论文所提出观点之修正的必要性，更让我感受到了先生对科研工作必须"精益求精，追根问底"的精神，促使了我在后来的科研工作中常常要探寻一番反应机理、对所提出的研究结论也必须进行"探底"式考察的习惯。

第二件事是：分光光度法的共存离子干扰是比较普遍的，当时的处理方法是寻求尽可能高效的掩蔽剂，以尽可能实现检测效果的"唯一性"，但这终究太困难。当时我向先生提出能否进行多种离子同时测定方法的探讨，我的设想是利用计算机数据解析的途径来进行考察，这些设想在 1984 年的大环境下来说还是具有相当新意的，那时候还只有 APPLE Ⅱ 这一种台式机呢。虽然先生并不深知计算机处理模式和方法，对相应的计算机程序也不了解，但是先生对我的设想大力支持，为我联系了学校计算机房的上机机时。在计算机系的研究生同学的帮助下，我们终于设计并走通了计算机程序，对实验数据进行了快速处理，并针对 Lambert-Beer 定律这种在数学意义上的"病态方程[①]"进行了特殊的校正，所得结果在现在看来显得比较稚嫩而并不太理想，但在当时也还算是比较有意义的。论文被《分析化学》录用了，我很开心，也深深地感激先生的热情支持，毕竟与先生开始给我设计的实验路线有了一点偏离的。我感觉到，当学生要进行先生自己不太熟悉的研究内容时，他不但不会压制，不会要求学生顺着他的思路进行研究，而是积极鼓励学生走出新的路子来。这种大度且鼓励的态度潜入了我的意识，当后来我的藏族学生德吉提出要用液相色谱 - 质谱联用方法探讨我所不熟悉的藏药研究时，潜意识自然爆发，我在药学院为她联系好合适的助力团队，引导她用当时刚开始热起来的数字化色谱指纹谱技术进行样品的分类鉴别和定量检测，为她后来在西藏大学的发展打下了基础。

1983 年 5 月，我被杭州大学第十六届学代会推选为校学生会主席，并担任省学联副主席，研究生出任这一职位的也算是杭大校史上唯一的一次了（我卸任前学

---

① 所谓病态方程是指方程组中初始数据的微小误差因在计算过程中向前传播，从而影响方程组解的很大差异。Lambert-Beer 定律中两个参数（吸光度 A 和吸收系数 ε）中 ε 通常很大（可达 $10^5 \sim 10^6$），而 A 却很小（$A<1$），符合病态方程的基本特性。

校成立了研究生会，我担任了缺席主席人选的第一任副主席）。担任此职要说不影响学习和科研是不可能的，需要摆正位子并处理好关系。先生在鼓励和支持我做好工作的同时也提出了不要影响本职的最基本要求，我对此深以为是。学生干部之所以能得到学生的认可和推崇，第一条就是他们能在学习上得到认可，所以先生的嘱托是我读研期间不放松加油干的动力，不能在学业上退步而成为别人嗤鼻的理由。先生在后来的两年中经常让我汇报论文进展，给我指出研究过程中的问题，即便是细枝末节的也会一一点明，让我少走了很多的弯路。我知道这是集严师慈师于一体的先生在给我"开小灶"，这感觉真的很好！先生这一旁人并不在意的举措也成为我后来善待自己学生的"戒条"。遇到这样好的导师，没有话说，唯有行动，"撸起袖子加油干"。"你们没有星期日，只有星期七"，时任"女朋友"之职的妻子当时就是这样评价我们师兄弟的（朱利中和我是同届的师兄弟，他比我要用功多了，所以现在能成为院士，该祝贺他）。

研究生毕业后团省委和校团委都来征求我的意见，是否愿意去团省委工作。能去省里工作对于当时的我不能说没有诱惑力，如果当时去了省里工作，现在我肯定不会像现在这样了。我想了很久，最终还是放弃了，选择了留校任教。先生的形象已经默默地融入我的思想中了，使我立志教书育人，立志做个像先生那样的能被学生称颂的好老师！留校后，我在分析化学教研室开始了我的职业生涯，先生也转入环境化学教研室，我没有机会与先生合作了。1992年，全国分析化学界的大咖们参与编写（先生编写了"增效分析试剂的发展鸟瞰"一章）的《分析化学前言》出版了，先生亲自题了词将书赠送给我，"愿您永远站在学科发展的前沿，鹏程万里！"那题词一直激励着我。虽然此时我的研究方向已经转向了色谱分析，和先生的光度分析有了一些偏离。借助的研究手段变了，做研究的风骨依旧，先生的学术思想依然规范着我——一切从实验结果出发，发掘机理，追根寻源，永不投机取巧！

1994年，出版已经15年的《分析化学手册》要再版了，原来由先生负责的第二分册的几个章节就安排我进行对接了。编撰《手册》的最大工作量就是资料的收集。我仔细阅读了先生在《手册》第一版的工作基础后，深感先生的不易和以往的艰辛，那些交换树脂的性能和分离条件的收集归类，那众多的萃取体系的确立和相关应用的筛选，无不体现出先生的渊博。要在这个基础上出新，压力太大了。还好有先生当后台，我们只要咬紧牙关往前冲就是了。于是，在先生的指点下，我们对相关知识领域从结构和内容上都进行了很大的改进，当我陆续将相关内容拿给先生时，先生都进行了仔细的审读，提出了不少很具指导性的意见和建议。反复多次，乐此不疲，还将他的一份备课笔记送给我，让我用作资料选用，这份笔记我至今仍完好保存着。这一版的《手册》融入了先生的心血，是他在为第二版《手册》的顺利完成保驾护航。秉承先生的精神，在2010年出版社提出将进行手册第三版的编撰工作时，我根据相关学科的新进展和编委会的新要求，在确定手册内容时，在进行了大量的调整和扩充的同时，坚决地保留了先生的主要研究内容——"分离富集中表面活性剂

2018 年清明在先生墓前

的应用"一章，加入了先生对胶束的论述，弘扬先生的学术思想。经过 6 年的努力，新手册终于成书了，这是先生治学精神的延续和发展！我的工作也得到了我的博士生导师郑小明教授的赞赏。我很开心。

1997 年底，快到先生 79 周岁的生日了，按照"做九不做十"的民俗，师兄弟们酝酿着给先生做八十大寿。那一天，在国内的能抽出空来的师兄弟师妹们都到场了，这算是到得最齐的一次了。刚好我女儿同学的爸爸在省电视台工作，我联系了他，他很乐意地亲自带队来到先生家里，录制了贺寿活动的全过程，并且在当晚的新闻节目中播出了。那一天，我能感受到先生的开心。只是没有想到这竟然成为师兄弟们与先生的最后一次大聚会。

2002 年 1 月，我正在山东参加一个色谱新仪器的鉴定会，朱利中打来电话，告知我先生离世的噩耗，拿着手机听着，眼泪潸然而下，像慈父一样的先生走了，永远地离开我们了，那种痛无法用言语表达！匆匆赶回杭州，在杭州殡仪馆的告别大厅，我执弟子礼站在家属队伍的末尾，既然眼泪无论如何也忍不住，那就让它淌吧！告别会后，送到后院，送先生到最后，直至送到基督教公墓。此后，基本上每年都会去一趟公墓，缅怀先生。

我时刻将师恩铭记在心，化入自己日后的行动中，将先生的精神发扬光大。虽然至今仍无大的建树(更无法与朱利中的大成就相比)，但我可以在先生面前说一声：先生，我努力了，百余篇学术论文、20 多个科研项目、4 件发明专利、主编 / 参编 16 本教材 / 手册，我没有辜负您的期望！

2018-2-28. 于杭州

作者简介：

郭伟强，1982 年到 1985 年在杭州大学化学系师从戚文彬教授，获硕士学位。毕业后在杭州大学化学系分析化学教研室任教至退休，从事分析化学、色谱分析、现代分离分析、神经网络与化学等本科与研究生的教学和实验课程，期间于 1995 和 1998 年分别在德国基尔大学进行高访研究，也经历了四校合并，并于 2002 年获得博士学位。现为中国色谱学会理事，浙江省分析测试协会常务理事和常务副秘书长，色谱质谱专委会副主任，《分析试验室》和《理化检验·化学分册》杂志的编委。

学高为师，身正为范

——纪念恩师戚文彬先生

朱利中

转眼间，先生已离开我们十六年，时时忆起，一幕幕掠影忽闪而过，真切自然，历久弥新。

先生与弟子浦炳寅（右）和朱利中（左）

戚先生是著名的分析化学家，20世纪50年代曾与我国分析化学奠基人王琎教授一起编著出版了《分析化学》这一教材，被国内高校普遍采用。作为化学本科专业的学生，先生的名字很早就印在我脑海中，而先生于我，德高望重，不敢奢望能追随先生学习和工作。

真正与先生结缘始于化学楼的楼道，当时先生正要下楼，恰我自下往上拾级而过，我与先生打了招呼，感到先生有学者风范，且格外平易近人，这一面之缘让我记忆深刻。之后本科毕业，我本考有机化学专业，后经黄宪老师推荐，机缘巧合下转到分析化学专业，自此受教于先生。有幸成为学生后第一次与同门师兄郭伟强一起去先生家，聆听教诲，先生坐于沙发上，给我们布置研究工作。当时先生分别递于我与师兄两张文摘卡，给我的上面写着三个关键词：镉、显色反应、表面活性剂。

忆到此时，不禁感慨人生际遇之妙不可言，当时小小文摘卡上的几个字，却是拉开我几载学业的引子，更是启亮我科研的枢纽。直至毕业，更是有幸留在先生左右，蒙训诂拔擢，与先生同心若金，并在他的指导下，合作论文 70 余篇。

师从于先生，始于 1982 年，受他陶冶煦育整 20 年，期间先生对我来说亦师亦父亦友。先生从事高校教学科研工作 50 年，致其心于分析化学事业，也是杭州大学环境化学专业的奠基人。他开拓创新、成果累累，在我国分析化学、环境化学界享有较高的地位和影响，特别在多元络合物分光光度分析和环境分析化学理论及应用研究中，成绩卓越。先后编著出版了《表面活性剂与分析化学》《新分析增效试剂》等十多部著作，为主编写了《分析化学手册》一、二分册；在国内外重要刊物上发表论文一百多篇，提出了显色反应增敏"刚性不对称微环境"等一系列理论，在国内外产生了较大影响。"表面活性剂在分析化学中的应用及机理研究""有序介质中的分析反应的机理和应用研究"等五项成果获省部级科技进步奖二、三等奖。

先生学识渊博，敬业奉献。他的学术造诣至今让我记忆深刻，我读研究生期间，查阅文献还不能用电脑输入关键词直接搜索，想要了解课题的相关进展，需要查阅 CA。当时遇到光度分析的难题，向先生请教，先生直接让我从 20 世纪 70 年代的文献里去找，当时极为震撼，而最后查阅文献果然如此，先生对文献的了然于心为我的科研树立了很好的榜样。夏日在化学楼五楼上"多元络合物光度分析"课，当时教室里仅 6 名研究生，而先生挥汗如雨，认真讲解，他在投影仪前替换塑料胶片的身影更是时时涌入我的脑海，教导我牢记责任，做好学问。此外，承蒙师恩，我在求学期间时有机会参加全国性学术会议，并拜会引荐各位著名教授，丰富学识，拓展视野，这也是我人生极为宝贵的财富。

先生学风正派，待人宽厚。他视教书育人为自己的天职，表现出崇高的敬业精神。多年来为化学、环境及地理专业的学生开课，讲授"分析化学"等十余门课程。他言传身教，诲人不倦，数十年如一日。先生十分重视培养学生发现问题和解决问题的能力，循循善诱，教学效果显著。他乐于助人、善为人师，既是满腹经纶的专家，又是和蔼可爱的长者，赢得了"宽厚长者，学业良师"的美誉，是众人的"戚伯伯"。从事教学科研工作五十春秋，栽得桃李满天下，得到先生帮助和教诲的青年学子不计其数，许多人已成为国内化学界、环保界的骨干力量，他宽容、谦逊、大度的学者风范，深受师生和同行的敬重。也正是因为先生为人处事的高风亮节，给我创造了一个极为严谨并且友善的成长环境。

先生爱生如子，师德高尚。自我从师以来先生的关爱如影随形，不仅关心学生的成长，关心我们的生活、学习与思想，即使毕业后，仍耳提面命，关怀备至，更是兼达我的家人。记得在 1986 年，我不堪板牙之苦，忍痛拔去，当时师母携一篮鸡蛋探望，耿耿之心我至今仍颇有感怀，而对我的妻子以及儿子，先生与师母也时有关心。对于我人生的指引，先生的一句话我时至今日仍铭记于心：做任何事情都要体现身份，体现水平！这句话作为我的座右铭，时刻告诫自己要严于律己，勇攀高峰。

　　自跟随先生以来，历经杭州大学化学系、环科系，从学子直至教授，取得的任何成绩莫不与先生的教导息息相关，先生不仅是我恩师，更是我生活之明灯，事业之奠基。师恩难忘，感怀在心，更与日俱长，唯有学习先生热爱教学的品格，发扬先生献身科学的精神，传承先生严谨治学的学风，铭记师恩，砥砺前行，方能报之！

2018-3-31

作者简介：

　　朱利中，浙江大学环境与资源学院教授、博士生导师，浙江大学农业生命环境学部主任。1982年本科毕业后继续在杭州大学化学系就读硕士研究生；1990年作为高级访问学者前往加拿大不列颠哥伦比亚大学化学系学习；1997年入选国家"百千万人才工程"；2001年获得国家杰出青年科学基金资助；2006年入选首批浙江大学求是特聘教授；2015年被评为浙江省劳动模范；2015年当选英国皇家化学会会士；2017年当选中国工程院院士。

严师慈父戚伯伯

骆红山

我是原 68 届初中生，1965 年进中学不久就遇上"文化大革命"，1969 年刚满 16 岁就被上山下乡的洪流裹挟到云南农村插队。尽管在 1973 年在上海师范大学化学系就读工农兵学员期间，多少读了点书，但随之而来的"反击右倾翻案风"等一系列政治运动，又使我们在学校里根本无法系统学习化学的基础理论和基本知识，底子较差。"文化大革命"结束后，时任皖南山区中学化学教师的我，受当时蓬勃向上的社会风气及环境氛围的影响，也不再甘心一辈子蜗居在山沟沟里当"孩子王""教书匠"，决心通过自己的努力拼搏，报考研究生改变命运。1984 年 5 月，好消息传来，要我赴杭参加研究生面试。

1997 年给先生祝寿 (左起: 朱利中，王耕，郭伟强，胡利，陈笑梅，浦炳寅，师母，骆红山，先生，沈学优，刘丹萍，康继韬，汤前德)

初见先生，是在 1984 年 5 月 21 日上午。我怀着忐忑不安的心情、刚走进化学系五楼的一间办公室，一位慈眉善目的老人就主动与我们打招呼，并自我介绍了自己的身份，原来他就是我们报考的专业负责人戚文彬教授。在介绍了同时在场的其他几位导师后，先生首先祝贺我们顺利通过笔试，并对我们几位面试学生前来面试表示欢迎，又和颜悦色地要求我们放下包袱，不要紧张，认真答题，考出真实水平。戚老师的话语，如同一缕春风，一扫我们的不安和慌乱，终于，我们几人都顺利考入杭大化学系分析化学专业，正式成为先生的弟子。

先生的严师之严，并非严厉而是严格。

先生的授课教案做得非常认真，仔细详尽，其内容不仅有源远流长的历史沿革，更有与时俱进的发展前沿。有些课程的教案，从纸张的质地而言，已有一定年份，但上面密密麻麻的覆盖着不同墨迹的蝇头小字，可以看出已经是多次修改，数易其稿。

先生对教学过程的掌控也十分严格，每次上课，他总是准时到场，认真讲学，悉心传授、一丝不苟。对我们课前课后提出的各种问题，他也都是耐心讲解、旁征博引、释疑解惑，一直到我们完全弄懂为止。记得有一次课堂上，我对一个问题无法深入理解，由于先生另有要事无法当场解决，事后我也忘了，不料几天后，先生特意来找我，认真地告知解答，令我十分感动。

分析化学是一门实验科学，我们科研中和论文里的每一个数据，都必须来自严谨的科学实验。先生非常重视培养我们的科学态度、科学素养和学术道德，谆谆告诫，言传身教。尤其是在毕业论文设计和实施阶段，更是越加操劳。不仅再三要求我们实事求是，万万不可投机取巧，弄虚作假；对一些重要的实验数据和结论，先生都要反复核对，认真斟酌，确保科学实验结果的准确无误。

先生的这种严格治学、严格教学的风格和严格的科学态度，是我三年研究生学习中印象最深刻的，也影响了我以后几十年的教学和科研生涯。

到了杭大以后，知道先生的人缘很好。不仅在化学系，就是在整个杭大，但凡认识先生者，无论是机关干部、中老年教师，还是研究生、本科生，老老少少都尊称他为"戚伯伯"。先生瘦瘦的身材，一口略带慈溪乡音的浙江官话，初识之时，实难将他与一位知名学者联系起来。

先生和我父亲同庚，都是浙江人（家父祖籍浙江义乌），在校三年，深感他对我这个大龄老知青学员，投入了父亲般的关注。先生知道我已成家，女儿尚幼，难免会有思家恋女之情，三年之内，他对我的探亲请假从未拒绝，逢年过节，师母还会不时送上些许礼品。

虽然上海距离杭州不远，但地域文化还是略有差异。先生经常在闲暇之余，利用餐前饭后，有意识地向我介绍杭城的风俗习惯和杭大的校园文化，帮我更好更快地融入杭大的学习和研究环境。先生还一再要求我们几位研究生弟子要互相帮助、互相学习，在他的教诲下，大师兄浦炳寅、二师兄胡利以及其他几位师兄朱利中、郭伟强、王耕和刘明霞师妹等对我都很好。在先生的悉心指导下，在诸位师兄弟们的大力协助下，我终于顺利完成学业，获得硕士学位，后在上海师范大学任职。

即便是毕业后离开了杭大，先生非常关心我的成长。一是主动协助我在《分析化学》《高等学校化学学报》等各种学术期刊上发表文章，并给予辅导修稿。二是为我在新的单位开展科学研究无偿提供化学试剂，支持我继续发展。三是不断介绍分析化学的进展，便于我与时俱进，紧跟时代的脉搏。至今我手上仍有先生参与编著并亲手赠送的《分析化学前沿》一书，先生告诉我说，他是在第一时间就把此书寄达我处，便于我学习和借鉴。四是多次来信来函，鼓励我参加全国和国际专业学术会议，积极参与学术交流，向同行和专家学习，促进自身发展。记得当年有一次在夏威夷举办的国际会议，先生主动给我寄来会议通知，并多次帮助我几易其稿，投稿终被录用。实际上，准确地说，在我前进和发展的每一步，都凝聚着先生的心血。

1994 年，我获得赴美国印第安纳州波尔大学 (Ball State University) 任访问学者的机会，先生获悉后，非常高兴，为我的首次出国提供了许多意见和建议，同时还主动将在美国的女儿戚志红女士的通讯地址和联系电话给了我，并告诉我他已经关照女儿，我若有事可去找她。虽然我在美期间没有与她联络，但先生这份情谊却铭记在心。

遗憾的是回国以后，正遇到房屋动迁，忙乱之中，竟然把先生的联系电话弄丢了，我原来留在杭大的联系电话也因搬迁而停用。原以为上海杭州距离很近，就没在意。不料此后我先是赴新疆工作多年，回沪后又因职务变动特别繁忙，忽视了接头，庸庸碌碌中一直没有去杭州拜见先生。谁料有一天，遇到朱利中师兄，方知先生已经驾鹤西去，这是我第一次感受到"子欲养而亲不待"的悲痛心情。先生走得太早，太早。

先生若是健在，应是百岁高寿，好在众多弟子都能遵循先生教诲：认认真真做事，清清白白做人。

先生虽已故世，然而，他并没有离开我们。他博爱天下的音容笑貌，他包容谦和、海纳百川的宏大胸怀，他儒雅真诚、仁义礼智的传统美德，他严格严谨、执着创新的工作作风，他睿智坚韧、勇于探索的科学精神，如钱江水奔流不息，润物细无声；如雷峰塔千秋永矗，万世传美名。

作者简介：

骆红山，博士、教授，1984—1987 在杭州大学化学系分析化学专业学习并获理学硕士学位。毕业后在上海师范大学工作至退休。

我的恩师

——缅怀对我事业和人生有着直接和深远影响的导师戚文彬先生

王耕

　　很久以来我都想为我的硕士生导师戚文彬先生写点文字，可一直以遗憾为结局。愧疚归愧疚，生活和工作的忙碌总推着我为日常的繁杂琐事费心，而未能静下心来缅怀那些对我事业和生活轨迹有着直接和深远影响的人，那些为我的成长和成功树立榜样的生活楷模。这样的人，首选的就是我的硕士导师，先生和我们同声昵称他为戚伯伯的这位恩师。直到最近，这心愿终于付诸实施了。

1988 年初春作者和戚文彬先生合影，左边是师兄骆红山。

　　我自 1978 年上大学一直到 1982 年大学本科毕业，都还不知道戚先生是谁。那时候戚先生已不再教本科生的课程。一直到 1982 年毕业留校后，因我被分配在分析化学教研室，和戚先生所在的环境化学教研室常在一起活动，才开始对戚先生的教学、科研和他指导的硕士研究生有了了解和直接接触。

　　戚先生是个少见的好脾气的老先生。师从先生和与先生共事的记忆中，从未见过他发怒抑或是生气的表情，也从来没有受他责备的印象。他很少对年轻助教或学生说教或指责，遇事总是不慌不忙，似乎天大的事也没那么不可收拾。他重于在处世为人上以自己的行为为大家树立榜样。我刚留校时，发现系里面有个别年长的老师总是不苟言笑，仪器设备如古玩家珍——莫说学生，连同教研室的老师都摸不得碰不得，也不愿意帮助别人。对此，我们作为新助教也就免不了暗地里给这些老师们打分。在开始考研后，为此在选导师上很有些厚此薄彼。一是当时戚先生在学术上很有建树和威望，更重要的就是他的为人有口皆碑。为能考上他的研究生，我还利用自己已经在系里工作的优势，频频表现自己的意愿和想法，最终如愿以偿。

读硕士期间，我作为学生，感觉到日常共事或生活上戚先生是个很平易近人，从不苛求的人。他平时一点没有大教授的架子，有问题我们可以随时去问他。无论他在忙什么事，学生敲门进他办公室，他总是放下手里的活，倾听和回答我们的问题。很多时候他周末也会来办公室转一下。那时候，我们有什么问题都可以随时找他讨论。

记得刚读研究生时和先生一起去济南山东大学开学术会议。我们一起坐火车去。当时坐的是夜车。按级别，先生可以睡卧铺。但因为有一群助教和硕士研究生同行，先生坚持和我们一起坐硬座，不搞特殊化。我们觉得他年纪大了，轮流站着，希望让他能在硬座上靠一下。他坚持和我们一起坐着，一直坐到第二天早上到济南车站。

戚先生非常大方，有什么仪器设备我们当学生的可以尽管用，不小心弄坏仪器或打破点瓶瓶罐罐也从没被责备过。但在做学问上，戚先生可是丝毫不含糊的人。记忆犹新的是读研究生时第一篇和先生合写的论文。当时因为我留校后除了教学任务以外也开始了一些科研工作。在读硕士学位前还发过一篇论文。自鸣得意地以为我自己是轻车熟路了。经过一段时间的实验室工作，参考文献打点，整理好数据，画好图表，打了一遍草稿，就把誊抄的论文初稿连同数据表格交给先生审阅修改。那时候还不知道电脑是何物，论文是手写的，表格是用尺和笔画出来的，图是用描图笔在硫酸纸上自己描出来的。也算是花了一番苦功夫，抄写得眼花缭乱，手指生疼。当时在想，先生肯定非常看好我的论文，说不定不用修改就可以投出去发表了。焦急地等了几天，终于从先生那里拿回了手稿。打开一看，当时就傻眼了：那些用红笔画的杠杠指出该删除的句子或段落，句子的重组排列，为我改正的不恰当的语句或病句，批语指出根据不足的论证和论断，甚至标点符号，表格里的数据的疑问和增删，绘图的准确度。我当时在想，我会写论文吗？这分明是说我太幼稚可笑了。先生可能看出了我的尴尬和失望，或者这就是他一贯的作风，他没有半点责怪的意思，他还鼓励我说第一篇论文写得很好。只是说，要把这样的论文送审，每个细节都要注意。和他进一步聊天，得知他认识的业界的审稿人大多都是治学严谨的学者。要想通过这一关，不仅数据要可靠充分，接下来的讨论和结论要有独到之处和新的见解。从这次写稿开始，我就开始更留心发在当时国内化学界顶尖杂志诸如《化学学报》《化学通报》等上的好论文，从别人的结构安排，实验手段，数据整理，讨论和结论的严谨科学性来设定自己的努力方向。后期的论文工作在先生的指导下有了比较明确的目标，清晰的思路和合适的实验手段，加上时常和先生讨论，他又不厌其烦地一起查阅文献，联系其他实验室做一些我们没有条件做的诸如核磁共振和连续波谱分析等，并共同撰写论文。我们有两篇论文被《化学学报》录用。在其中一篇论文中，我们首先提出了"胶束刚性不对称微环境"增色增敏机理，在领域同仁中得到了广泛认同。

刊发于《化学学报》的论文首次提及了"胶束刚性不对称微环境"的增色增敏机理

师从戚文彬先生，为我在专业发展上开辟了广阔的前景。1986 年先生去印度新德里参加国际胶体化学学术会议。会上他认识了国际公认的胶化领军人物，瑞典隆德大学的 Björn Lindman 教授。1987 年 Lindman 教授应邀来杭大讲学，先生让我负责接待他并且担任讲学期间的翻译。1991 年我参与竞争而获得了省里仅有的两个名额，授予出国攻读博士学位的包玉刚奖学金。因为 1989 年"政治风波"的影响，当时国家公派人员不能去美国、加拿大和澳大利亚。包氏奖学金也被列为国家公派，因此不能去这些国家。除此以外，英国和瑞典是唯一两个用英语教学的国家。英国的牛津和谢菲尔德大学录取了我，但每年要付 1.2 万英镑的学费。包氏基金管理委员会不同意付这笔学费。我和瑞典隆德大学化学中心的 Lindman 教授联系了一下，因为我接待过他，又是戚先生的学生，他看完我的简历后一口答应了我的申请，并按包氏基金会要求，保证一年后可以从瑞典隆德大学拿到资助继续完成学业。瑞典的教育从幼儿园到博士毕业都是免费的，包氏基金只要付我的第一年生活费就成了。这样，在戚先生为我铺下的大路上，我踏上了留学的旅程。

去瑞典攻博，我的专业是表面和胶体化学，从事水溶性高分子聚合物和表面活性剂作用机理和应用研究。这也是我师从戚先生开始的研究方向。当时国际公认的有数的几个表面和胶体化学中心就包括了隆德大学的化学中心。在那里，我得以接触表面和胶体化学的各个领域，学习各种课程，参加国内外学术会议。因为表面特别是胶体化学还是相对新颖的学科，在国内时还没有作为必修课程。即使作为选修课，也没有很系统的教材。戚先生是化学系唯一为我们讲授胶体化学课的老师。在瑞典隆德大学期间，我对表面和胶体化学的涉足由浅入深，很大程度上是戚先生把我带入了这一奇妙领域，对于这一学科的理解也就扩展开去。

博士毕业后，我去加拿大麦克马斯特大学化工系做博士后研究。从事的课题依然是表面和胶体化学，水溶性高分子聚合物和表面活性剂作用机理研究，而且还开始了有机硅消泡剂的合成、工业应用和作用机理方面的研究。因为这些经历，在Momentive（迈图）的前身Witco有一岗位招收具有博士学位，并且加入公司工艺过程研发部门从事表面化学和有机硅消泡有关的研发工作的人员时，这个职位好像是专门为我设置的。因为搞胶体化学的人在北美不多，搞有机硅在胶体溶液里消泡的就更少了。一轮面试下来，第二天公司就给我录用通知。因为1998正是.com热时期，美国H-1签证全年名额很快用完。我拿到录用信时已无名额。公司特为我申请了杰出人才O-1签证。这样，我在1998年8月开始了我在这家全球第二大有机硅研发生产销售公司的专业技术工作历程。

硕士毕业后在和戚先生共事的几年中，我给大学生上过环境化学课，指导和从事分析化学教学和研究，搞过几个与工业界有关的研发生产环境课题。我在Momentive工作的这过去的19年中，涉及的领域从有机硅化工工艺过程、工业化生产、产品质量控制、市场用户反馈、新市场开发拓展、环境影响，一直到工程师和化学家培养和培训、公司全球投资和紧跟新市场走向、高层战略决策、重要客户走访和培训。方方面面的处事和成功都和我在杭大化学系工作时与先生共事时打下的基础有关。更重要的是先生身教重于言传、律己严于律人的品德，一丝不苟的工作学习研究作风，乐于助人而不求回报的接人待物准则，正面鼓励远多于责备批评的领导艺术，设身处地多为他人着想的同事关系处理方式……这一切人品作风都在我的工作和生活中打下了深深的烙印。如生活之旅的航标灯塔引领着我，激励着我。无论国内国外，在和科学技术问题打交道时，严谨的科学研究态度是一方面，和同事、上级和下级相处时的准则和艺术也是非常重要的另一面。无论哪方面，正直、勤奋、公平、尊重、有自信心、荣誉感和责任心都是成功的基本品质。在遇到需要这些素质的时候，先生的为人处世总是在影响鞭策着我。

毫不夸张地说，师从戚先生我重塑了自己，先生以榜样的力量深深地影响了我的职业生涯。同时，他对同事、小辈和自己亲人的慈爱也感动着我。在我自己的家庭和社会生活上，先生也同样是我的楷模。他成功地教育培

作者（右二）携妻子与师兄朱利中探望先生师母

养了 4 个可爱的子女。如今都在各自不同的岗位上有着自己的事业和家庭。可惜的是，我 1991 年出国后只是偶然在匆匆回国时短短地见上先生一面，再没有很多时间共事，无法共享成功喜悦或聆听先生的教诲。当有了自己的孩子以后，我也试图以戚先生为榜样，在孩子的成长过程中给以不尽的父爱，参与他们的学习，社会活动和生活，带他们去看世界，关心他们的每一步成长，共享他们的成功和喜悦。不敢说他们将来会有多大成就或发展，但至少都有了一个良好的开端。大儿子 2015 年本科毕业于哈佛大学统计专业和副修经济学，现在在 Capital One(第一资本) 工作。小儿子 2017 年秋季入读杜克大学的工程系本科。

令我遗憾终身的是 2002 年先生去世时我都没能去告别。当时的通信手段和信息交流依然有限，我自己还在为解决在美工作和生活奔波。在今年先生去世 16 周年的年份里，有幸写下这段缅怀先生的短文，聊以弥补那失去的时光和留下永不忘却的师恩。

先生千古，弟子永念！

2018 年 1 月 27 日写于美国西弗吉尼亚州维也纳市

作者简介：

王耕，1984 年到 1987 年在杭州大学化学系师从戚文彬教授，获硕士学位。1987 年到 1991 年在杭州大学化学系环境化学教研室任讲师并与戚先生共事 4 年。1991 年获包玉刚奖学金赴瑞典隆德大学攻读胶体与表面化学博士学位。1997 在加拿大麦克马斯特大学从事胶体化学体系和有机硅消泡剂博士后研究。从 1998 年到现在，一直在美国 Momentive Performance Materials (迈图高新材料) 全球工艺过程研发部任职。现在是迈图公司全球有机硅乳液和消泡剂、特种有机硅油、特种水溶和油溶硅胶工艺及流程、新兴市场战略投资指导和审核、产品开发和工业生产、市场应用和用户关系方面的首席科学家和公司全球首席科技及战略决策委员会委员。

四月芳菲天　感念师恩

刘丹萍

　　四月末的午后，阳光和煦，满目芳菲，师兄妹们相约前往看望师母。师母依然住在三十年前的教工宿舍楼里，院落依然静谧如前，相对院外的广场大厦，有些陈旧。走进三楼师母家，九十六岁高龄的师母精神清健，拉着我的手，一句"你是丹萍，你还好吗"，让人瞬间觉得时光倒转，似乎又回到了三十年前在戚先生门下读研的时光。室内还是和记忆中的样子相仿，穿过狭小的客厅，就是戚先生的书房，仿佛先生还坐在沙发里平声静气地说着话，沿窗的书桌上堆着叠叠的稿纸和书籍……

作者（左）及师妹陈笑梅与先生

　　三十多年前，也是一个阳光明媚的日子，中午时分，通往化学楼的校园路上，迎面遇到时任班主任的章乐琴老师，她叫住我说：系里刚开会决定，我可以保送读研或者留校，读研可以自己选择导师，让我考虑一下。时光流逝三十多载，但那一刻清晰地留在了记忆中，记得当时我就激动地说："读研，我想读戚老师的研究生。"作为戚先生创建的环境化学专业的第一届学生，在四年本科的学习过程中，聆听过先生的课，拜读过先生的著作，目睹过师生对先生的尊崇，戚先生已然成了我心目中的泰斗，当年年轻骄傲的我一心向往着在戚先生门下当一名学生，那一刻愿望成真。

　　时光流逝，斗转星移，恩师百年诞辰在即。同门聚首，再见师母，更觉先生的音容笑貌宛若在眼前，先生的教诲历历再现。恩师虽已仙逝多年，但先生的恩德，铭记于心，先生的言传身教，获益终生。

　　师从先生数年，先生教我严谨。本科毕业论文研究的是 β- 环糊精固载相薄层色谱分析应用，从方案设计、实验方法到结论推导总结，在戚先生一步步不厌其烦的精心指导下，我和实验室同学初窥科研工作的严谨和精确。那一列列在严格控制条件下制作的环糊精薄板和实验爬出的一串串斑点印象如此深刻，以至当我毕业后在国企做高压液相分析时第一时间想到的就是环糊精薄板，同根同源，而后开展项目的底气就是来自先生的教诲，来自实验室经历的沉淀。

作者（右）与师妹笑梅探望师母

先生教我敬业。当时系里教授屈指可数，其中先生名望又高，但先生依然亲自为本科生上课。记得大四时，戚先生为我们开过专业课，当时没有 PPT，上课全靠板书或投影，先生的板书工整自不必言，而先生用的一张张投影胶片也是他亲手写就的，那字如先生其人，整齐温和而锋芒不外露。

先生教我宽厚。我是先生门下第一个保送读研的应届生，高考读研，一路从校园到校园，与师兄们相比少了许多历练和处事经验，三年中定有些不当或过错而不自知。但我印象中先生从不曾有言辞激烈的批评，反而更多是感受到先生的关心。记得有一次要去苏州购买实验用药品，先生事先和厂里技术人员联系好后再派我去，还特意关照最好有同学同行；20 世纪 90 年代初，参加了公务员招考并被录用后，怀着忐忑不安的心情去告知戚先生和戚师母，哪知先生和师母没有一句责怪之言，反而安慰说公务员工作也很好，好好做。先生的宽容，更让我愧疚不安，那个静谧的院落又成了我仰望之地。

斯人已逝，师恩长存。若真有一平行世界，想必先生在那亦是从容安详，笑看人间四月芳菲天。

作者简介：

刘丹萍，1985—1988 年在杭州大学化学系师从戚文彬教授，获硕士学位。毕业后在杭州市中药二厂工作三年，然后到杭州市总工会工作至今，现任杭州市总工会经审办主任。

忆戚文彬先生

陈笑梅

　　一想到先生，眼前就浮现他和蔼、亲切的微笑。1986 年我被本校化学系保送，有幸成为戚文彬先生的研究生，先生当年是我校化学系仅有的三个正教授之一，在分析化学领域是全国闻名的教授，以至于我参加工作后，提到我是戚先生的研究生，别人都要高看我一眼。

作者（左）与师姐刘丹萍和先生在杭州大学校园内合影

　　在三年师从先生期间，先生总是在实验室和家两点跑，他专心研究，没有其他杂务，不像有的导师还要做行政，很少有时间辅导研究生。当时做学问是很清苦的，记得在那三年期间先生住院过一次，是阑尾炎开刀，住在浙江医院，当时我听到医生说，当老师苦，只有几个学生来探望。

　　先生治学严谨，我们写的论文他都一字一句修改，我们的论文写不好，他也从来没有对我们严词厉色，总是很耐心地、仔细讲给我们听，帮我们修改。

　　先生对待我们像对待自己的子女，我也感觉先生既像老师也像父亲。在研究生期间，先生还给我介绍对象，是他侄儿还是外甥，我记不太清楚了。估计拿了我们的集体照给对方看，因为先生的人品好，能够成为先生的亲戚我也是开心的，后来估计对方看了照片没有相中我，就不再提此事。

　　我毕业后找了对象，还带我那位去看先生，结婚时先生还送了一套景德镇的青花瓷餐具给我作为结婚礼物。

先生晚年估计很想念他的女儿，或者他也把我当作女儿，我去看他时，他问我：你大还是戚志红大？记得每次去看戚先生，师母总是在她自己的房间里忙自己的事。在先生晚年，师母跟我说让我们不要去看他们了，要把他们忘记。其实年纪越大时，更觉孤独，更需要亲情和友情，师母怕给我们添麻烦，竟下逐客令，何等的悲壮！何等的大爱啊！一对让人无限怀念，人格伟大的夫妻啊！他们对爱的付出毫不吝啬，却从不索取！

2018 年 1 月 16 日

作者简介：

陈笑梅，1986—1989 年在杭州大学化学系师从戚文彬教授，获硕士学位。毕业后到浙江出入境检验检疫局工作至今。2004 年被评为研究员，曾任浙江出入境检验检疫局技术中心副主任，浙江省检验检疫科学技术研究院副院长，现任科技处副处长，信息化管理处处长。

师恩深深

汤前德

　　"教师个人的范例，对于青年人的心灵，是任何东西都不可能代替的最有用的阳光"。一个人在青年时期若能遇到作为"人生范例"的良师，受到其阳光的普照，那将是人生之大幸运、大幸福。承蒙上天的眷顾，我的青年时期，竟遇到了这样一位师者典范——戚文彬先生。

作者（右）及同门与先生在杭大校园

　　1985 年，我决定报考研究生，在选择学校和导师的过程中，我知道了戚文彬先生，知道了先生是我国知名的分析化学家。但第一次面见先生，却是在 1986 年 4 月，我到杭州大学参加研究生入学考试的复试之时。以我的想象，一个著名分析化学家可能是严肃而不苟言笑的，是我们需要仰视的大师，与我们这些青年学生应该是有一定距离的，因而面试前我颇有些惴惴不安。及至见面才发现，戚先生为人和蔼可亲，瘦削的脸上总是挂着笑容，眼光是那么的慈祥，我顿时放松了紧张的心情。后来，我如愿成为戚先生的弟子，跟随先生在杭大度过了三年紧张而愉快的学习时光。

　　戚先生是一位温文尔雅的仁厚长者，3 年光阴让我更近距离地看到了他的个性品质。尽管他当时已是分析化学界的翘楚，经常出席相关学术会议，但从不恃才傲物，对人始终和蔼可亲。无论是面对国际、国内的知名科学家，还是对普通老师，抑或是对我们这些后生晚辈，他总是笑语盈盈，谦逊有礼，和颜悦色。他的品行使得他像一阵春风，让接近他的人觉得舒适而温暖。先生秉性中对他人的尊重，更是让我终生难忘。1989 年，毕业前夕，面对是继续深造还是走上工作岗位，我十分纠结。能继续读书可以让我在学业上更上一个台阶，也许有朝一日会在专业上略有建树，但在四川老家，有着已经越来越年迈的双亲和正值求学阶段的弟妹，作为长兄的我肩上压着为家庭减轻经济压力的重担。为此，当我决定选择参加工作时，总觉得负了先生辛勤的培育，有些不敢面对他。当鼓足勇气和先生谈起我的选择时，先生不但没有任何的责怪，甚至没有丝毫不快，他说："我理解你的选择，工作以后，条件成熟，你想继续深造的话，我一定会给你写推荐信的。"作为师长，他对他人的尊重，是来自骨子里的，哪怕是对我这个年轻的弟子。

爱因斯坦说过，使学生对教师尊敬的唯一源泉在于教师的德和才。先生正是这样一位德才兼备让人尊敬的良师。他高尚的品行影响着我们这帮弟子，他的专注学术，淡泊名利更是让我们敬佩不已。先生作为我国著名的分析化学家，有多部专著及几百篇科研论文面世，在分析化学和环境化学界是举足轻重的人物。在中国这个传统的"学而优则仕"的国度，他要谋得一官半职，那是易如反掌。当别人谈到国内一些同行担任较高的行政职务时，先生总是一笑而过，不以为意。20世纪八九十年代，正是我国经济开放初期，杭州也是处在改革开放前沿的江浙沪中心地带，先生的研究领域与国计民生紧密相关，通过各种合作项目换来巨大的经济效益也不是什么难事，然而先生却十分淡泊于名利，潜心学术，只以学术为念。他年复一年地沉醉于学术研究之中，兢兢业业，孜孜不倦，结出了丰硕的成果。

从杭大毕业后，我先是在四川成都无缝钢管厂工作，后又从事其他工作，与师从戚先生时所学是渐行渐远，但先生对我的影响却是深远的。先生的教诲，使我在工作岗位上成为一个恪尽职守，尽职尽责爱岗敬业的人，即使如今身处商业领域，先生的品格德行也一直指引着我，使我不至于成为一个唯利是图的人。

天涯海角有尽处，只有师恩无穷期；山高水长时有尽，唯我师恩日月长。师恩深深，无以言表。值恩师诞辰一百周年，不才弟子汤前德，谨以此文献给先生。

2018年10月17日

作者简介

汤前德，1986—1989年在杭州大学学习，师从戚文彬先生，获得硕士学位。毕业后先在成都无缝钢管厂工作，从事冶金分析工作。1998后在成都维思科仪器仪表有限公司等单位从事实验室设备销售工作至今。

难忘师恩

康继韬

还记得是研究生二年级下学期时，开始准备毕业所需的论文，准备课题及相关实验。先生出了论文题目，先是查文献，准备综述。查文献时，那会儿都是手工检索，不能计算机检索，翻《化学文摘》、摘录资料，完成文献综述，之后确定了论文题目。研究方向还是在先生的理论体系内，选择 Cd(Ⅱ)-Cadion 和 Cd(Ⅱ)-Cadion 2B 有机显色剂分子结构做研究。

作者（左）及师兄汤前德与先生在杭大校园

显然的结果是 Cd(Ⅱ)-Cadion 2B 的灵敏度应该高于 Cd(Ⅱ)-Cadion，但是加入了表面活性剂后，结果恰好相反，验证多次后，确实是这个结果，表面上看似乎与原来的理论体系有冲突。

初步的结果拿去请教先生，这时显现出了先生深厚的功底和渊博的专业知识，以及严谨的治学态度，要求把各类表面活性剂的实验数据都做出来，找出结果的规律性。然后又测定有效介电常数、分配系数、析相试验、紫外可见光谱、红外光谱、电泳试验等手段加以验证，结果与预期一致。这时，以文献和试验结果为依据，发挥空间想象力，开始推论上述两个有机显色剂的分子结构，做出合乎逻辑的解释和结论。研究论文《显色剂结构与胶束增敏作用的关系》发表在《化学学报》(1992,50: 32–38)上。最终，这个研究结果成为先生理论体系的补充和发展。

作者简介

康继韬，1987—1990年杭州大学学习，师从戚文彬先生，获得硕士学位。毕业后在宁波出入境检验检疫局工作至今。

追忆我慈爱的导师

刘定武

1988 年 9 月，我有幸成为杭州大学化学系戚文彬教授的研究生。在我就读研究生的三年宝贵时光里，戚老师——我慈爱的导师，用他博爱的胸怀，不仅在学业上，而且在生活上给了我无微不至的关怀，令我永生难忘，终生受益。

博爱，意味着宽容，尤其是对错误的宽容。1983 年至 1988 年，我在湖北省襄阳市一所中学任教。我一直期望就读研究生，希冀在个人职业生涯中有所进步。但是原工作单位不愿意放人，情急之下我借用另一个单位的证明材料报名参加 1988 年全国硕士研究生招生考试。笔试通过后，在赴杭州面试时我如实向戚老师说明了情况。按照当时政策，杭州大学完全可以拒绝录取。但是戚老师非常理解我在基层工作的困难，以他博爱的胸怀宽容了我，还专门找负责研究生招生的领导同志做解释，使我得以顺利入读研究生。

博爱，意味着对学生的体贴和关怀。三年的研究生学习中，戚老师在生活方面对我十分关怀。1989 年，我有了孩子。妻子和儿子在湖北襄阳，我在杭州。戚老师为让我安心学习，每年春节期间给我一个月假，夏季给我两个月假，使我一年中有三个月时间陪伴妻儿。1991 年 5 月，妻儿到杭大探亲，戚老师和师母专门到研究生宿舍看望，还给儿子买了一套非常漂亮的衣服。现在儿子长大成人在美国工作，我时常把这个故事讲给他听，让他记得戚爷爷和奶奶的爱。

博爱，意味着对学生未来的关怀。1991 年临近毕业时，戚老师专门修书两封，一封给武汉大学一位教授，一封给华中农业大学一位教授 (抱歉，现在记不得两位教授的名字 !)，帮助我寻找工作岗位。只是由于我个人的兴趣和选择，我进入政府部门工作，未能从事科研教学工作。

博爱，意味着对社会、社区的无私奉献。读研期间，我多次去戚老师家中汇报请教。经常看到戚老师很晚还在灯光下为教区的教友准备教会活动的通讯录等资料 (戚老师和师母是虔诚的基督徒 !)，这些资料都是戚老师用钢笔认真书写的 !

三年的读研生活虽然短暂，但戚老师给我留下了不可磨灭的印象：他不仅是一位博学的大师，更是一位充满仁慈、善良、博爱之心的老先生。戚老师的美德，博爱之心，不仅是我永远学习的标杆和榜样，而且我将把这样伟大的精神传递给我的子孙，永远传承，成为我的家族的重要精神支柱！

2018 年 10 月 16 日

作者简介

刘定武，1988 年至 1991 年在杭州大学化学系学习，师从戚文彬教授，获理学硕士学位。1991 年毕业后在湖北省襄阳市环境保护局工作至今，现任襄阳市环境监察支队书记，支队长。

怀念戚文彬先生

陆州舜

前些天，郭伟强老师给我来电说，明年就是戚文彬先生诞辰一百周年，准备举办活动来纪念先生，并嘱咐我给戚先生写点什么。

郭老师的电话猛然让我内心一颤，不免感慨起来。光阴似箭，真没想到，明年都已是戚先生的百岁寿诞了。回想起过去与戚先生一起相处的时光，戚先生的身形举止、音容笑貌历历在目，依然那样清晰，仿佛就在昨天。

1993年大学本科毕业，我幸运地考上了朱利中老师招收的第一位硕士研究生，加入了戚先生、朱老师的这个课题组，也让我与戚先生结下了一段师生缘，尤其是在我做毕业论文的时候，更是与戚先生有了一段朝夕相处的难忘时光。

戚先生很守时，每天下午的4点左右就会准时出现在我的实验室门口。"小陆，今天做得怎么样？"他总是笑眯眯地这样问我。于是我就把当天做的实验数据给戚先生过目。此时，戚先生会立刻收敛起脸上的笑意，用右手托着脸颊，眼睛盯着我做的实验数据，一下子就陷入了沉思，仿佛这些实验数据把他拉到了另外的一个世界，原先周围的一切瞬间消失了。偶尔，戚先生还会微微皱下眉头，用右手轻轻拍一下脑门。我有些不知所措，只是呆呆地等着。就这样，若干分钟后，戚先生才从他的世界回来，然后结合实验数据给我进行推理和论证，并提出下一步实验的思路和建议。当这一切都交代清楚以后，戚先生又恢复到原先笑眯眯的样子，信步盈盈地出门而去了。

就这样，日复一日，我不敢有丝毫懈怠，努力做实验，生怕戚先生来的时候交不出实验数据。那时，戚先生每天必交流，朱老师每周必讨论，看着其他研究生同学好像导师不怎么过问，轻轻松松的样子，真觉得自己有些"苦逼"。其实，现在很多研究生想见导师的面都难，更不要说得到导师的指导了，而我却能得到两位导师的全心培养，真可谓是身在福中不知福啊！每每想起这些，不由得对两位导师心生愧意。

有一次，戚先生和我的每日例行交流完成后，我顺口说了一下，有种化学药品没有了，明天的实验可能做不了。听我这么一说，戚先生顿时回头，稍微皱眉低头一想，然后肯定地对我说，对面的实验柜里应该还有。说着，他径直走到我对面的实验台，俯下身子，打开柜门，清点起里面的化学药品来。果不其然，在柜子的最里面找到了我实验所缺的那种化学药品。这让我大吃一惊，戚先生怎么会对柜子里的化学药品这么清楚？看着脸上写满吃惊和疑惑的我，戚先生微微一笑，对我说，"这柜子里面的药品，我都点过。"后来听朱老师说，那个实验台曾经是大师伯做过实验的地方。大师伯毕业后，戚先生好好地把那里的东西理了理。自此，每当我走进实验室，就觉得多了一份亲切感。

看着戚先生每天笑眯眯地来，乐呵呵地走，满脸轻松的样子，我不禁有些羡慕起戚先生的退休生活。然而一次偶然的经历却完全颠覆了我原先的想法。记得那天晚上，为了把一篇准备提交到即将在长春召开的国际分析化学会议上的论文交给戚先生，我去了戚先生家里，戚先生和师太热情地把我迎了进去。不经意间，我发现戚先生的书桌上摆满了审阅的论文和稿件。稿件上写满了红色的修改文字和符号。"戚先生，您不是已经退休了吗？怎么还要审这么多论文稿件？"我满脸疑惑，不禁问了一句。看着我吃惊的样子，戚先生微微一笑："是啊，我都跟他们说了，我已经退了，年纪大了，眼睛不好，精力也不如从前，可他们还是把论文寄给我。你看，他们这么信任我，我总不能退回去吧，所以只好在晚上抓紧看。"原来，戚先生退休后的生活依然是如此忙碌，远不是我想象的那样清闲！

过了两天，戚先生把论文稿件还给了我。我一看，论文已经被戚先生翻译成了英文。"国际会议论文是要用英文写的，所以我用英文把论文翻译了一下。"戚先生微笑着对我说。我知道，这一定又是戚先生熬夜赶出来的，内心顿时涌动起无限的感激和敬意。这次，戚先生还告诉我，他原来学的外语是俄语，英语是后来学的。为了能及时查阅最新的科研资料，了解最新的科研成果，戚先生还自学了法语、德语等好几国外语。原来戚先生如此深藏不露，不仅是位学识渊博的大教授，居然还是位"语言大师"，不由得让我对戚先生更加肃然起敬。

每次见到戚先生，他总是笑眯眯、乐呵呵的，目光里充满了和蔼和慈祥，仿佛永远没有烦心事。有一次，我不禁好奇地问戚先生，有没有让他感到遗憾的事情。听到我的发问，戚先生收起脸上的笑容，变得略微有些凝重，稍微停顿一下，然后告诉我说："我遗憾的事情，是没有把博士点争取下来。""那为什么没争取下来呢？"我又追问了一句。"教授、副教授不够，科研梯队达不到要求啊。"戚先生无奈地叹了一口气，眼里充满着无限的感慨和遗憾。看着这情景，我心里不免有些心酸，以致我硕士毕业后，每每想起这事，内心总会泛起丝丝内疚和歉意。

令人欣慰的是，朱老师等在戚先生开辟的科研道路上不忘初心，辛勤耕耘，砥砺前行，不仅争取到了博士点，培养了几十位博士、硕士，像我的师弟陈宝梁等也都成为了教授、博士生导师，圆了戚先生生前的夙愿，而且去年朱老师自己也被遴选晋升为中国工程院院士，在戚先生所开辟的科研道路上引领大家走上了一个新的历史征程。真可谓是长江后浪推前浪，一浪更比一浪高。相信在天堂的戚先生看到这一切，也一定会无憾地笑了。

斯人已逝，戚先生虽已离我们远去，然而他却永远活在我们心中，他的精神也将永远激励我们一路坚定地走下去。谨以此文纪念我的老先生——戚文彬教授。

2018 年 4 月

作者简介

陆州舜，1993 年至 1996 年在杭州大学化学系师从朱利中教授和戚文彬教授，获理学硕士学位。毕业后在浙江省海洋局工作至今，现就职于浙江省自然资源厅。

感怀戚老先生

舒军龙

在我的求学生涯中，先后遇到的老师总共可能达上百位。他们或诲人不倦，或教学相长，或勤勉慈爱，各有各的性情与脾气，很多都可以称得上是良师益友，对我个人的性格塑造及成长经历影响较大。其中我的本科论文导师戚文彬先生是对我帮助最大的老师之一，虽然我师从戚老先生满打满算才一年，但恩师的影响使我终身受益。

作者 1995 年于杭大校园

尽管早就闻其大名，我却直到大学最后一年才认识和接触戚先生。听说先生是我校环境化学专业的创始人，浙江省分析化学专业领域的三大权威之一，在国内也颇有名望，但读大学的前面三年一直不识其真容。大四刚开学不久，班主任张建英老师找我谈话，说戚先生想找一位应届毕业生，提前进入环化实验室开展毕业论文的研究。这样一来可使该学生有较长的培训时间，养成更好的科研动手能力；二来先生这边确实也有很多工作可以让学生去做。先生提出要带的学生应该学业基础优良，而且要有吃苦耐劳的精神，最好还是个男同学。当时，以环化专业为基础的杭大环境科学系成立时间不长，因此应届毕业生人数不多。符合条件的几个同学，有的准备考研，有的已找到工作今后不以本专业谋生了，对跟随先生搞毕业设计兴趣不太大。于是系里"从矮子里面挑高个"，初步研究后认为选我较合适。

那个时候，我跟不少大学生一样在学校里混日子。平时学习以 60 分为目标，在学业上无啥大的追求，想着尽快毕业后找个铁饭碗过日子。系里提出让我跟戚先生做毕业论文，当时我觉得无所谓，就没多加犹豫地答应了。其他同学一般要等到大四的第二个学期才开始跟专业老师，总共花 3 个月左右时间来完成毕业论文，而我就这样提前一学期进入毕业设计阶段了。

　　戚老先生给我定的课题是对环糊精作为分析增效试剂在包合作用方面的研究。当时这在国内乃至国际上都是一个新领域，相关的专业知识在我前几年学的课程上很少涉及。初进实验室，我一方面要学习、参阅有关资料，抓紧补上基本的课题知识；另一方面，要考虑设计实验路径，准备实验药剂，操作原先未接触过的进口分析仪器，心中未免有些惶惶然。在开始阶段，先生为我提供了有关书籍和文献，并不厌其烦地在实验上对我加以指点。待我基本熟悉课题，实验走上正轨后，便放手叫我自己大胆去做。

　　当时先生已年届76岁，并已退休多年，指导学生属学校返聘，以发挥先生余热，但他几乎每天上、下午都会来到系里办公室。我因白天还得上课，初始时每星期也就只有两三次机会能当面向先生请教，往往是我碰到啥问题或者有了阶段性的初步实验结论，就写个纸条放在戚先生的办公桌上。第二天，我就会在实验桌上看到先生详尽的书面回复。先生治学严谨，有一次学校举行大学生学术论文赛，我把前期已经做的实验成果整理成一篇论文，在投稿前请先生把关审阅。取回稿件时，我见先生在上面作了密密麻麻的修改，不仅对文中论点和论据的完善提出了意见，而且也对文字以及标点都作了不少的改动。

　　除了学业以外，戚老先生也很关心我的生活。还经常问及我父母身体怎样，近来有没有跟他们联系；我找工作是否顺利，生活中有哪些困难等等。有时化学实验要从早到晚持续一整天，这时先生就吩咐我要注意实验安全，并且劳逸结合，不要一直待在实验室，找机会出去走走或活动一下身体。毕业前夕，先生主动问我有没有兴趣留在省城工作，并帮我联系有关单位去面试。

　　接触时间稍长，我便发现戚老先生真是一个学识渊博、亲切随和、不计个人得失的长者，他不仅学问好，为人也很好。在化学系和环境科学系，几乎所有的老师都很尊敬他。并且好几次，我在杭大校园主干道上看到学校其他系的一些知名教授碰到先生，也都主动下车或停下脚步，向他打招呼问候。我跟着先生做毕业论文，很多方面也沾了先生人缘的光，比如，知道我是跟先生做实验的学生后，学校实验中心的老师和系资料室的管理员，在设备使用、资料借阅方面都尽可能地给予我方便；就连化学楼传达室的大妈大爷夫妻俩，也因此不计较我在规定熄灯时间后在实验室再多待会儿。

　　跟着戚老先生做毕业设计一段时间后，我渐渐觉得能像先生那样为人、做学问是一件非常美好的事情。我后悔前三年没有更认真地投入学习，有点虚度了大好时光。我的人生观、价值观在先生的影响下，发生了变化，我暗下决心不再像往昔一样浑浑噩噩过日子，不管今后到哪里工作，现在能多学点就多学点。于是，在大学的最后阶段，我减少了吃喝玩乐的时间，把很多精力花在了实验设计和专业学习上。室友们都说我这一年里突然用功了起来。我以在先生指导下所做工作为基础写的论文在杭大第六届科研论文报告会上获得二等奖。后来，我与先生及另一位学生合作的论文也在专业刊物上得以发表。

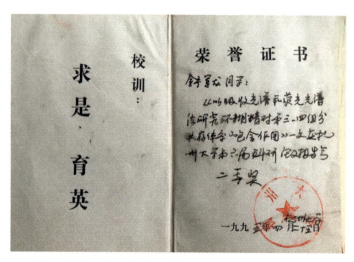

1995年4月杭大颁发给作者的荣誉证书

　　毕业后，我在老家一个事业单位找了一个职位，从事景区管理，平时工作比较清闲。我在日常联系中把这情况告知了戚先生，他劝我有空的时候多看看书，最好能考研究生，回母校深造，说多掌握点知识今后肯定有用。在先生的鼓励下，经过考虑，我选择了考研。先生不仅在专业上帮助我，还寄来资料让我好好复习。在杭州考研结束那天中午，我本准备赶回老家上班，先生却请我到他家吃饭。同样可亲可敬的师母为我做了碗肉丝面，还在里面放了两个荷包蛋。先生和师母一边和我聊天，一边慈爱地看着我吃完。

从左到右：前排第6位是戚先生，后排第10位为本文作者

经过两个多月的突击复习，我在离校一年后重回母校读研。可惜戚老先生因年事已高，不再带学生了，让我无缘在研究生阶段跟随他求学。但先生还是那样关心我，每每见面，他都要询问我的学习和生活情况。我也在行事为人上努力以先生为榜样。

戚老先生于 2002 年仙逝，可惜当年没有留下与他单独在一起的照片，我便保存了环科系 95 届毕业合影，作为永久的纪念。尽管十多年时间已如流水逝去，戚文彬先生的音容笑貌仍常常浮现于我的脑海，师恩也永驻我心间。

2018 年 2 月 12 日

作者简介：

舒军龙，1991—1995 年就读杭州大学环境化学专业，其中在 1994—1995 年本科论文阶段受戚文彬教授指导。1996 年 9 月—1999 年 3 月在浙江大学环境科学系 (西溪校区) 学习，获理学硕士学位。毕业后相继在浙江省环境工程公司和浙江省环境科学设计研究院工作，目前在浙江省生态环境厅从事建设项目环境管理工作。

缅怀我的慈父、良师、合作者

戚志红

　　闭目凝神，父亲慈祥的面容依然清晰，但他驾鹤西去却已近 17 年，他的 100 周岁诞辰也即将来临。这些天来，我刻意从漫无止境的杂务中腾出一些大块的时间段，整理家庭旧照，翻阅 1985 年我到美国后父亲寄来的三百来封信函，浏览父亲的遗物和自己当年留下的记录……然后我开启电脑，竭力将那些不该淡忘的往事记载下来。

1. 童年的记忆

　　在父母的四个子女中，我是老幺。

　　记得幼时最喜欢父亲和我玩一种至今没见别人玩过的跷脚游戏。开始时父亲先让我两脚分别踏在他的双足背上，大小两双手拉紧，然后他抬起伸直的腿、一抬一放，我就像踩着跷跷板似的一上一下在空中升腾，开心得咯咯大笑。在我儿时的记忆中，从来没有见过父亲发怒的表情，也没有受他责骂的印象。我和姐姐哥哥一致公认：我们的父亲是个少见的好脾气的慈父。无论我们做子女的有什么过错，父亲总是耐心教育，和我们讲道理。最关键的是，他的身教绝对重于言教，让我们口服心服。

1989 年 12 月 29 日作者与父亲在美国普渡大学

　　我的童年时代，一家六口人住在原道古桥杭大宿舍 14 幢 9 号。在这总面积不过四十来平方米的公寓里，除去厨房和厕所，只有有二大一小共三室的生活空间。父亲用朝北的小间作为卧室兼书房。在我的记忆中，他下班在家时也老在"做工作"：读啊、写啊、没完没了。他凝神专注，毫不在意环境的嘈杂，仿佛那些书本与纸页对他有巨大的吸引力。夜阑人静，家眷和邻居都已在梦乡漫游时，那小间的台灯仍映照着父亲伏案钻研的身影。

我小的时候，父亲常让我陪伴他周末去办公室。那时每周工作六日，父亲星期天去系里有时仅仅为了拿报纸，有时他也加班补一些实验数据。我们父女手挽手，漫步踏上通往杭大的石子路，眼前是两边庄稼地里四季变换的景色：寒日绿油油的冬小麦，春天黄澄澄的油菜花。走过道古桥，穿过天目山路，便来到由门卫把守着的学校大门，再往西北方向走几十米就是老化学楼。

化学系五楼的分析化学实验室，曾是我少年时代心驰神往的去处。尽管我得乖乖地恪守"只用眼不动手"的规矩，那儿各种各样的仪器、试管、烧瓶、烧杯仍令我着迷。一天，我在边上观看父亲做实验，发现他手中烧瓶里的无色液体渐渐显出鲜艳的红色，"爸爸，这颜色真好看！"我惊叹道。"是吗，你仔细看着，我再给你变点戏法。"父亲有点神秘兮兮地对我说。于是，他往烧瓶中加入几滴"水"，用手晃几下，喊了声"变！"，那红色立即荡然无存。接着，他又用滴管从另外一个小瓶里取出些"水"加到烧瓶里。随着第二声"变！"，瓶里的液体现在成了深蓝色，把我惊得目瞪口呆。"哇！爸爸，这个戏法你怎么变的呀？"那日回家的路上，父亲用尽可能浅显的语言给我讲述了酸碱滴定的原理。当时的我自然无法理解其中奥妙，但这个"魔术秀"给了我很深的印象：父亲的工作多有趣啊！

就这样，我在一个温馨的家庭里度过了简朴而快乐的童年。现在回想起来，父亲对自己专业的热爱仿佛细而无声的丝丝春雨，潜移默化地浸润着我幼小的心田，在那儿悄悄播下了喜好化学的种子。

2. 失而复得高中缘

我上小学四年级时，史无前例的"文革"拉开了序幕。学校停课，起初我和小朋友们都很兴奋。当时改名时兴，有叫宋彬彬的，改名为宋要武，我也跟着自作主张为自己更名为志红。1968 年的一天，几个造反派来我们的住处抄家。不久父亲和杭大化学系的许多教师一起进了"牛棚"，我和三个兄姐便成了"黑五类子女"。

1973 年我初中毕业。当时仅约 25% 的学生能升高中，我却因得知自己在向阳中学的推荐单上名列前茅而比较乐观。发通知那天，我正踩着缝纫机补衣服。得到的消息让我感到眩晕：学军中学因为我的家庭出身而拒绝收我！震撼过后，伤心和绝望像汹涌的海浪涌来，视线被眼泪模糊了，差点让缝纫针扎进手指。但当时父母都在近旁，于是我赶紧弯腰，假装在地上寻找一粒失落的纽扣，偷偷抹去泪水。我不愿过多流露情绪，以免让他们加重自责。

次日班主任彭老师因我被拒起先愤愤不平，转而安慰道："我会和陈书记一起去找学军的领导，再为你争取一下。"这次我却不敢再抱希望。至今我仍不知究竟出于何因，学军中学最后竟让我占用 5%"可教育子女"的名额入读，从而改变了我的命运。

我们高中班的学生是分别从四所初中遴选出来的，个个好学上进，因此班上学习风气相当浓厚。老师们也大都很优秀，其中教化学的张熊楚老师为人正直爽朗，讲课生动易懂。那时父亲已恢复教职，他争分夺秒地工作着，努力弥补失去的时光。然而每当我去求教，父亲总是毅然放下自己手头的活儿来回答我。这种得天独厚的条件犹如阳光雨露，促使撒在我儿时心田中对化学的好奇种子发芽成长。

除了上课，当时校园里还有各式各样的兴趣小组。因我早就决心毕业后去广阔天地大有作为，在校时就潜心学医术识草药、开拖拉机、种菜、养兔子、植木耳等等，也与爱好文学的同学们一起写黑板报、刻钢板、办刊物。短短两年的高中生活可谓丰富多彩。

每当回望那些年的经历，脑海中便浮起一幅画面：在广袤园林的某个角落里，一株植物从泥土中钻出脑袋，长出两片嫩叶。它沐浴着阳光，吸吮着雨露，奋力向上伸展。忽然，一阵特大暴风雨袭来，小苗被吹倒在地。幸而在它近旁有一些大树，它们以自己残存的枝干为小苗筑起一道屏障，使它不至于被连根拔起。于是，那曾被扭曲过的幼苗也慢慢长成了小树。那小苗就是我，而那些为我抵挡风雨的大树，则是父母和许许多多关心、帮助过我的人们。

3. 峰回路转读化学

1975 年初我从高中毕业。同年 11 月 13 日，我与 17 名杭大职工子女一起前往萧山楼塔插队。知青们住在大队一座空闲着的仓库里。八位女生占一大间，用竹篱笆隔成两个四人宿舍。我睡在其中一间的门边，冬天雪花透过无数缝隙飘落到撑着蚊帐的床前，在水泥地上积起薄薄的一层。深冬季节，夜里没倒掉的洗脸洗脚水，到早晨已经在盆里连底冻结了。体力活的粗重虽已在预期之中，根深蒂固的自卑感也让我学会了凡事咬牙坚持，但有时仍觉艰难。例如，在刚施了肥的水稻田里用手指为植株松土 (称为"耘田")，时不时抓到一团人粪；感觉小腿肚上叮咬时赶紧拉扯，结果半段蚂蟥留在体内；双抢季节在烈日下割稻，直到腰酸得仿佛要断，手指磨破流血，但因打稻桶在身后赶着，只能半跪半爬地挥着镰刀继续向前挪动。

当时我有着十分强烈的求知欲望，却无书可读。每天清晨早起，在屋后倚墙坐在小板凳上读《毛泽东选集》。头一年回杭过春节，从同学那里借到一本《爱丽丝漫游奇境记》原版。虽然我当时毫不指望这辈子用得上英语，体力劳作之余背背英语单词，以获得些许"有所学"的成就感。过了一段时间再读那本英语书，竟能领悟故事梗概了，顿悟的喜悦油然而生。

插队近两年，因为当时实行顶职政策，母亲毅然从杭大校医院提前退休，让我申请回杭大工作。办手续等待期间得悉恢复高校招生，我也急忙开始复习各门功课。

1977 年 12 月初，我兴高采烈地走进老化学楼，去物理化学组报到，以 16 元的月薪加 2 元津贴当上了一名学徒工。不久后我参加了高考复试。定科目时很自然地选择了理科，因为我的梦想是进入杭大化学系，继承父亲的学业。

那年高考虽然分了文理两科，但外语却是任何考生均可选试的独特项目。为了提高被录取的概率，我加考了英语笔试。不久接到口试通知，我兴奋地回家报告，父亲的反应却出乎意料："你已决定读化学，去参加口试的话，说不定会被英语系录取。"

"怎么可能？我的英语没那么好，再说外语属文科，我考理科，志愿都是化学。"

"那倒不一定，我知道现在学生的水平。"父亲若有所思地回答。

但我却倔强回嘴："哪有考生担心被录取的？读英语也比没得读大学好呀！"

进了英语口试考场后我首先向考官声明：我想去的是化学系。考完就把这事丢在脑后，全身心投入在物化组的工作，跟其他组员一样三班倒，夜以继日地测试一个新型固体催化剂。我的顶头上司是袁贤鑫老师和后来当上最后一任杭大校长的郑小明老师。

1978 年 1 月下旬，我终于盼来了朝思暮想的杭州大学录取通知书。

我欣喜若狂地拆开信封，用微微颤抖的手展开纸页，却无法相信自己的眼睛：虽然上了杭大化学系的分数线，录取我的竟是外语系！这是由于那年外语专业具有招生优先权。无论怎样解释央求，杭大外语系都不让我换专业。眼看自己美梦如肥皂泡一样破裂了，我的心被懊悔煎熬着：当初真不该不听父亲的劝告，我怎会那么任性，那么愚蠢?

父亲对我的高考结果喜忧参半。幼女赶上恢复高考后的头班车，家中总算将有一个大学生了。可他也十分遗憾我错失读化学的机会。因为无法改变现实，又见我追悔不已，生性温良的父亲没对我说过一句责备的话。

1978 年春节前夕，物化组那个固体催化剂课题取得了重大突破。二月里的一天，我随着全组成员，敲锣打鼓地去向校领导报喜。汇报成果完毕，我们正要离开时，郑小明老师一把将我拉到校领导面前开口道："这位是戚志红。她父亲是化学系的老教师戚文彬。"接着，郑老师解释了我被外语系录取的"冤情"，并代我请求换回化学系。那位举足轻重的校领导当场欣然应允。

命运之神又一次让奇迹出现：我转回化学系的事竟如此意外地办成了。

4. 同在杭大化学系的日子

1978 年 3 月 7 日，我作为一名 77 级新生步入杭大化学楼，犹如迈进梦寐以求的化学殿堂。那时，我热切期待四年的探索，好让我朝着女承父业的目标飞奔。

　　然而我的求学路并不平坦，大学时代其实是我学习生涯中最艰苦的一段旅途。直到近年，当我被重要的期限催逼时，常常会做噩梦，其中重复出现的情节仍然是临考之前，我却来不及复习——这是我当年情形的写照。

　　我在年少长身体的时候遇上了三年自然灾害，因而体质较弱。父亲大半辈子睡眠不良，常常靠服用安定等药物帮助，我似乎也继承了这个倒霉基因。上大学不久后，就出现了神经衰弱的症状，并且日趋严重，有时几乎通宵失眠，十分痛苦。当年同寝室的学友至今还记得我因没法入睡，只好半夜三更起床去大操场跑步的事。

　　其实那时有很多人感到学习的压力。我们班上有一位同学，原先是家乡百里挑一考上来的优秀生。入学后由于过度紧张，后来发展成精神疾病，最后以退学告终，令人叹息。

　　杭大学生宿舍离我家可谓近在咫尺，但我因为总感到时间不够用，星期天也很少回去。父母体谅我的苦境，并不要求我常回家看看。母亲时不时做些好菜捎来，给我增加营养。记得有次星期一下午放学前，任课老师捎来父亲的口信，叫我到他办公室去一趟。我立即意识到自己和室友们又可以打一场牙祭了，便兴冲冲登上老化学楼第五层。父亲办公室的门敞开着，他却不在。我一眼看到桌上那个白色大搪瓷杯，便几步上前揭开盖子：满满一杯板栗红烧肉！忍不住馋劲儿，我立即抓了一块肉送进嘴里，咀嚼着那年头难得吃到的佳肴，慢慢踱步走到朝南的窗前。朝下看，化学楼前延伸到校区围墙的那小片农田，应季作物长得郁郁葱葱。稍稍向东，便是学校的南大门；再往东南方向前推几百米，就是我从小长大的温馨巢穴，那里住着我慈爱的父亲母亲，我品尝着的美味，是他们用限额票证购买，硬是从自己牙缝里省下来的！想到这里，不觉眼眶因心底暖流的涌出而湿润了。

　　"哦，你已经来了。"父亲的声音打断了我的思路。他穿着白大褂，大概刚从实验室回来，显然没注意到我的神情。

　　"来了有一会了。告诉妈妈，说我谢谢她。"我指着搪瓷杯，故作轻松。

　　那个下午，碰巧我俩都已结束了手头的活儿，难得有时间坐下来从容不迫地聊了一番。父亲问起我各门功课的情况，我便把自己的苦水一股脑儿倒出。他静静听着，直到我讲完了，他才开口述说自己在抗战时期随浙大西迁到贵州读书，以及他死里逃生的覆车之祸等等。父亲还劝我不要过于关注成绩，只要尽己所能坚持下去就好。父亲告诉我，他自己智力平平，又因车祸脑部受过严重创伤，但天生的聪明才智并非成功的决定因素，勤能补拙。任何人，哪怕只能以乌龟甚至蜗牛的速度行进，只要朝着标杆持续不断向前，终究有可能到达目的地。最要紧的不是超越别人，乃是不断超越自己。

　　那天父亲的提醒引起我的深思，也让我醒悟：自己之所以身心压力重重，不仅由于学习确实紧张，也因为长期以来养成了争强好胜的心态，我为不能在精英云集的班级里各门功课名列前茅而感到不安。换句话说，我的焦虑之中有相当部分来自浅薄的虚荣心。揣摩父亲的教诲，也想到他的经历。大学毕业后，他原打算与同乡好友一起去美国留学，但由于家庭原因未能成行，从而失去了"喝洋墨水"的机会。但父亲并没有被后悔所缠累，而是以不懈的努力来弥补机运的短缺。比如外语吧，除了在校修过一些课程，他日后长期坚持自学，达到了可以熟练地用英语读写译以及简单会话，还能用俄、德、日语看文献以追踪科研进展。从那时起我下了决心，要像父亲一样，不以急功近利之心对待学习和事业，更注重做人、更注重马拉松式的长跑。

我读杭大期间，父亲已不再教本科生，因此我从未听过一堂他讲的课，也没有由他带过一次实验。但那些与他同在老化学楼的日子给予我从不同视角了解他的机会。我不止一次眼见系内外师生员工对他的敬重；不止一次耳闻别人对他的为人和学识的赞誉。父亲令我感到骄傲，也鞭策我把"老老实实做人，认认真真做学问"当作自己人生的努力方向。

转眼过去三年，到了高年级选专业的时候。我读化学原本是为了继承父亲的事业，所以理所当然地选了分析化学，不想很快出现了新情况。大约在三年级第二学期将要结束的时候，系里召集全年级开会，向大家介绍报考硕士研究生的有关事项。会上讲话的除了系领导，还有周洵钧教授。周先生是当时杭大化学系唯一在美国留过学的教授，他才学广博、风度超群，时任有机化学教研室主任。记得那次他首先向我们详细讲解了"commencement"这个英语单词的双重意义（即"毕业"和"开始"），然后说明有关中科院招考的事宜，并且很有信心地预言：21世纪将是生命科学的世纪。

周先生那次提到的一个招生单位特别吸引我，即中国科学院上海生物化学研究所（现今中国科学院上海生命科学研究院的前身机构之一）。1965年9月，上海生化所等团队在世界上第一次人工合成了具有生物活力的结晶牛胰岛素。1981年，生化所再次以人工合成酵母丙氨酸转移核糖核酸让国外同行刮目相看，领衔此项目者是当时国内杰出的生化学家王德宝。我想：要是能进这所国内顶尖的学府深造，以后在王先生手下从事最前沿科学的研究，那该多好！

待我与父亲讨论考研去向时，心里其实已打定了主意，但对自己的见异思迁颇怀歉意，担心放弃初衷会让父亲失望，却没料到他竟尊重我的意愿，支持我报考上海生化所。多年以后，我自己经历了两个儿子选择大学专业的过程，才真正体会到：父亲当年的姿态需要何等的胸怀和远见。

上海生化所的考研笔试安排在1981年9月12日（星期六）至9月14日，连续三天。我从第二天开始出现感冒症状，第三天竟发起烧来。我勉强撑着去考完了最后一门课，头脑一片糊涂，根本不知道结果将会如何。值得庆幸的是，在此之前不久我曾有过一次异乎寻常的体验（与本文主题无关，故不赘述），那个经历大大改变了我对荣辱得失的看法，所以我相信无论考上或考不上，总会有路可走，因此心情坦然平和。

一个多月后接到通知，得知所有候选人需前往上海生化所参加11月4日的面试。

稀奇的是，我所报考的王德宝先生同时向化学系提出请求，要我去上海复试后直接留下，在生化所做我的学士毕业论文。这样的情况在当时尚无先例，然而化学系领导觉得是件好事，便打破常规帮助我办妥了各种手续。后来才得知，因为我在初试中总分排名第一，王先生在复试之前就已决定招我。

1981年11月2日，我离杭去沪，因此没能按计划在杭大化学分析专业作毕业论文，没能与大家一起搬入新建的化学楼，也没能与同学们共渡毕业前的最后几个月。

5. 渐行渐远

我的导师王德宝先生是早年留学美国的优秀学者，也是在中国人工合成核酸的先行者。我在他的团队里主要从事基因工程方面的研究，当时在国内才刚刚起步。我与其他研究生一样，几乎每天沿着宿舍—生化楼—食堂三点一线来回跑。因感觉离分析化学远如隔山，给父亲的信件中便不再提他的专业，但他仍有兴趣了解我的所学所做。说来也巧，读硕士三年中唯一的杭大联系是周洵钧的夫人、生物系教授唐愫先生——我常为她的科研提供一些不易搞到的实验材料。

20世纪80年代初，在中国仍然实行每周六日工作制，没有个人年休假，加上中科院所属研究所也不放寒暑假，所以我只在春节才回家探亲。但我那时年轻不懂事，没顾及父母在慢慢变老，也没想到以后和他们在一起的机会将越来越少。故我即使在杭州期间，也总是忙着访朋会友，很少坐下来从从容容地与父母聊天、了解他们的身世喜好。现在回首1984年初秋我与父亲的额外的相会，领悟到那是上天赐予我们的一份礼物。

1984年初，太平洋沿岸地区国际化学大会 (PACICHEM'84) 邀请父亲参加同年12月在美国夏威夷召开的年会并报告他在分析化学中应用表面活性剂的成果。在当时被邀请出国门还是很稀罕的荣耀，父亲欣然答应了。九月初他来上海办理出国手续，同时让我帮助置装。那天从父亲抵达上海直至他离沪，父女俩单独在一起度过了大约五六个小时。我先陪他去有名的培罗蒙 (Baromon) 男装店买了一套西装，然后我们挽臂逛外滩和南京路，下馆子吃午餐，一边就各种话题畅所欲言，真是一段难得而美好的时光。

如果只能以四个字来定义我的父亲，"一介书生"还算贴切。从现代的眼光看，这个形容颇有几分贬义，但当时的大学教授绝大多数均属于此类一心专注于做学问的儒生，毕竟他们生长的时代崇尚的是"劳心者"。父亲是家中独子，爷爷自父亲出生便指望他成为文质彬彬的学者，奶奶更把他视为掌上明珠，从不要他做家务。父亲也实在幸运，结婚后便由我母亲承担所有生活琐事：一家人的衣食起居、经济规划、养育四个子女等等。对于父亲来说，她不仅是照顾他的贤内助，还是在各种政治风浪冲击时撑托他的支柱，甚至在父亲赶交文章书稿时，母亲也以她又快又漂亮的手书帮忙誊抄。他和我们子女都清楚：没有母亲，父亲绝不可能达到他各方面所攀登的高度。

1984年11月，当我正在准备即将举行的硕士论文答辩时，导师告诉我一个消息：美国普渡大学药学院有位教授正托人物色一名搞核酸的研究人员。受委托的是从中科院上海药物所去普渡的访问学者，他在自己单位找不到合适人选，就把名额送给王德宝先生，王先生遂推荐我毕业后去任职。与家人商量后，我便着手申请，很快收到聘书，出国身份为自费公派。1985年初，我刚刚拿到硕士学位，又马不停蹄地开始打点行装。

1985年3月5日，生平头一次坐飞机的我，独自搭乘国航981号航班，开始了漫长的旅途。在浩瀚无际的太平洋上空，我的思潮如窗外的云海一般起伏不平。想到自己与父亲的事业，不禁无限感慨：几经波折，我终于步他后尘进了化学殿堂的大门，却又朝不同的方向走开了，正如我们之间时空的距离，在飞机引擎的隆隆声中渐行渐远。

6. 桩桩件件意外事

初到异国他乡，各方面都不习惯。一段时间后，生活和工作比较适应了，但思乡的愁绪却如阴云缭绕，迟迟不散。20世纪80年代中期，我家还没有电话，联系全靠信件，往返一次需要好几个星期。去开信箱时每每满怀希冀，结果却常常品味失望的苦涩，这才领悟了杜甫诗句"家书抵万金"的精辟。父亲是个典型的传统中国男子，从来不把"爱"字挂在嘴边，但在信笺上，他那深沉的父爱却从笔端缓缓流出，我在十多年里积存的几百封信件便成为岁月流水洗不掉的珍贵记忆。

我赴美工作起初签了一年合同。大约半年后，我了解到自己有可能在1986年秋季转读博士学位。但走这条路首先得通过延长工作期限、考GRE、申请录取等关口。此外由于普渡药化系在美国排名相当高，博士生一般要熬6年以上才能毕业。当时我们系有两位博士候选人已进入第8年，还整天为毕业论文泡在实验室里。我请家人参谋此事，母亲有些舍不得小女儿独自在异国多年闯荡；父亲则以他当年西迁的经历鼓励我。我也明白，人生路虽长，但决定性的关口却寥寥可数，好机会断不可失。就这样，我选择了转博。

普渡大学主校区坐落在富有田园风光的西拉法耶市 (West Lafayette)，学校体育馆各项设施应有尽有。到校后不久，我在一位球艺高超的中国访问学者指导下，迷上了乒乓。1985年12月的一天，我下班后便直奔体育馆，按约与球友会合。等了很久，她却没露面。平时喧闹的乒乓室里，当时除了我，只有另一个陌生的华裔男同学。不知怎的，他所引颈翘盼的搭档亦未出现。最后，他问我是否愿意打几盘；我因不甘心白跑一趟就答应了。没想才几个回合，就被他打了个落花流水。此后，我和这位来自上海的留学生常在一起打乒乓，渐渐发现彼此有很多共同语言，打球休息时，两人往往一聊就是几小时。茫茫人海之中，我们似乎早就在寻找着对方，却借着小小银球，于万里之外邂逅，多么奇妙的缘分！ 1987 年 8 月 21 日，我俩在市法院签缔婚约，晚上系里的师生及中国校友为我们操办了简朴而热闹的婚宴，届时在美国工作的公公和我大姐夫也专程前来贺喜。

进入博士论文阶段，我从导师的科研项目中选择了自己的课题：用环糊精作为生物模拟体系来探索盘尼西林类药物的代谢机理。环糊精是分子结构为锥形圆环的一系列多糖物质，环内是空腔，能包合尺寸合宜的客体而形成主—客体包合物，并改变被包客体的理化性质。随着实验的进展，我被环糊精有趣的特征及其潜在的实用价值所深深吸引。

1989 年底，父亲再次出席太平洋沿岸地区国际化学大会，而且年近 71 周岁的他，这次应邀担任为分析增效试剂专题讨论会的三位组织者之一，三者中的另一位是美国维克森林大学化学系的 W. L. Hinze 教授，父亲和他后来成了好朋友。

在夏威夷开完会后，父亲先去洛杉矶我哥哥家停留，接着前来普渡大学看望小女儿及尚未谋面的小女婿。恰巧我当时正在美国执教的公公也前来过新年。12 月 31 日晚上，我们两家四人在一家名为红龙虾 (Red Lobster) 的连锁海鲜餐馆举杯欢庆难得的团聚，迎接和展望顷刻将至的 90 年代，那欢乐、那豪情，至今记忆犹新。

那次父亲在我家共住了三天。除了观光游览，我们开怀畅谈自我出国近五年来的各自经历，其中最大的意外：几乎在我确定博士论文选题的同时，父亲在国内率先开拓了用 β - 环糊精作为分析增效试剂的研究。

7. 跨越太平洋的合作

1991 年初，美国化学界权威杂志 *C&EN News*(《化学与化工新闻》) 上登载了一则招聘广告：全球最大的环糊精生产公司诚请博士级别的研发人员。当时我在读才四年多，同一导师手下比我高一届的师兄尚未开始写论文。虽然我知道自己无法很快毕业，但抵挡不住这份职业的吸引力，便于三月初发出了申请信。四月间先后通过了电话约谈和现场面试，五月中旬公司下达聘书：他们不但愿意等待我六个月之久，还承诺帮办绿卡。

我就读的普渡大学药物化学系，其毕业生的主要去向是大药厂。当时美国正处于一次经济衰退的后期，全国的失业率仍高居不下。系里的美国同学毕业后也大都只得先做博士后，而我这个外国籍学生，第一次申请，第一次面试，竟然就找到了永久性的职位，颇令众人称奇。于是我欣然接受聘请，一心力争尽快毕业。最终结果又一次违反常规：在 11 月 26 日博士论文答辩、12 月 15 日毕业之前，我已于

1991 年 10 月 28 日进公司上班了。

从 1992 年开始，我和父亲开始了专业上的跨越空间的合作。其实他已于 1989 年退休了，此时处于返聘阶段，却仍不肯停步，例如，他的团队在国内首创将 β-环糊精应用于分光光度法。但那时无法获得多种环糊精产品以及某些高纯度实验试剂。恰巧我进入公司研发部初期主要负责开发环糊精衍生物，尤其难能可贵的是我的顶头上司及部门经理都很开明大度。他们不但允许提供免费样品，还支持我业余参与父亲团队的研究，甚至资助我参加过几个国际学术会议，使我有机会报告合作项目的成果。

1985 年 4 月戚文彬先生与郑用熙教授在庐山

大约六到七年时间里我与父亲团队携手共事，辛勤的耕耘换得春华秋实，我们在国内外专业杂志上联名发表了多篇论文。于父亲而言，这些合作论文占了他科研生涯最后阶段成果的大部分；对我来说，则大大拓展了自己事业的广度和深度。几次参加有关学术会议，也让我有机会认识父亲在国内国际上的一些优秀同行，感到自己也是他的一位合作者。例如，1992 年在第六届环糊精国际研讨会上面晤清华大学的郑用熙教授，他与父亲已有 20 多年的同行情谊，也是国内应用 β- 环糊精的一位先行者。又如 W. L. Hinze 教授，1994 年夏天与我在匹兹堡化学年会相遇。那天我代表父亲的团队宣读论文，他在我报告之前特地赶来，会后又花了不少时间跟我交谈，令我颇受裨益。

正是我们在太平洋两岸合作期间，古稀之年的父亲成了我的导师。通过书信和稿件的往来，他向我展示了什么叫作严谨治学：凡数据中有一点含糊，他都要求重复实验来确证。所引用的参考资料里哪怕有一篇出处不详的，父亲也要求我核实。这些年来他的言传身教帮助我培养求实、求精的处事态度，对我此后的人生追求有着长远的积极影响。

我与父亲合作的最大课题为《新分析增效试剂》(杭州大学出版社，1994 年)。这是父亲生前最后一本专著，综述了当时在分析化学中应用增效试剂的最新进展，也总结了父亲在特别有兴趣的科研中取得的成果。1992 年初父亲在给我的信中提及，他希望有生之年再写一本这样的书，但也面临

与 Hinze 教授在夏威夷太平洋沿岸国化学大会上

许多难处。以后约大半年时间里，几乎每次来信父亲都向我谈及有关这事的细节，然而他仍然不具备和出版社签约的所有必要条件。到了那年深秋，各种情形的演变让父女几乎同时意识到：我俩可以并且应该合作完成这个项目。

此后一年多，我们分别在北半球的两端齐心合力，终于成就了父女合作的这份结晶。值得一提的是，郑用熙教授为《新分析增效试剂》审阅写序，俞汝勤院士则亲笔题词(见附录)，还有刘长松教授、周执明教授、吴德怀教授送上大作，为此书增色添彩。

尽管《新分析增效试剂》的内容时至今日已显得陈旧，但它在我心目中的价值却日久弥珍，因为这是我们父女二人合作撰写的唯一书籍，是父亲留给我的永久纪念。

拉拉杂杂简述了几十年间有关我们父女的一些重要记忆，以此作为献给父亲百年华诞的礼物。其中所提及的诸多事件——尤其是一个个不期而至的机遇，当年发生之时就曾令我诧异。追踪父女在专业上分道多年之后又殊途同归的演绎过程，念及那些巧合随机发生的极低概率，似乎依稀看见一双无形而超然的掌控之手，于是胸中充满了深深的感恩——为我慈爱的父母、我儿时及如今温馨的家庭、无数在我生命路途中给予帮助的好人，我也由衷感谢父亲的弟子们出纪念册，给我提供回顾往事的机会，更感谢那冥冥之中的施恩者！

附录：俞汝勤院士为《新分析增效试剂》手书的题词

题　　词

分析试剂是分析化学的基础"砝码"与学术研究的重要仪象之一。化学离不开化合物，分析化学离不开分析试剂，否则可能成为无源之水，无本之木。戚文彬教授等的新作"新分析增效试剂"，是戚先生的前著"表面活性剂与分析化学"的续篇，它包含了作者的研究组在这一领域长期研究取得的重要成果。本书值得分析工作者特别是在实际工作中需应用这些试剂的专业人员一读。对作者辛勤笔耕，将杭州大学的优秀研究成果介绍给广大分析工作者，我们表示感谢与敬意。

俞汝勤　敬题

1994.6 于

湖南大学

三、诗画记缅怀

星　光

遥远的夜空有一颗星星在闪亮，
美丽的西湖多么安详！
亲爱的恩师您在哪里？
您的学生把您怀想。
美丽的西湖漾起了涟漪，
晚风把思念传送到远方，
亲爱的恩师您可知道？
您的星光是我们的向往。
天上的星星永放光芒，
照亮我人生不再彷徨，
亲爱的恩师您可欣慰？
您的学子为您增光。
广袤的夜空繁星闪耀，
美丽的西湖桃李芬芳，
亲爱的恩师笑慰天堂，
一代代学子茁壮成长。
深邃的夜空有那一颗星多么明亮，
那是先生慈祥的目光。
巍巍的保俶塔伴立西湖旁，
那是先生眷恋着故乡。
高高的保俶塔永世矗立，
亲爱的恩师永在我心上。

（诗作者：浦炳寅）

一剪梅·黄河之滨

峻岭逶迤浊水流。
继祧唐宋，炎汉源头。
陌阡广袤穹苍清，
倏忽千年，数度春秋。
戚氏先生睿智叟。
巨擘新进，齐集兰州。
振兴科技问询谁？
富国强民，亟待良谋！

（词作者：金友元）

1990 年 5 月戚先生与部分研究生赴赴兰州大学参会，期间参观当地名胜

虞美人

半生漫漫追求路，
彳亍多迷雾。
书山曲径去何方？
幸得先师弯道指康庄。
辛勤授业传知识，
勇敢探新域。
谆谆教诲育人才，
恩似钱江潮水不尽来。

（词作者：金友元）

戚文彬先生从教半个世纪，授课无数。在杭大工作时曾获得年度教学优秀奖

勤于实验　勇于创新

丹炉相影初阳红，　　探索不畏荆棘丛，
宝石流霞葛仙翁。　　研究何惧奇形峰。
化学宗师爱武林，　　红黄蓝绿藏奥秘，
我辈看好戚先生。　　螯合增溶论英雄。

光度分析合国情，　　文献资料万千种，
增敏应用辟蹊径。　　纷纭众说各不同。
溶液理论本复杂，　　理论实验寻真谛，
引入胶束疑无穷。　　出得专著建奇功。

（诗作者：王耕）

戚文彬先生不仅悉心指导学生勇于创新，还经常亲自进行实验探索且笔耕不辍

荡秋千

先生亦发少年狂，
荡秋千，似冲浪。
篮做咯吱悠游，
手握铁链驰呈，
小和盟友爽。
了却化卷不解事，
难忘昔日也追云，
后生同心向。

（诗作者：王耕）

1996年11月16日戚先生与杭大民盟成员在杭州小和山森林公园搞活动

小重山·印度之行

锦绣寰球步步春。

浥风吹印度、仁河滨。

和平门畔笑清晨。

精神矍、老骥已几旬？

治学唯艰辛。

孜孜求道苦、达荣臻。

世间无觅戚文彬。

疑难处、四顾问谁人？

（词作者：金友元）

1986年8月戚先生赴印度参加第六届国际表面活性剂溶液会议，有机会游览新德里

创新理论群新路

——赞先生团队首创之胶束增敏"刚性不对称微环境"理论

水溶有色金属，　　胶束甚是奇株，
呈现几多价数；　　油水两亲特殊；
借来螯合分子，　　爱憎同一分子，
键成多元络合物。　列阵多间定向屋。

欲知离子浓度，　　嵌入络合分子，
求助分光光谱；　　倍受正负电弧；
加入两亲表活，　　顿时红移色深，
增色增敏辟新路。　极性增敏创独树。

（诗作者：王耕）

宣讲胶束增敏"刚性不对称微环境"理论（戚先生团队首创）

大海记录着

好一个清朗的夏日 —— 云彩隐退，碧空如绸任意舒展。普陀群岭叠翠，引颈眺望，好奇关注远处的一隅海滩。

一位八旬老者，裤腿高挽，在年轻弟子陪伴下，让细沙亲吻赤裸的脚板，沐浴着夕阳温柔的霞辉；和着白浪抑扬顿挫的奏鸣，自由畅快地倾吐笑语欢言。

岁月无缰，一味纵情驰骋；人生有涯，韶光短暂。但某些"曾经"却刻骨铭心，有些记忆将得以留存：馥郁绵长的师生情缘，定格于海边那凝固的瞬间……

（作者：戚志红，自由散文诗体）

1987年第三届全国多元络合物光度分析法学术大会后，师生偕行游普陀

七律·陋室夜读

更深人静正合眠，
开卷犹耕笔下田。
桃李无言朝露径，
桑榆有意晚霞巅。
赤怀待物抛前辱，
白首知心育后贤。
陋室德馨儒雅在，
嗜学不倦意拳拳。

（作者：董正凯，戚文彬幼女婿）

七绝·终生勤奋

少始求学路万千，
十年动荡惨蒙冤。
祸福荣辱平心看，
利害得失不挂牵。

（作者：董正凯）

戚文彬先生自幼勤奋刻苦，几十年如一日专注于教学科研，孜孜不倦

鹊桥仙·杭大缘

灯笼红艳，气球炫彩，
杭大百年喜庆。
师生校友聚簧园，
大门口、欢颜入镜。
白驹过隙，先师驾鹤，
世纪学堂改姓。
身归尘土驻魂灵，
且凭任、世间衰盛。

（词作者：戚志红）

戚先生从1958至1988年执教于杭大化学系，与母校有着千丝万缕的情结

十六字令·登高

山，
戚老平生素喜攀。
凌霄处，
瞩目尽开颜。

（词作者：戚志红）

西江月·临峰瞩目

隐隐残余瘴雾，
峥峥傲立苍松。
登临天目近巅峰，
欣赏葱茏材栋。
几度狂风未撼，
一腔热血尤浓。
而今华发志盈胸，
迟暮吟鞭逐梦。

（词作者：戚志红）

戚文彬先生平时倾心工作，几乎没有休闲娱乐，唯一的爱好就是散步和登山，年逾古稀仍坚持去宝石山或黄龙洞晨练。出差去外地，他也喜欢在工作之余攀登各处名山

1966 年 4 月下放浙江平湖钟祜公社

戚文彬先生在 20 世纪 60 年代的几次运动中曾下放浙江农村，接受思想教育和改造。他种过田、放过牛、干过各种农活，并与当地村民建立了友谊。

这里展示的两张照片分别摄于四清运动及"文革"时期，记载了那些年中的一段特殊经历。

江城子·下乡双抢

窄塍弯曲细如肠。
陇间杨，陌前荒。
藏志于胸，何惧雨风狂！
欲报国家几许路，
簧序闭，种麻桑。
清晨早起下田塘，
手持秧，望天光。
春育青苗，秋送稻花香。
待到乾坤晴朗日，
阳照下，遍金黄。

（词作者：浦炳寅）

1969 年 7 月出牛棚后在浙江德清参加抢收抢种

玉泉留影

光阴荏苒日月匆，
重温旧景忆逝翁。
杭城春池映笑颜，
西子湖畔留慈容。

（诗作者：王耕）

野餐

暂搁案头稿千层，
游园踏青结伴行。
席地野餐胜豪宴，
至今尤闻欢娱声。

（诗作者：王耕）

师生情

桃花柳絮春意浓，
师徒坐立沐和风。
今虽万里两界隔，
笑貌音容驻心中。

（诗作者：王耕）

武陵春·墅园小憩

日丽风和游郊外，
叉手读横楹。
大学刚闻讲课声，
环宇见澄清。
借得小园闲片刻，
独自伴蝉鸣。
坐起悠然曲径行，
人世重坚贞。

（词作者：金友元）

戚先生热爱生活、热爱祖国大好河山，常利用闲暇
机会游历各处名胜景点

山坡羊·加州游

崖边叠茂，

岣间蕴秀，

半圆顶畔熊罴吼。

黛山幽，

白云浮，

豪情横纵冲霄斗。

耄耋鸿儒斜对秋。

风，

来伴游；

松，

来伴游！

（词作者：金友元）

1998 年 6 月至 1999 年 3 月戚先生夫妇前往美国探亲，期间在加州留下了他们的影迹

四、部分科研学术成果

学 / 高 / 为 / 师　　身 / 正 / 为 / 范

1. 获奖项目

（1）"表面活性剂在分析化学中的应用及其机理研究"获 1989 年国家教育委员会科技进步奖二等奖。

（2）"有序介质中的分析反应的机理和应用"项目获 1994 年国家教育委员会科技进步奖三等奖和 1996 年化学工业部自然科学奖三等奖。

（3）"改性不溶性淀粉黄原酸脂的研究及应用"荣获 1986 年度浙江省科学技术进步奖三等奖。

（4）专著《表面活性剂与分析化学》(上下册) 获 1987 年浙江省教育委员会自然科学成果荣誉奖。

（5）"废水和土壤中的微量铬的分光光度测定"论文荣获浙江省科学技术协会优秀论文奖二等奖。

（6）"离子型 - 非离子型混合表面活性剂的协同增数作用机理"论文荣获浙江省科学技术协会优秀论文奖二等奖。

（7）编著《分析化学手册》之第二分册。该手册第一版于 1979 年发行，第二版于 1997 年发行，并于 2000 年 6 月获第十届全国优秀科技图书奖二等奖，2000 年 8 月获国家石油和化学工业局第六届优秀图书奖一等奖，2001 年 11 月获第五届国家图书奖提名奖。

2. 专著

（1）J. R. I. Hepburn 著，戚文彬 译，The Metallization of Plastics，塑胶镀金属法，北京：中国科学图书仪器公司，1956

（2）王琏，戚文彬，分析化学 (上下册)，北京：高等教育出版社出版，1958

（3）戚文彬等，分析化学手册 (第二分册)[第一版 (1979 发行) 和第二版 (1997 年发行)，负责编撰第 1-5 章和第 15 章]，北京：化学工业出版社

（4）戚文彬，张孙玮，朱有瑜，汤福隆，分析化学 (大学基础化学自学丛书)，上海科学技术出版社，1982

（5）戚文彬，浦炳寅，表面活性剂与分析化学 (上下册)，中国计量出版社，1986(上册) 和 1987(下册)

（6）戚文彬，戚志红，新分析增效试剂，杭州大学出版社，1994

学高为师　身正为范

——纪念戚文彬教授诞辰 100 周年

J. R. I. Hepburn 著，戚文彬 译，The Metallization of Plastics，塑胶镀金属法

塑膠鍍金屬法
The Metallization of Plastics

原著者 J. R. I.　Hepburn

译　者 戚　文　彬

中国科学图书仪器公司出版
（上海建國西路 336 弄 1 號）

上海市書刊出版業營業許可證出〇二七號

三星印刷所印刷　新華書店上海發行所總經售
*

編號：136
（原中科版印 2,000 冊）

開本 762×1066 耗 1/32・13/8 印張・35000 字

一九五六年三月新一版

一九五六年三月第一次印刷・印數 1–1520

定價：二角七分

王琎，戚文彬，分析化学（上下册）

本書系根據中央教育部1954年頒布的師範學院分析化學試行教學大綱編寫而成，爲教育部委托編寫的師範學院分析化學試用教材。

本書分上下兩册。上册系定性分析部分，下册爲定量分析部分。每册又分理論與實驗兩部分（實驗部分另以單行本發行），兩者可結合使用。

本書內容以著重于定性分析化學基本原理的說明及其在實際上的應用，定量分析的方法爲中心，除可供師範學院分析化學教學用外，并可爲中學教師自學進修及中等專業學校和其他高等技術非化學專業分析化學教學參考書。

本書系根據中央教育部1954年頒布的師範學院分析化學試行教學大綱編寫而成，爲教育部委托編寫的師範學院分析化學試用教材。

本書分上下兩册。上册系定性分析部分，已于58年3月出版；下册爲定量分析部分。每册又分理論與實驗兩部分（實驗部分另以單行本發行），兩者可結合使用。

本書內容以定量分析的方法爲中心，除可供師範學院分析化學教學用外，并可供中學教師自學進修及中等專業學校和其他高等學校非化學專業作爲分析化學教學參考書。

分 析 化 学

上 册

王 琎 戚文彬編

高等教育出版社出版北京琉璃廠170號

（北京市書刊出版業營業許可證出字第054號）

京華印書局印刷 新華書店總經售

開本 850×1168 1/32 印張 10 4/16 插頁 7 字數 274,000 印數 001~6,500
1958年3月第1版 1958年3月北京第一次印刷 定價 (8) ￥1.40
統一書號 13010・397

分 析 化 学

下 册

王 琎 戚文彬編

高等教育出版社出版北京宣武門內承恩寺7號

（北京市書刊出版業營業許可證出字第054號）

京華印書局印刷 新華書店發行

統一書號 13010・493 開本 850×1168 1/32 印張 8 2/16
字數 201,000 印數 0,001~8,000 定價 (8) ￥0.95
1958年11月第1版 1958年11月北京第一次印刷

学高为师　　身正为范

——纪念戚文彬教授诞辰 100 周年

戚文彬等，分析化学手册（第二分册）[第一版和第二版]（第 1-5 章和第 15 章）

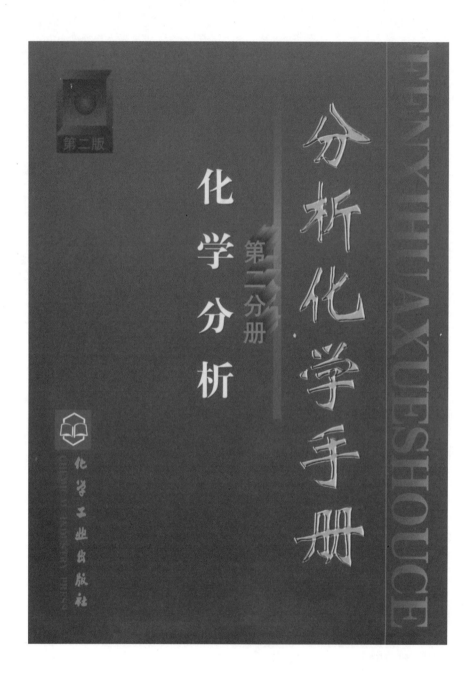

（京）新登字 039 号

图书在版编目（CIP）数据

分析化学手册 第二分册：化学分析 / 杭州大学化学系

分析化学教研室编 —2 版 —北京：化学工业出版社，

1997(2001.3 重印)

ISBN 7-5025-1971-8

Ⅰ . 分… Ⅱ . 杭… Ⅲ .①分析化学 - 手册 ②分析（化学)-

分析方法 Ⅳ .065

中国版本图书馆 CIP 数据核字 (97) 第 12875 号

分 析 化 学 手 册

（第二版）

第二分册

化学分析

杭州大学化学系分析化学教研室 编

责任编辑：任惠敏 田 桦 郎红旗

责任校对：洪雅姝

封面设计：于 兵

化学工业出版社出版发行

(北京市朝阳区惠新里 3 号 邮政编码 100029)

发行电话：(010) 64982530

http://www.cip.com.cn

新华书店北京发行所经销

化学工业印刷厂印刷

三河市前程装订厂装订

开本 787 毫米 ×1092 毫米 1/16 印张 46 1/2 字数 1148 千字

1997 年 12 月第 2 版 2003 年 9 月北京第 3 次印刷

ISBN7-5025-1971-8/TQ・984

定 价：90.00 元

版权所有 违者必究

该书如有缺页、倒页、脱页者，本社发行部负责退换

本分册修订说明

　　本分册第一版出版至今已有 10 多年，在这一期间，随着科学技术与生产实践的发展，分析化学学科及测试技术都上了一个新台阶。本次修订对书的内容进行了较大幅度的调整与更新。原第一版中有关分析化学试验的试剂、试样的准备与处理、缓冲溶液等内容，已移到第一分册中；有关色谱分析（包括柱色谱、纸色谱、电泳、薄层色谱等）的内容将在相关的色谱分析分册中出现。调整以后，本分册内容主要为分离与富集、定性分析、定量分析，共三篇十六章。在分享与富集部分，补充了沉淀分离法的应用，收录了最新的有机沉淀富集剂、萃取剂和萃取体系；无机定性分析部分作了较大删减，保留了元素和离子的化学鉴定方法，并按元素周期表的新的分族方法列出了各元素及离子与常用试剂的反应；在有机定量分析部分，增加了衍生物的制备方法及其熔、沸点等物性参数；在重量分析法部分增加了重量分析标准方法；在滴定分析各章，补充了新的指示剂及应用，特别是在络合滴定法部分收集了近几年在应用方面的文献 100 多篇；在非水滴定法中增加了非水滴定的溶剂、滴定剂及在药物分析中的应用；在有机定量分析部分，增加了官能团的分析；在气体分析部分，增加了国际与国内有关气体的排放标准。此外书中还新增加了表面活性剂在分析化学中的应用和示波滴定法两章内容。全书贯彻《中华人民共和国国际标准 GB3100~3102-93·量和单位》的有关规定，所有物理量和数据全部以法定计量单位表示，必要时，为方便读者列出新旧两种单位制的数据。

　　本分册由杭州大学化学系分析化学教研室编写。参加第一版书编写工作的有：戚文彬、吕荣山、傅克廷、杨国梁、何圣凤、汤福隆、张孙玮、施清照、王国顺。参加本次编写工作的有：郭伟强和戚文彬（第一～四章和第十五章）、张嘉捷和戚文彬（第五章、第七章的部分）、王国顺（第六、十一、十三章及第七章的部分）、傅克廷（第八、十六章）、施清照（第九章）、陈秀华（第十、十二章）及西北大学化学系的宋俊峰和赵瑞（第十四章）。全书由王国顺、郭伟强主编。

　　北京大学化学系慈云祥教授担任本书稿主审，李克安、刘峰、庄乾坤、姚光庆、裴伟伟等教授分别承担了不同章节的审稿工作。本书修订过程中得到了我国著名分析化学专家本手册编委会委员：高鸿教授、高小霞教授、周同惠教授、陆婉珍教授、汪尔康教授、王夔教授、陈耀祖教授、孙亦梁教授、王敬尊教授等诸多专家的指导和帮助，在此一并致以衷心感谢。

　　在这次修订中我们认真听取了各方面的意见，力求新版手册既保持原有的特色，又反映化学分析方面的最新发展，以适应读者的需要。但是由于时间较紧，加之我们的知识面及水平有限，在书中可能存在许多缺点、不足乃至错误之处，热忱期待广大读者予以批评指正。

编者

1997 年 4 月于杭州

目　录

第一篇　分离与富集

第二篇　定性分析

第三篇　定量分析

　　戚文彬等，张孙玮，朱有瑜，汤福隆，分析化学（大学基础化学自学丛书）（上、下册）

大学基础化学自学丛书

分析化学

（上　册）

戚文彬　张孙玮　朱有瑜　汤福隆

上海科学技术出版社出版

（上海瑞金二路 450 号）

新华书店上海发行所发行　　江西印刷公司印刷

开本 787×1092 1/32　印张 15.875　字数 350,000

1982 年 5 月第 1 版　1982 年 5 月第 1 次印刷

印数：1—52,000

书号：13119·988　　定价：(科四)1.45 元

序　言

我们伟大的祖国，为了尽早实现四个现代化的宏伟大业，需要造就大批又红又专的、具有高度文化修养和现代科学知识的工业大军、农业大军、科技大军、文化大军和国防大军。这是一项摆在全体人民面前的极为艰巨的任务。人才的培养，基础在教育。然而，目前我国每年只可能吸收很少一部分中学毕业生进入高等院校深造，大批已经走上或将要走上各种工作岗位的千千万万青年人，都迫切要求学习现代科学基础知识，以适应新时期新长征的需要。所以，在办好高等院校的同时，还应尽量为那些不能升入大学或无法离职进入大学的青年提供良好的业余学习条件。为此，上海科学技术出版社编辑出版《大学基础数学自学丛书》、《大学基础物理自学丛书》和《大学基础化学自学丛书》。

《大学基础化学自学丛书》由我们负责主编，由华东师范大学、上海师范学院、杭州大学和扬州师范学院等化学系有关教师执笔编写。包括《无机化学》、《有机化学》、《分析化学》和《物理化学》等共四种，《无机化学》分上、中、下三册，《有机化学》、《分析化学》和《物理化学》各分上、下两册，共为九册。可供具有相当于高中文化程度，有志于自学大学化学课程的广大读者使用。

本《丛书》是一套大学基础课的自学读物，与中学程度的《数理化自学丛书》相衔接。为了使自学读者在没有教师讲课的条件下读懂、学好，其内容选取和编排不同于一般的大学课本。文字叙述用讲课的形式书写；概念引入尽量从具体的、通俗的地方入手，逐步深入；内容安排抓住重点，讲深讲透。为了对读者解题有所启发，巩固所学的基础知识等，文中举有较多的例题；凡估计读者发生困难的地方，尽量给予必要的分析。习题、例题均按章分节安排，每章后面附有习题答案。每册之首都有编者的话，指导读者自学全书。总之，想尽可能减少自学中的困难。

自学，时间总比在校学习紧得多，要自学有成就，没有什么"诀窍"，如果有的话，那就是"多思考、多练习，持之以恒"。

学习必须从自己实际水平出发，学每本书要有一定的基础。选读顺序可根据编者的话的指导进行，有志者，事竟成。希望广大读者循序渐进，锲而不舍地学习。愿大家努力学好。

化学是一门实验科学。单从书本自学有一定的局限性，希望读者利用一切可能的机会做些化学实验，这样，将有助于正确理解所学的内容和掌握一些基本实验技能。

《丛书》编审过程中有顾可权、汪葆浚、周洵钧、朱榆良、毛志翔、周志浩、谢高阳等同志参加了提纲、样稿的讨论，并提供了宝贵的意见；编撰者和审稿人为《丛书》付出了辛勤的劳动，谨此一并致谢。

由于《丛书》编写和出版的时间仓促，难免有缺点和错误，希望读者不吝赐教！

华东师范大学　夏　炎

1981 年 4 月

编 者 的 话

分析化学是理科化学系基础课之一。本书系根据本丛书总的编写原则，作为大学化学系分析化学基础课程的要求而编写的。

本书的主要内容是无机化学分析。故本书对常见离子的分析特性和鉴定法，重量分析法，酸碱滴定法，络合滴定法、氧化还原滴定法等作了比较全面系统的阐述；在仪器分析方面，重点介绍了比色分析及分光光度法，至于发射光谱分析法、原子吸收分光光度法、电位分析法、极谱分析法以及气相色谱法，只作一般简介。

为了使读者对一般分析过程有所了解，还介绍了"分离和富集"及"试样的制备和分解"。

分析化学实验为学习分析化学的重要部分，对在校学生讲，其实验与理论学习时数之比约为 2∶1。鉴于自学丛书的特点，实验内容和有关实验的注意事项穿插于有关部分（如各法的应用示例中）介绍，读者最好尽可能自行创造条件进行实验，以加深理解。

为了使读者加深对课本内容的理解和运用，在有关章节后附有复习思考题或习题，对于较难的题目，作了相应的提示，并在每章末附有答案，要求读者在弄懂课程内容的基础上，进行思考和做作业，然后再与答案相核对。

每章小结为本章重点所在，作为学完一章后思考复习用。

本书分上下两册出版，上册全部为化学分析，下册为仪器分析、分离富集及试样的制备和分解。

本书由杭州大学戚文彬、张孙玮、朱有瑜、汤福隆同志执笔，并由戚文彬和张孙玮同志统稿，由华东化工学院汪葆浚同志和浙江医科大学毛志翔同志审稿。

上册执笔人分别为：绪论和第一章戚文彬，第二、第三及第五章张孙玮，第四章和第八章朱有瑜，第六章和第七章汤福隆。

在编写过程中，得到丛书编委会、无机化学和有机化学编写组同志以及杭州大学化学系领导和分析化学教研组周志瑞、吕荣山、施清照、毛雪琴、何圣凤等同志支持和帮助，在此一并致谢。

限于编者政治思想和业务水平，并缺少编写自学丛书的经验，书中一定存在着缺点和错误，欢迎关心本丛书的同志们批评指正，不胜感激。并欢迎读者提出批评、建议和问题，作为再版时修改参考。

编写者

1980 年 9 月

目 录

第四章　滴定分析法总论

第五章　酸碱滴定法

第八章　氧化还原滴定法

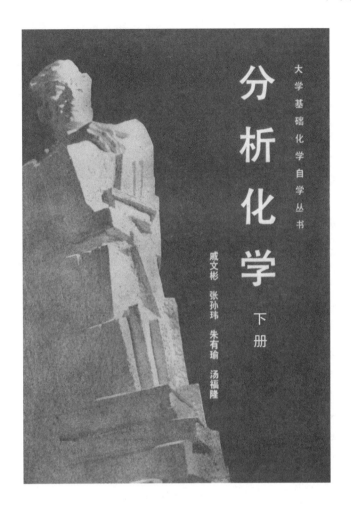

大学基础化学自学丛书

分析化学

（下　册）

戚文彬　张孙玮　朱有瑜　汤福隆

上海科学技术出版社出版

（上海瑞金二路 459 号）

新华书店上海发行所发行　　上海新华印刷厂印刷

开本 787×1092　1/32　印张 9　字数 194,000

1983 年 10 月第 1 版　1983 年 10 月第 1 次印刷

印数：1-30,000

书号：13119·1081　　定价：（科三）0.72 元

目　录

第九章　比色分析及分光光度法

第十章　分离与富集

第十一章　分析试样的制备和分解

第十二章　几种仪器分析法简介

戚文彬等，浦炳寅，表面活性剂与分析化学（上、下册）

表面活性剂
与分析化学

上　册

戚文彬 著

内 容 提 要

本书为《表面活性剂与分析化学》的上册，首先介绍了表面活性剂溶液的基本分析特性，然后以表面活性剂在分光光度分析中的应用为重点，讨论了增敏机理和规律，并指出发展动向。

每章后附有大量国内外参考资料，供读者进一步探索参考。

下册将介绍表面活性剂在其它分析分离方法中的应用及一些研究方法。

本书主要供从事分析化学的专业人员及中等专业学校和高等院校有关师生参考用。

表面活性剂与分析化学

上　　册

戚文彬　著

中国计量出版社出版

（北京和平里 11 区 7 号）

中国计量出版社印刷厂印刷

新华书店北京发行所发行　各地新华书店经售

开本 787×1092 1/32　印张 11

字数 256 千字　　印数 1-8000

1986 年 9 月第一版　　1986 年 9 月第一次印刷

统一书号 15210·599

定价 2.55 元

前　　言

这本书是我近年对研究生讲授"多元络合物及其在分析分离中的应用"课的讲稿及外出讲学的讲稿的一部分，其中也有我们近年来科研工作的一些总结。为了与同行们交流，以便得到帮助，把它印出来，抛砖引玉，如果能对我国表面活性剂在分析化学中的应用和机理的研究有所裨益，这是我的另一希望。

为使早日与读者见面，征得出版社的同意，分上、下两册出版，上、下册各三章，上册的重点是表面活性剂的基本分析特性和光度分析。下册则为表面活性剂在其它分析分离方法中的应用简介。并介绍一些表面活性剂的提纯、分析方法以及表面活性剂存在下的化学反应的研究方法，供具体工作时参考。

每章均附有大量参考文献，便于读者进一步探索。

脱稿与出版时间相距较远，而表面活性剂在分析分离中的应用和理论研究的发展很快，因此书中某些内容或已落后于新发展。为了补救这一缺陷，除每章有相应的参考文献外，下册的最后将附录最新文献的题录。

在讲课和讲学时，曾先油印发给听课同志及向部分有关同志征求意见，得到不少学生和同行专家们的帮助。此外，浦炳寅同志参加编写工作外，朱利中同志也协助查最新文献。特在此向这些专家和同志们致以衷心的谢忱。

因限于水平，书中缺点和错误在所难免，热诚欢迎读者批评指正。

戚文彬

1985 年 7 月

目　录

表面活性剂与分析化学

下　册

戚文彬
浦炳寅　著

内 容 提 要

《表面活性剂与分析化学》上册，首先介绍了表面活性剂溶液的基本分析特性，然后以表面活性剂在分光光度分析中的应用为重点，讨论了增敏机理和规律，并指出发展动向。

本书为上册的继续，以应用为主，第四和第五章分别介绍了表面活性剂在分离富集（以浮选法为主）和光分析、电化学分析等方面的应用，第六章介绍了表面活性剂的提纯方法以及测定表面活性剂存在的体系中一些络合反应基本参数的方法。书末附录 1981—1985 年在有关主要期刊上发表的表面活性剂分析应用的主要文献题录，供读者参考。

本书可供从事分析化学的专业人员及中等专业学校和高等院校有关师生参考用。

表面活性剂与分析化学

下　　册

戚文彬　浦炳寅　著

中国计量出版社出版

（北京和平里 11 区 7 号）

中国计量出版社印刷厂印刷

新华书店北京发行所发行　各地新华书店经售

开本 787×1092 1/32　印张 9.125

字数 205 千字　　印数 1-8000

1987 年 4 月第一版　　987 年 4 月第一次印刷

统一书号 15210·686

定价 2.15 元

前　言

这本书是我近年对研究生讲授"多元络合物及其在分析分离中的应用"课的讲稿及外出讲学的讲稿的一部分，其中也有我们近年来科研工作的一些总结。为了与同行们交流，以便得到帮助，把它印出来，抛砖引玉，如果能对我国表面活性剂在分析化学中的应用和机理的研究有所裨益，这是我的另一希望。

为使早日与读者见面，征得出版社的同意，分上、下两册出版，上、下册各三章，上册的重点是表面活性剂的基本分析特性和光度分析。下册则为表面活性剂在其它分析分离方法中的应用简介。并介绍一些表面活性剂的提纯、分析方法以及表面活性剂存在下的化学反应的研究方法，供具体工作时参考。

每章均附有大量参考文献，便于读者进一步探索。

脱稿与出版时间相距较远，而表面活性剂在分析分离中的应用和理论研究的发展很快，因此书中某些内容或已落后于新发展。为了补救这一缺陷，除每章有相应的参考文献外，下册的最后将附录最新文献的题录。

在讲课和讲学时，曾先油印发给听课同志及向部分有关同志征求意见，得到不少学生和同行专家们的帮助。此外，朱利中同志也协助查最新文献。特在此向这些专家和同志们致以衷心的谢忱。

因限于水平，书中缺点和错误在所难免，热诚欢迎读者批评指正。

戚文彬
1985 年 7 月

目　　录

戚文彬等，戚志红，新分析增效试剂

XINFENXIZENGXIAOSHIJI
新分析增效试剂
戚文彬　戚志红　编著

XIN
FENXI
ZENGXIAO
SHIJI

杭州大学出版社

（浙）新登字第 12 号

新分析增效试剂

戚文彬　戚志红　编著

*

杭州大学出版社出版发行

（杭州天目山路 34 号）

*

杭州兴业印刷厂印刷

850×1168 毫米 1/32　7.25 印张　182 千字

1994 年 7 月第 1 版　1994 年 7 月第 1 次印刷

ISBN 7-81035-667-4/O·046

定价：6.50

前　　言

我们编著的《表面活性剂与分析化学》上、下册分别于1986、1987年出版，本书为该书的续篇和扩展，其主要特点有：

1. 介绍了这一领域发展的前沿和最新文献。还提出了一些发展新分析增效试剂的粗浅看法。

2. 在表面活性剂方面，重点介绍新体系及胶束增敏机理和应用的新发展；环糊精在光度分析、荧光分析及色谱分析等领域的应用、机理和规律。特别是与国外开发环糊精各种衍生物的单位协作，将新品种应用于分析分离，使其更有特色和发展前景。阐明了各类混合增效试剂在分析分离中应用的优越性及搭配规律。

3. 既注重有关领域中各个分支的基本理论、规律的阐述，又尽量结合生产和科研实际；使理论和实践相互渗透，相互促进。书中还介绍不少作者在工作和研究中的经验体会，提出解决某些实际问题的方法和可能的途径，尽可能使读者不产生枯燥乏味，并能举一反三。

但限于作者的水平，书中不免有不妥之处甚至错误，竭诚欢迎同行和读者指正！

本书蒙郑用熙教授审阅并作序；中科院院士俞汝勤教授欣闻本书即将出版，在百忙中抽出时间为本书题词；刘长松教授、周执明教授、吴德怀教授赐以大作，为本书增色不少，在此谨致谢忱！

还应特别指出的是本书的部分出版费用由国家自然科学基金资助，特此致谢！

戚文彬　戚志红

1994 年 4 月

序

物质的分析和分离，离不开化学。物质特性的表现，既决定于物质的本性，也受物质所处的环境的影响。胶束、环糊精等分子有序组合体，常能给被分析物提供性质特异的介质环境，从而对分析、分离方法有增溶、增敏、增稳及改善条件等增效作用，因此这些物质被称为增效试剂。

我国自 1973 年 10 月开始进行胶束增溶分光光度法的研究以来，有关表面活性剂在光度分析中的应用，发展非常快，且迅速扩展到其它分析和分离领域。戚文彬教授于 1986、1987 年编著的大作《表面活性剂与分析化学》(上、下册) 可说是当时这方面进展水平的小结，对我国分析化学的发展起了很好的推动作用。

戚教授的新作《新分析增效试剂》，进一步介绍了近年来表面活性剂、聚电解质、水溶性高分子等在分析化学中应用的新进展，使其赶上时代。又重点介绍了环糊精及其包合物的结构、性质和环糊精水溶液中的分析化学；还用相当大的篇幅探讨了各增效试剂混合使用时所产生的协同增效作用。全书展示了有序介质与分析化学的联姻，具有迷人的发展前景。本书理论和实验并重，既评述了国内、外学者的新贡献，也包括了著者的不少新成果，读来亲切易懂。

戚文彬教授和我都是浙江人，算是大同乡。他学识渊博，待人亲切谦和，我一直认为他是我可尊敬的兄长。这次有幸提前拜读他这本新作的手稿，深感受益匪浅。相信其他同行读后，也会有此同感。

他嘱我作序，谨以以上数语应命。

郑用熙

1994 年 2 月 14 日于清华园

目　录

3. 戚文彬教授及指导学生的部分学术论文题录（按发表时间排序）

序号	作者	题目	杂志	卷期页
1	戚文彬	非离子表面活性剂胶束增溶褪色反应机理的研究（Ⅰ）—Ni²⁺—PAN—TritonX—100 体系的分光光度研究	高等学校化学学报	1981,2(3):126-129
2	戚文彬，胡利	非离子表面活性剂—苯基荧光酮分光光度法测定排污水中的微量铜	环境化学	1982,1(5):55-62
3	戚文彬，浦炳寅	非离子表面活性剂胶束增溶褪色反应显色反应机理的研究——Ⅲ．在 Fe（Ⅲ）-PAN-Triton X-100 体系中胶束对金属离子反应活性的影响	化学学报	1983,41(5):29-36
4	戚文彬，傅克廷	非离子表面活性剂胶束增溶褪色反应机理的研究（Ⅱ）—非离子表面活性剂对 Me²⁺-PAN 的作用及其增溶萃取公式	高等学校化学学报	1983,4(3):305-311
5	戚文彬，胡利	邻硝基苯基荧光酮 - 氯化十六烷基吡啶分光光度法测定排污水中的微量铜	高等学校化学学报	1984,5(2):124-126
6	戚文彬，浦炳寅	铬（Ⅲ）- 铬天青 S- 溴化十六烷基三甲铵显色反应的研究及 TritonX-100 桥相法测定微量铬（Ⅵ）	化学学报	1984,42(1):29-35
7	胡捷，戚文彬	几种环境样品中微量砷的光度法测定	环境化学	1985,4(3):72-76
8	朱利中，戚文彬	镉的分光光度测定注	分析试验室	1985,4(4):26-29
9	朱有瑜，陈恒武，戚文彬	银 -4-[(5- 氯 -2- 吡啶) (偶氮)-1,3- 二氨基苯]间接分光光度测定微量氰化物	分析试验室	1985,4(9):25-27
10	洪姜萍，吴德秀，戚文彬	原子吸收法测定粮食中的铜、锌、铝、镉	环境科学	1985,27(5):559-564
11	Wenbi Qi, Lizhong Zhu	Spectrophotometric determination of trace amounts of cadmium and zinc in waste water with 4-(2-pyridylazo)-resorcinol and mixed ionic and non-ionic surfactants	Talanta	1985,32(10):1013-1015
12	郭伟强，戚文彬	金属离子 - 双硫腙 - 表面活性剂显色体系 (I) 多波长数据线性回归法同时测定 Cu²⁺ 和 Hg²⁺ 的探讨	分析化学	1985,13(11),844-847
13	戚文彬，朱利中	离子型- 非离子型混合表面活性剂对显色反应的研究及其应用 .II. 反应微观环境对协同增敏作用的影响	分析化学	1985,13(7):507-510
14	戚文彬，朱利中	离子型 - 非离子型混合表面活性剂对显色反应的研究及其应用 .I.	分析化学	1985,13(9):691-693
15	戚文彬，朱利中	离子型 - 非离子型混合表面活性剂的协同增敏作用	高等学校化学学报	1986,7(5):407-410
16	戚文彬，朱利中	表面活性剂对 Me-5-Br-DEPAP 及 Me-5-Cl-PADAB 显色反应作用的研究	高等学校化学学报	1986,7(6):499-502
17	戚文彬，朱利中	混合表面活性剂在光度分析中的应用和发展	分析测试学报	1986,5(5):1-7
18	WB Qi,LZ Zhu	Spectrophotometric determination of chromium in waste water and soil	Talanta	1986,33(8):694-696
19	戚文彬，朱利中，吴梅，王伟娟	桥相法用作痕量分析技术的可能性	痕量分析	1986,2:23-27

续 表

序号	作者	题目	杂志	卷期页
20	郭伟强，戚文彬	金属离子-双硫踪-表面活性剂显色体系 (II) 粮食及水样中微量锌的水相直接光度测定	分析化学	1986,14(5),374-377
21	王耕，戚文彬	超过滤法测定有机显色剂在胶束-水相的分配系数	分析试验室	1987,6(12):3-7
22	戚文彬，朱利中	环糊精对显色反应的作用及其应用的研究.I.应用于光度分析初探	化学试剂	1987,9(4):208-211
23	戚文彬，朱利中	离子型-非离子型混合表面活性剂对显色反应作用的研究及其应用 III . 显色剂在胶束相的分配系数	化学学报	1987,45(7): 707-710.
24	戚文彬，朱利中	乙醇对某些金属-吡啶偶氮试剂显色体系的作用	杭州大学学报	1987,14(4):445-448
25	Qi WenBin, Zhu Lizhong, Wang Geng	Synegistic sensitizing effect of mixed ionic-nonionic surfactants on color reactions	宁波师院学报	1987,5(2):128-138
26	戚文彬	胶束体系广泛应用于动力学分析法的可能性	岩矿测试	1988,7(2):3-8
27	戚文彬，朱利中，陈笑梅，仇静	环糊精对显色反应的作用及其应用的研究.II.β-CD 对酸性染料显色反应的影响	化学试剂	1988,10(1):14-18
28	戚文彬，朱利中，朱岩	有机溶剂对某些显色反应作用的研究	分析化学	1988,16(7):590-594
29	戚文彬，骆红山	离子缔合物增溶剂的研究 IV . 络合物分子结构的影响	分析化学	1988,16(8):21-25
30	戚文彬，骆红山	银-邻菲啰啉-曙红离子缔合物显色反应的研究	分析试验室	1988,7(9):19-21
31	骆红山，戚文彬	离子缔合物增溶剂的研究 V . 介质酸度的影响	分析化学	1988,16(9):21-25
32	戚文彬	离子型-非离子型混合表面活性剂对显色反应作用的研究及应用 IV . 用显色剂在胶束相的有效介个电常数及及分配系数探讨反应机理	化学学报	1988,46(2):187-190
33	戚文彬，王耐冬，吴念慈，朱利中，王耕	溴代吡啶偶氮二氨基甲苯与金属离子显色反应的研究	化学试剂	1989,11(1):8-12
34	戚文彬，刘丹萍	丙酮对 Ga-ECR-CPB 体系的增效应应及其应用	岩矿测试	1989,8(2):91-95
35	朱利中，戚文彬，吴红丽	环糊精对显色反应的作用及其应用研究 III . β-CD 对 Me- 双硫踪显色反应的作用及其应用	杭州大学学报（自然科学版）	1989,16(3):296-301
36	戚文彬，王耕	有机试剂的分子结构与胶束增敏的关系——TAMB 和 BTAMB 的比较研究	化学学报	1989,47(9):873-877
37	戚文彬，骆红山	混合增溶剂对离子缔合物的研究	高等学校化学学报	1989,10(2):197-199
38	朱利中，何晓峰，戚文彬	β-CD 存在下 TPPS，测定岩矿中痕量铝的分光光度研究	岩矿测试	1990,9(1):22-24
39	朱利中，周菊芳，戚文彬	混合表面活性剂对 Fe^{3+}-CAS 显色反应选择性的影响	杭州大学学报（自然科学版）	1990,17(1):57-61
40	戚文彬，王耕	十二烷基苯磺酸钠对 2-(2-苯骈噻唑偶氮)-5- 二甲氨基苯甲酸与镍反应影响的研究	杭州大学学报（自然科学版）	1990,17(1):62-67

续表

序号	作者	题目	杂志	卷期页
41	咸文彬	一九八九年太平洋沿岸国际化学会议情况简介	岩矿测试	1990,9(2):11-13
42	咸文彬，王耐冬，吴寅林	氯磺酚 S 与铝的显色反应及其应用的研究	杭州大学学报（自然科学版）	1990,17(2):189-194
43	朱岩，朱利中，陈苏琬，咸文彬	离子色谱测定三价砷和五价砷的研究	环境化学	1990,9(3):72-75
44	咸文彬，陈笑梅	流动注射胶束增分光度法快速测定茶汤中微量锌	分析化学	1990,18(4):362-365
45	朱利中，周荣美，咸文彬	混合增溶剂对离子络合物显色反应的研究	分析试验室	1990,9(5):22-24
46	朱岩，朱利中，咸文彬	电化学检测液相色谱法测定抗环血酸的研究	痕量分析	1990,1(2):51-54
47	王耕，咸文彬	胶束增敏显色反应机理的研究——由显色剂所处微环境的 D_{eff} 推测其增溶位	分析试验室	1990,9(5):4-8
48	黄辰龙，咸文彬	β-环糊精对金属硫氰酸根络阴离子-碱性染料作用机理的探讨	分析试验室	1990,9(1):1-4
49	咸文彬，陈笑梅	非离子表面活性剂存在下流动注射催化光度法测定痕量硒Ⅱ.有关机理的探讨	分析化学	1990,18(9):39-44
50	咸文彬，黄辰龙，许军	表面活性剂对硫氰酸铝显色体系的作用	化学试剂	1991,13(1):6-10
51	咸文彬，康继韬	β-环糊精对显色反应作用的研究：I. 络天青 S 和埃铬菁 R 体系	分析化学	1991,19(11):1234-1237
52	朱利中，咸文彬	环糊精在分析化学中的应用	化学试剂	1991,13(3):156-162
53	朱利中，朱岩，储险峰，咸文彬	某些化合物对 β-环糊精参与显色反应的影响	杭州大学学报（自然科学版）	1991,18(3):311-316
54	汤前德，咸文彬	用 TPPS，荧光熄灭光度法测定微量锰	分析试验室	1991,10(3):36-38
55	咸文彬，陈笑梅	非离子表面活性剂存在下催化光度法测定痕量硒	分析化学	1991,19(4):433-435
56	汤前德，咸文彬	meso-四(4-三甲铵基苯基)卟啉荧光熄灭法测定痕量铜	分析化学	1991,19(7):802-50
57	咸文彬，朱岩，丁善林	离子色谱法测定六价铬和三价铬	岩矿测试	1991,10(2):97-99
58	咸文彬	增效分析试剂的发展鸟瞰	《分析化学前沿》（高鸿主编）	科学出版社，1991，P211-224
59	咸文彬，杨晓奕	β-环糊精-Triton X-100 对 Ag^+-邻菲啰啉-酸性染料体系的协同作用及其应用研究	分析测试学报	1992,11(1):22-28
60	汤前德，咸文彬	以 meso-四(4-甲基-3-磺酸基苯基)卟啉荧光熄灭法连续测定环境水样中的痕量铜和锌	分析化学	1992,20(1):32-66
61	咸文彬，陆明华	混合增效分析试剂对不稳定络合物显色体系应用探讨——1 Cd^{2+}-GBHA 体系	杭州大学学报（自然科学版）	1992,19(1):76-82
62	刘正武，王耐冬，咸文彬	β-环糊精对钴(Ⅱ)三羟基萘荧光酮显色体系的作用机理研究	分析化学	1992,20(10):1157-1159
63	郑怡梅，咸文彬，郑国洋	β-环糊精和阳离子表面活性剂对显色反应的协同作用及其应用研究——$Cr(Ⅵ)$-BPR-CPB-β-CD 体系	冶金分析	1992,12(2):7-9

续 表

序号	作者	题目	杂志	卷期页
64	戚文彬，陈笑梅	混合增效剂存在下停流FIA光度法测定钼—Mo—SCN⁻—MG体系	冶金分析	1992,12(6):17-19
65	戚文彬，陈笑梅	CTMAB-Peregal O存在下锌镉的FIA同时测定	分析试验室	1992,11(6):27-29
66	戚文彬，骆红山	β-环糊精与非离子表面活性剂相互作用及其对显色反应的影响——I β-环糊精和非离子表面活性剂的相互作用	分析化学	1992,20(9):73-77
67	戚文彬，朱岩	离子色谱法同时测定碱金属、铵和肼	色谱	1992,10(2):119-120
68	Wenbin Qi, Lizhong Zhu, Hongshan Luo	Mixed solubilizers (or dispersing agents) as enhancing agents of color reactions and their analytical applications	Microchimica Acta	1992,106(1-2):27-36
69	J Hu,WB Qi, BY Pu	Spectrophotometric determination of trace amounts of cadmium using Cd(II)-KI-Crystal violet system in the presence of Triton X-100 and PVA	Microchimica Acta	1992,109(5-6):295-299
70	吴念慈，刘定武，王耐冬，戚文彬	三羟基荧光酮试剂的量子化学计算和性能的讨论	高等学校化学学报	1992,13(6):745-748
71	戚文彬，唐继韬	显色剂结构与胶束增敏作用的关系 Ⅱ .Cadion,Cadion 2B的比较	化学学报	1992,50(1):32-38
72	朱岩，朱利中，戚文彬	电化学检测离子色谱法测定水中硫离子和碘离子	痕量分析	1992,8(3/4):66-68
73	朱利中，戚文彬	铬（Ⅵ）-邻硝基苯基荧光酮-表面活性剂显色反应的研究	分析化学	1993,21(1):22-26
74	戚文彬，朱岩，徐素君，严晋婴，施萌玉	离子色谱柱切换技术同时测定食品中的多种成分	分析测试学报	1993,(1):44-47
75	刘定武，王耐冬，戚文彬	混合增溶剂存在下流动注射分光光度法测定锌—Zn²⁺—SCN⁻-孔雀绿体系	杭州大学学报（自然科学版）	1993,20(1):58-66
76	孙维林，张孙玮，戚文彬，汤福隆	用新显色剂1,1'-[2,2'-(4,4'-双嘌唑基)双偶氮]-2,2'双萘酚与TritonX-100体系析相光度法测定微量铀	分析化学	1993,21(1):98-100
77	朱利中，邵雅萍，戚文彬	无机阴离子对镍-4-[(5-氯-2-吡啶)偶氮]-1,3-二氨基苯显色反应的作用机理及应用研究	分析化学	1993,21(12):1426-1428
78	朱岩，戚文彬，徐素君，杜欢永，张刚峰	离子色谱法测定一元弱酸的离解常数	分析化学	1993,21(2):202-205
79	朱利中，徐向红，戚文彬	某些无机钠盐对Cd²⁺-5-Br-DEPAP-β-CD显色反应的影响	分析测试学报	1993,12(3):11-15
80	李益民，朱利中，戚文彬	无机氯化物对镍-4-[(5-氯-2-吡啶)偶氮]-1,3-二氨基苯显色反应的作用机理及应用研究	分析测试学报	1993,12(6):6-11

续 表

序号	作者	题目	杂志	卷期页
81	朱利中,陆军,戚文彬	冷原子吸收法测定痕量汞的研究	上海环境科学	1993,12(3):25-27
82	陈恒武,戚文彬	氢化物发生法测定铅的进展	光谱学与光谱分析	1994,(2):113-120
83	李益民,朱利中,戚文彬	硝酸钠对几种显色反应作用机理的探讨	分析试验室	1994,13(3):24-27
84	李益民,戚文彬,陈裕洪,黄志明,蔡友根	β-环糊精对显色反应的研究 Ⅱ . 与表面活性剂的协同作用机理探讨	分析化学	1994,22(6):548-551
85	朱利中,戚志红,金辉,戚文彬	离子型 β-CD 对 Zn(Ⅱ)-桑色素 -TritonX-100 体系荧光反应的研究和应用	西南师范大学学报（自然科学版）	1994,19(s1):7-8
86	戚志红,沈学优,邹焕金,朱利中,戚文彬	离子型 β-环糊精衍生生物对显色作用的比较研究	西南师范大学学报（自然科学版）	1994,19(s1):9-11
87	陆利舜,朱利中,刘泽菊,戚文彬	荧光分析法在环境监测中的应用和进展	环境科学进展	1995,3(3):7-20
88	李益民,戚文彬	β-环糊精与表面活性剂共存的显色体系中化学平衡的研究	杭州大学学报（自然科学版）	1995,22(4):399-403
89	朱霞石,郭荣,戚文彬	微乳液增敏作用机理探讨：显色剂在微乳液中的分配系数	分析化学	1995,23(9):989-992
90	朱利中,戚文彬	微波消解技术在分析中的应用	冶金分析	1995,15(1):25-33
91	朱利中,戚志红,金辉,戚文彬	离子型 β-CD 对 Zn(Ⅱ)-桑色素荧光体系作用的研究及应用	高等学校化学学报	1995,16(11):1694-1696
92	朱利中,戚志红,陆利舜,戚文彬	β-环糊精及其衍生物对 Al(Ⅲ)-铁试剂荧光反应的比较研究	分析测试方法与应用	浙江大学出版社,1996,283-286
93	Lizhong Zhu, Jianying Zhang,Yimin Li, Xueyou Shen, Wenbin Qi	Synthesis, Novel adsorbents, Pollutants, Waste water, Kinetics, Equilibrium Study	环境科学（英文版）	1996, 10(1):1759-1765
94	Lizhong Zhu, Jianying Zhang,Yimin Li, Xueyou Shen, Wenbin Qi	Organobentonites as adsorbents for some organic pollutants and its application in waste water treatment	Journal of Environmentalences	1996, 21(3):42-46

续表

序号	作者	题目	杂志	卷期页
95	Lizhong Zhu, Zhihong Qi;Zhousun Lu, Hui Jing,Wenbin Qi	Comparative Study of Fluorescence Enhancement of Some Fluorescence Systems in Different β-Cyclodextrin Derivatives and Cyclodextrin-Surfactant Media	Microchemical Journal	1996, 53(3):361-370
96	戚文彬	环糊精衍生物在荧光分析中的应用进展（上）	分析科学学报	1997,(3):249-255
97	朱利中，陆州舜，戚文彬	影响 β-环糊精及其衍生物对萘胺荧光增强效应的一些因素	分析化学	1997,25(5):563-566
98	魏丹毅，胡小利，戚文彬	β-环糊精与混合表面活性剂对显色反应的协同作用	西南师范大学学报（自然科学版）	1997,22(6):654-658
99	朱利中，陆州舜，戚文彬	β-环糊精及其衍生物对萘胺的荧光增强效应及机理	分析化学	1997,25(8):944-946
100	QI ZHIHONG HELENA, L Zhu, H Chen, QI Wenbin	Spectrofluorimetric Study of Cyclodextrin Complexation in the Presence of Third and Fourth Components	Journal of Inclusion Phenomena & Molecular Rec...	1997,27(4):279-289
101	魏丹毅，戚文彬	不同增效试剂的增效作用的比较	浙江工业大学学报	1998,26(1):59-62
102	沈学优，戚志红，邹焕金，戚文彬	修饰基团的结构对 β-环糊精衍生物的分析特性的影响——可离解基团的影响	浙江大学学报（理学版）	1999,26(3):77-81
103	魏丹毅，舒军龙，戚文彬	β-环糊精及其某些衍生物的包合作用	化学试剂	1999,21(8):261-263
104	魏丹毅，蒋春跃	甲苯作为环糊精包合作用的空间调节器的研究	化学研究	2000,11(2):31-32
105	魏丹毅，葛从辛，周湘池，戚文彬	β-环糊精及其衍生物对 Al(Ⅲ)-铁试剂的荧光增强效应及机理	化学研究与应用	2000,12(6):626-628
106	金辉，戚文彬	阴离子型 β-环糊精衍生物对不同荧光体系作用的研究	分析试验室	2000,19(6):67-70

4. 部分学术论文

（1）戚文彬. 增效分析试剂的发展鸟瞰 [M]//. 分析化学前沿 [M]. 北京：科学出版社，1991：211-225

（2）戚文彬. 非离子表面活性剂胶束增溶显色反应机理的研究（Ⅰ）——Ni^{2+}—PAN—TritonX—100 体系的分光光度研究 [J]. 高等学校化学学报，1981,2(3):126-129

（3）戚文彬. 一九八九年太平洋沿岸国际化学会议情况简介 [J]. 岩矿测试,1990,9(2):11-13

（4）戚文彬. 环糊精衍生物在荧光分析中的应用进展（上）[J]. 分析科学学报，1997,(3):249-255

（5）戚文彬，浦炳寅. 非离子表面活性剂胶束增溶显色反应机理的研究——Ⅲ. 在 Fe(Ⅲ)-PAN-Triton Ⅹ-100 体系中胶束对金属离子反应活性的影响 [J]. 化学学报，1983,41(5):29-36

（6）戚文彬，胡利. 邻硝基苯基萤光酮 - 氯化十六烷基吡啶分光光度法测定排污水中的微量铜 [J]. 高等学校化学学报，1984,5(2):124-126

（7）郭伟强，戚文彬. 金属离子 - 双硫腙 - 表面活性剂显色体系的研究（Ⅱ）多波长数据线性回归法同时测定 Cu^{2+} 和 Hg^{2+} 的探讨 [J]. 分析化学，1985,13(11)：844

（8）Wenbi Qi, Lizhong Zhu. Spectrophotometric determination of trace amounts of cadmium and zinc in waste water with 4-(2-pyridylazo)-resorcinol and mixed ionic and non-ionic surfactants.1985,32(10):1013-1015

（9）戚文彬，骆红山. 离子缔合物增溶剂的研究 Ⅳ. 缔合物分子结构的影响 [J]. 分析化学，1988,16(8) :21-25

（10）戚文彬，王耕. 有机试剂的分子结构与胶束增敏的关系——TAMB 和 BTAMB 的比较研究 [J]. 化学学报，1989,47(9):873-877

（11）戚文彬，刘丹萍. 丙酮对 Ga-ECR-CPB 体系的增敏效应及其应用 [J]. 岩矿测试，1989,8(2):91-95

（12）戚文彬，陈笑梅. 流动注射胶束增溶分光光度法快速测定茶汤中微量锌 [J]. 分析化学，1990,18(4):362-365

（13）汤前德，戚文彬. 以 meso- 四 (4- 甲基 -3- 磺酸基苯基) 卟啉荧光熄灭法连续测定环境水样中的痕量铜和锌 [J]. 分析化学，1992,20(1):32-66

（14）戚文彬，康继韬. 显色剂结构与胶束增敏作用的关系 Ⅱ.Cadion,Cadion 2B 的比较 [J]. 化学学报，1992,50(1):32-38

（15）刘定武，王耐冬，戚文彬 .β- 环糊精对钴（Ⅱ）三羟基荧光酮显色体系的作用机理研究 [J]. 分析化学，1992,20(10):1157-1159

（16）Lizhong Zhu, Zhihong Qi, Zhousun Lu, Hui Jing, Wenbin Qi, Comparative

Study of Fluorescence Enhancement of Some Fluorescence Systems in Different
β-Cyclodextrin Derivatives and Cyclodextrin–Surfactant Media. Microchemical Journal，
1996, 53(3):361-370

（17）朱利中，陆州舜，戚文彬 .β- 环糊精及其衍生物对萘胺的荧光增强效应及
机理 [J]. 分析化学，1997,25(8) :944-946

戚文彬 . 增效分析试剂的发展鸟瞰 [M]//. 分析化学前沿 (高鸿主编)[M]. 北京：科学出版社，1991：211-225.

十四、增效分析试剂的发展鸟瞰

14.1 引　言

所谓增效分析试剂 (enhanecd analytical agent)，是指表面活性剂以及其它对分析分离方法有增敏、增溶、增稳等增效作用的无表面活性的试剂。

表面活性剂应用于分析化学并获得迅速发展是近 20 年的事。在我国分析化学界，特别是光度分析中也成了热点之一。中国化学会主办的四次多元络合物光度分析学术会议的论文，应用表面活性剂或其它增效分析试剂的占较高比例。自第 3 届会议起，其内容已不限于光度分析。

从国际和国内近年分析化学发展的动态看，增效分析试剂应用的发展颇为迅速、广泛和深入，以 1984 年和 1989 年太平洋沿岸地区国际化学大会 (The 1984, 1989 International Chemical Congress of Pacific Basin Societies) 论文内容看，1984 年的会中有关这方面的论文很少，仅在催化 / 胶体 / 物理化学 / 表面化学分组内有所反映，而在 1989 年会议中，则专门另列了 "Analytical Chemistry Using Surfactants Symposium"。两年一次的国际表面活性剂溶液专题讨论会 (Symposium on Surfactants in Solution)，在第 6 次会议 (1986) 中，有关表面活性剂在分析中应用的论文，仅为十大专题之一的内容中的小部分，而从第七次会议起，则专列一个专题。这些事实也从另一侧面看出表面活性剂在分析化学中应用的发展速度。

从近年的发展情况看，主要有下列几个方面：

(1) 能应用于分析化学的经典表面活性剂及其它增效分析试剂 (如环糊精) 不断发现，并已在某些分析化学分支中发挥较大作用。

(2) 根据分析分离方法的特定要求，不断设计合成新颖表面活性剂及有关物质为增效分析试剂。后者有的虽无表面活性 (例如高分子电解质)，但作为分析化学中应用的增效试剂，往往具有已应用的表面活性物质所没有的某些分析特性。

(3) 在分析化学中可应用的面不断扩大。如今已广泛应用于分析化学的各个分支，包括吸光光度分析，发光分析 (荧光分析、燐光分析、化学发光分析)，原子吸收光谱分析，核磁共振，电化学分析 (极谱与伏安法、电导法、离子选择性电极)，色谱分析 (薄层色谱、高效液相色谱、气相色谱) 以及分离富集法 (液膜分离、液液萃取、泡沫浮选分离等)。

(4) 结合界面化学、生物学科等原理，应用近代仪器和技术，研究增效分析试剂在分析分离中应用的机理和规律，也逐渐深入，从而减少了应用研究的盲目性，推动了增效分析试剂发展的广度和深度。

本文因限于作者水平及篇幅，仅就管见并结合本实验室工作，谈谈增效分析试剂的最近发展概况。至于它们在分析化学各个分支中的应用，则结合增效分析试剂的介绍，略举例说明，并侧重于光度分析中的应用。

14.2　新颖增效分析试剂的发展

1. 习用表面活性剂在分析中应用的开拓

表面活性剂应用于分析化学，虽已有 20 余年的历史，但多数是利用工业上常用的 CTMAB(溴化十六烷基三甲铵) 和 Triton X-100 等表面活性剂。近年来由工业上移用于分析化学的常用表面活性剂类型和胶束体系仍有所发展。

(1) 两性表面活性剂

史慧明等利用两性表面活性剂作为光度分析的增效剂，作出了较突出的成果。但作者认为还有发展的潜力。

(2) 含氟表面活性剂

含氟表面活性剂的特征结构是表面活性剂分子中碳链上的氢原子部分或全部被氟原子所取代，其中以全被氟取代的全氟表面活性剂用得最多。其优异特性是其碳氢链既有憎水性，同时也有憎油性 (此处的"油"是泛指非极性碳氢化合物液体)。它不但能大大降低水的表面张力，而且也能降低碳氢化物油类或类似有机溶剂的表面张力。对相同碳原子数和相同极性基的表面活性剂来说，含氟表面活性剂的表面活性远大于非氟表面活性剂。这类表面活性剂还有极好的耐化学 (强酸、强碱、强氧化剂) 性和耐高温性。也如非氟表面活性剂一样，有离子型、非离子型和高分子型等类型，近年来已在分析化学中开始应用，取得良好效果。

在国内，郑用熙等 [1-3] 已应用全氟辛酸钠于光度分析，并研究了它与 CTMAB 所成混合胶束的微环境性质。

Shukruo Igarashi 等 [4] 拟订了应用全氟辛酸以萃取和预浓缩具有氟基和羧基的卟啉试剂的新方法，在 20min 内其浓缩率高达 10^4(即 1000 → 0.1ml)。其简要原理和过程为：

$$C_7F_{15}COOH \rightleftharpoons C_7F_{15}COO^- + H^+$$

在溶液的 pH0.6~1.0(即在其 pK_a) 前后，借调节 pH 值，上述平衡是可逆的。利用全氟辛酸表面活性剂对卟啉化合物的增溶作用及上述可逆平衡，将 $C_7F_{15}COO^-$ 和适量水溶性溶剂 (如丙酮、1，4- 二氧六环、四氢呋喃)，加到被萃取的卟啉化合物的水溶液中，使成均匀溶液，然后加入酸至 pH<0.6，使 $C_7F_{15}COO^-$ 变成 $C_7F_{15}COOH$，此时有小体积的水不溶的透明油状第二相析出 (其体积决定于所加入的 $C_7F_{15}COO^-$ 的量) 此第二相中含有 $C_7F_{15}COOH$ 和被增溶的卟啉化合物。

(3) 逆胶束 (reversed micelle)、微乳浊液 (microemulsion) 和乳浊液 [5]

逆胶束体系主要应用于液 - 液萃取，可提纯试剂及提高分析方法的选择性和灵敏度。

在液 - 液萃取中应用表面活性剂的体系大致有两类：一类是非极性溶剂——表面活性剂体系，即逆胶束体系，另一类是利用水溶性表面活性剂胶束体系。前一类可应用于从水溶液或固体物质萃取离子、络合物、酶等。在很多情况下，表面活性剂本身即是萃取剂。根据反应条件和被分析物类型不同，所用表面活性剂可作为离子缔合物的反离子、相转移试剂或形成逆胶束，有时也形成微乳浊液。常用的表面活性剂有二正丁基磷酸盐、烷基季铵盐、金属烷基芳基磺酸盐、烷基硫酸盐、二烷基二硫代磷酸盐、二 (2- 乙基己基) 磷酸、二壬基萘磺酸、二 [(2- 乙基己基) 硫代琥珀酸酯] 等。

特别值得指出的是：应用不同逆胶束体系以逆流萃取法分别萃取各个稀土金属离子，并提出了一数学模型以优化各种萃取条件，获得了成功。逆胶束除了用于萃取金属离子外，也已用于分离、回收和纯化生物工程产物，如蛋白质、氨基酸等 [6]。

逆胶束也已用来研究某些分析分离法的机理，Isiah M.Warner 等 [7] 应用表面活性剂为给电子 / 接电子剂，在逆胶束中进行了敏化燐光的研究，获得较好的结果。

微乳浊液也和胶束相似，能影响反应平衡和起催化反应。本人认为其形成机理和特性，对研究胶束体系的溶剂效应，也有启发作用。

不仅如此，甚至一般乳浊液，也已用于分析化学中。J. Hernández-Méndez 等 [8] 已用乳浊液直接雾化原子吸收法测定了滑润油中的铅。最近我国学者邢妙林等 [9] 提出了直接将乳浊液雾化原子吸收法测定煤油中锌和锰的方法。乳浊液是含锌 (Ⅱ)、锰 (Ⅱ) 的二 (2- 乙基己基) 磷酸盐的煤油溶液，用 Triton X-100 乳化而成。

2. 非习用表面活性物质

近年来在分析分离中开始应用了不常见的表面活性剂。例如，毛地黄皂苷 (digitonin)[10] 为电中性手性表面活性剂，将它与十二烷基苯磺酸钠形成带阴电荷的混合胶束后，可用于胶束电动毛细管色谱法分离苯基乙内酰硫脲 -DL- 氨基酸 (PTH-DL-AA)，PTH 衍生物的 6 种氨基酸能相互分离，每个 PTH-DL-AA 得以分辨。应用手性阴离子表面活性剂 N- 十二烷基 -L- 缬氨酸，在中性条件下，除了其中一种氨基酸外，其余6种氨基酸的对映体，可在较短时间内得以分辨。

又如紫罗烯 (ionenes)[11]，其性质与表面活性剂极相似，已用作慢分析反应的催化剂，发光分析的增效试剂及用于色谱分析中。

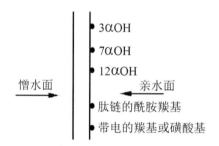

（Ⅰ）

最有希望的一类是胆汁酸盐，其通式如（Ⅰ），它与通常的长烷基链表面活性剂不同，具有憎水面和亲水面，如图14.1所示。

憎水面　→　　　←　亲水面

- 3αOH
- 7αOH
- 12αOH
- 肽链的酰胺羰基
- 带电的羧基或磺酸基

图14.1　胆汁酸盐的憎水面和亲水面示意图

聚合过程分步进行，首先由2~8个单体借其非极性面间的憎水作用力聚合成初级聚合体，当在较高浓度（或离子强度）时，此初级聚合体进一步借其分子上的羟基通过分子间氢键而成棒状圆柱形的次级胶束。

Hinze 等[11]用手性胆汁酸盐胶束体系以分离光学异构体和常规化合物。用胆汁酸盐胶束为流动相，C-18 为固定相可分辨许多取代的双萘型对映体，并讨论了影响这种光学分辨的因素，还报告了应用这种介质以增强液相色谱分析中的检出方法。

Linda B. McGown 等[12]最近在用荧光探针法，光散射法和核磁共振光谱研究的基础上，讨论了三羟基胆汁酸盐的聚合和 CMC 行为，报告了金属离子对胆汁酸盐的聚合和荧光探针的影响，讨论了选择性地测定和色谱检定金属离子和荧光分子的方法，还讨论了胆汁酸盐胶束及其液晶介质在测定生物样品、发光分析、室温燐光分析等领域中的应用。

3. 专为分析中应用的增效试剂的开发

近年来分析工作者设计合成了不少新颖增效分析试剂。这些试剂虽然主要是为光度分析中应用而设计的，但也已逐渐推广移用于其它分析分离方法中。

(1) 聚合型表面活性剂

聚合型表面活性剂以阳离子型的应用于分析为最早。它是具有碱性基团的高分子聚合物。其碱性基团一般是胺或季铵离子，分布在憎水链上，因此所形成的胶束的 CMC 值更低，胶束更稳定，增溶能力也更强。同时由于极性端基阳离子结合在密集的高聚物链上，其浓集效应和对酸性染料的作用更强。

日本学者小原人司首先研究了聚 (4- 乙烯基苄基) 三甲基氯化铵对邻苯二酚紫、埃铬菁 R(ECR)、二甲酚橙 (XO) 等的作用。山庄司由子等合成了聚 (4- 乙烯基溴化吡啶)，应用于 La(Ⅲ)-XO(和甲基百里酚蓝)、Be(Ⅱ)-CAS(ECR) 等显色体系，结果表明：其增敏作用比通常的季铵盐阳离子表面活性剂更强，并认为其增敏原因是由于促进酸性染料的酸离解，从而形成高配位配合物所致。例如，La(Ⅲ)-XO 体系中，La 和 XO 的配合比由 1：2 变至 1：3。

俞汝勤等 [13-15] 合成了既是聚合型非离子表面活性剂，又是一种聚合型阳离子表面活性剂的聚 (氧乙丙烯)-2- 烷基二甲基氯化铵，其结构式如 (Ⅱ)。

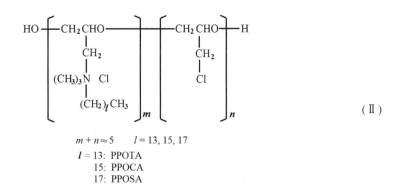

$$m + n \approx 5 \qquad l = 13, 15, 17$$

$$l = 13: \text{PPOTA}$$
$$15: \text{PPOCA}$$
$$17: \text{PPOSA}$$

(Ⅱ)

应用于多种显色体系，其增敏效应比一般的阳离子表面活性剂显著。

(2) 混合型表面活性剂

上例实际上也是一种混合型表面活性剂。下面再举数例。
(a) 含阳离子 - 非离子表面活性剂的混合基团
刘一鸣等 [13] 合成了一系列聚氧乙烯撑 - 双 (长链烷基季铵盐) 类化合物 (Ⅲ)

$$\left\{ R-\overset{\overset{\displaystyle CH_3}{|}}{\underset{\underset{\displaystyle CH_3}{|}}{N^+}}-CH_2\underset{\underset{\displaystyle OH}{|}}{CH}CH_2-O-(CH_2CH_2O)_n-CH_2\underset{\underset{\displaystyle OH}{|}}{CH}CH_2-\overset{\overset{\displaystyle CH_3}{|}}{\underset{\underset{\displaystyle CH_3}{|}}{N^+}}-R \right\} \cdot 2Cl^-$$

(Ⅲ)

$$R=-(CH_2)_9CH_3 ; -(CH_2)_{11}CH_3 ; -(CH_2)_{13}CH_3 ; -(CH_2)_{15}CH_3 ; -(CH_2)_{17}CH_3$$

$$n = 4, 9, 45$$

这类化合物也融合了阳离子和非离子型表面活性剂的特征结构，但与阳离子表面活性剂 CTMAB 比较，每个分子有两个电荷中心，在形成胶束后有较强的界面电场，与一般非离子表面活性剂比较，因在其分子中引入了两个羟基，为胶束与显色物种之间形成氢键提供了更有利条件。

以聚氧乙烯 (9) 撑 - 双 (2- 羟丙基)- 双 (十八烷基二甲基氯化铵)(PHOMAC) 为例，研究了其胶束的某些物理化学性质及它与显色剂的作用。还研究了它对 4-(2- 吡啶偶氮) 间苯二酚、二甲酚橙、水杨基荧光酮 (SAF)、桑色素、槲皮素等 5 种显色剂所组成的 20 多种显色体系的增敏条件和效果，证明 PHOMAC 对 Mo(Ⅵ)-SAF、W(Ⅵ)-SAF 和 Sn(Ⅳ)-SAF 等体系具有优于相同实验条件下 CTMAB 或 Triton X-100 的效果。此外，研究表明，PHOMAC 还能用作荧光分析的增敏试剂。

(b) 含阴离子 - 非离子表面活性剂的混合基团

我们曾用融合阴离子表面活性剂和非离子表面活性剂活性基团于同一分子的十二烷基聚氧乙烯醚硫酸酯 (AES) 作为 Ag(Ⅰ)-4[(5- 氯 -2- 吡啶) 偶氮]-1，3- 二氨基苯体系测定 Ag(Ⅰ) 的增敏和增稳剂。其灵敏度分别为单独用十二烷基硫酸钠和非离子表面活性剂平平加的 116% 和 204%。

(c) 含两性 - 非离子表面活性剂的混合基团

史慧明等曾将十二烷基二聚氧乙烯基胺乙酸应用于光度分析，证明这表面活性剂兼有两性表面活性剂和非离子表面活性剂的优良性能。

(d) 含含氧有机溶剂 - 阳离子表面活性剂的混合基团

近年来发现，在某些胶束显色体系中引入适当的水溶性有机溶剂，往往可进一步提高增敏和增稳效应。谢晖等 [13] 设计合成了将含氧有机溶剂的活性基团和阳离子表面活性剂的季铵基团于同一分子的新颖表面活性剂长链烷基 (2- 羟乙基) 二甲基氯化铵 (Ⅳ) 曾分别用于 Sc(Ⅲ)-CAS，Fe(Ⅲ)-CAS 和 Ge(Ⅳ)- 苯基荧光酮光度法测定 Sc(Ⅲ)，Fe(Ⅲ) 和 Ge(Ⅳ)，与 CTMAC- 乙醇的作用相比较，证明确兼具阳离子表面活性剂和乙醇的双重效应，而且在某些方面表现出了二者混合使用时更优的特点。

$$\left[CH_3(CH_2)_n-\underset{\underset{CH_3}{|}}{\overset{\overset{CH_3}{|}}{N}}-CH_2CH_2OH \right] Cl \qquad (Ⅳ)$$

n=11 DEMAC　　n=13 TEMAL　　n=15 HEMAL

(3) 高分子电解质

小原人司在研究胶束增敏显色反应时，认为链状聚合电解质不能使显色反应的高配位配合反应完全，因此增敏效应较差。其实，近年来的研究表明：对显色反应的增敏效应不单纯由于形成高配位显色配合物，而是由多种因素所决定。刘一鸣等[13, 16]合成了部分亚氨基醚化聚乙烯醇 (IE-PVA) 和聚 (N-乙烯基苯磺酸吡啶 (PVPBS))，它们在水溶液中虽无表面活性，但分别用于碱性染料杂多酸离子缔合物体系和 Be(Ⅱ)-CAS 体系，都有良好的增敏和增稳能力。而且本人认为根据一般对离子缔合物稳定剂的选择规律，用高分子电解质可能使其效果更优于非离子表面活性剂。

胶束增效的超滤法 (micelle-enhanced ultrafiltration) 是新近发展起来的分离技术，可有效地分离有机分子和金属离子。此法虽称之为"胶束增效"，但实际上也可用不能形成胶束的高分子电解质[17, 18]。在溶液中加入与欲分离的离子带相反电荷的高分子电解质或离子表面活性剂，就形成相应的聚合体，通过装有孔径小至足以阻止这些聚合体的超滤膜的超滤器，可成功地分离或富集特定的物质。例如 Ca^{2+}、Cu^{2+}、Zn^{2+}、Cd^{2+} 等阳离子及 CrO_4^{2-} 等阴离子的除去率可高达 99.8%。

4. 环糊精

环糊精是另一类新型增效分析试剂，早已广泛应用于医药、食品等工业和有机合成等领域。近年来已逐渐应用于分析化学，特别以应用于色谱分析和发光分析[19, 20]中的研究成果，更引人注目。由于环糊精是手性化合物，它在对映体的拆分中起重要作用。在国内用于诱导室温燐光法，已有报道[21]。

近年来，我们也进行了 β-环糊精 (β-CD) 在光度分析中的应用及其机理研究[22-25]，发现它在光度分析中也大有用武之地。最近又研究了尿素增溶的 β-CD 对显色反应的作用，发现对某些显色体系的灵敏度和选择性可进一步提高。例如对 Cd(Ⅱ)-[(5-溴-2-吡啶) 偶氮]-5-(二乙氨基) 苯酚体系，加 β-CD 水溶液和尿素增溶的 β-CD 溶液，增敏率分别为 11.3% 和 68.0%，若与适量的表面活性剂混用，其灵敏度可进一步提高 (见表 14.1)。

5. 增效分析试剂的混用[26]

在工业上普通认为将两种或两种以上的表面活性剂复配使用，往往能产生协同效应。近年来在分析化学中，将适当的两种增效试剂按适宜比例混合使用，也已显示了优越性。

应该指出，上述混合型表面活性剂，也应属于同一范畴，且使用更为方便。但由于这类增效分析试剂的合成，往往比较复杂，若两种或两种以上结构简单的增效分析试剂搭配混用，还可根据不同的分析对象和要求，调节两种试剂的比例，获得更好的效果。

现根据文献及我们的工作，简述如下。

(1) 混合表面活性剂

已用过的有阴离子 - 阳离子型、阳离子型 - 非离子型、阴离子 - 非离子型、两性 - 非离子型等混合表面活性剂于光度分析，证明大多有显著的增敏、增稳以及有时并有提高选择性的效果。已有综述。预料大有发展前途。

还应指出，已经证明：氟系表面活性剂与烃系表面活性剂混合使用，也有优良的物理化学性能 [3]。若今后氟系表面活性剂在分析化学中的应用得以发展，也可望与烃系表面活性剂复配后，在分析化学中发挥作用。

(2) 两种增效分析试剂的复配

(a) 表面活性剂与水溶性大分子化合物

所用表面活性剂可根据情况为离子型和非离子型。常用的大分子化合物为明胶、阿拉伯胶或聚乙烯醇 (PVA)。慈云祥等首先发现明胶或动物胶与 Triton X-100 配合对某些离子缔合显色体系的协同增敏作用。我们曾研究了一系列离子缔合物显色体系中，除了加聚乙烯醇或阿拉伯胶外，若再加适量的 Triton X-100，增敏率可达 18%~129%，但体系中的 Triton X-100 浓度，除了组成缔合物的对离子的 HLB 值相接近者，必须严格控制在其 CMC 前后 [27]。

我们在 Cd(Ⅱ)- 镉试剂 -PVA 体系中，分别加入适量的十二烷基硫酸钠或十二烷基苯磺酸钠，体系的灵敏度可分别增至 2.11 和 2.54 倍。

饶有意义的是：Cd(Ⅱ)- 乙二醛 - 双 (缩羟基苯胺) 的水溶液体系极不稳定，瞬时退色。在此体系中，加入一定比例的 CTMAB， Triton X-100 和 PVA，由于三者的协同作用，灵敏度和稳定性可大大提高，有可能应用于微量 Cd(Ⅱ) 的光度分析。

(b) 表面活性剂与 β-CD

离子型和非离子型表面活性剂都可与 β-CD 混用，对某些显色或荧光体系产生协同增敏作用。

郑用熙等 [28] 研究了 β-CD 和十二烷基硫酸钠 (SDS) 混用对苯并 [C] 硒二唑 (Se-DAN) 的荧光协同增强效应。在 SDS-β-CD 混合溶液中，其荧光强度较在水中约增强 30 倍，而比只有 SDS 或 β-CD 的溶液中增 5-6 倍，同时发射波长蓝移。用 ¹HNMR 及测定 Se-DAN-β-CD，Se-DAN-SDS-β-CD 体系的 CMC 证明，其产生协同效应的原因，是由于形成了 SDS 单分子和 β-CD 的包合络合物，使微环境的极性改变所致。

我们 [26] 曾用混合增效分析试剂对一系列显色体系的作用进行了研究，其中用表面活性剂与 β-CD 混合液的某些例子列于表 14.1。

表 14.1　表面活性剂 (SF)β–CD 混用效果举例[1]

显色体系	增效试剂	$\varepsilon \times 10^4$ (L·mol^{-1}·cm^{-1})	增效率 (%)	
			对单独用 β-CD	对单独用 SF
Ni(Ⅱ)-PAN	β-CD	（浑浊）		27.1
	Triton X-100	5.47		
	Triton X-100-β-CD	7.32		
Fe(Ⅲ)-CAS	β-CD	3.59	172.1	33.1
	CTMAB	7.33		
	CTMAB-β-CD	9.77		
Ni(Ⅱ)-5-Cl-PADAB	β-CD	2.25	346	8.8
	SDS	9.17		
	SDS-β-CD	9.98		
Zn(Ⅱ)-SCN-MG	β-CD	6.46	130	12.2
	Triton X-100	13.1		
	Triton X-100-β-CD	14.7		
Cd(Ⅱ)-5-Br-PADAP	β-CD	5.70	11.3	
	尿素 -β-CD	6.35	65.0	
	CTMAB	9.58	63.0	均对不用增效剂时比较
	CTMAB-β-CD	9.30	61.0	
	CTMAB- 尿素	9.19	91.1	
	β-CD	10.90		

1)PAN：1-(2- 吡啶偶氮)-2- 萘酚；

　　CAS：铬天青 S；

　　5-Cl-PADAB：4[(5- 氯 -2- 吡啶偶氮]-1, 3- 二氨基苯；

　　MG：孔雀绿；

　　5-Br-PADAP：2-(5- 溴 -2- 吡啶偶氮)-5- 乙基氨基苯酚；

　　尿素 -β-CD：尿素增溶的 β- 环糊精。

极有价值的结果之一是：Cr(Ⅵ) 与溴邻苯三酚红 (BPR) 的反应极为微弱，所成配合物瞬时退色，但在此体系中加入一定比例的溴化十六烷基吡啶和 β-CD，其表观摩尔吸光系数可达 4.1×10^4 L·mol^{-1}·cm^{-1}。可用于光度分析法测定微量 Cr(Ⅵ)。

还应指出：对 Ag(Ⅰ)-Phen-BPR-Triton X-100-PVA 体系，其中 Triton X-100 的适宜浓度范围是 $4 \times 10^{-4} \sim 4 \times 10^{-3}$ mol/L，而以 β-CD 代 PVA 后，其 Triton X-100 的浓度上限可提高一个数量级。

(c)β-CD 与水溶性大分子化合物

以阿拉伯胶和 β-CD 混合液对 Mo(Ⅴ)-SCN-MG 体系为例[25]。若在原阿拉伯胶体系中再引入 0.10%~0.14%β-CD，其表观摩尔吸光系数可由 2.0×10^5 增至 3.8×10^5 L·mol^{-1}·cm^{-1}，同时最大吸收波长红移。

14.3　问题和讨论

从上面的介绍可以看出，不少在工业上已应用的表面活性剂在分析化学中的应用仍大有发展余地。生物表面活性物质（例如胆汁酸盐和毛地黄皂苷等）引入分析化学，还只是开端，但已展示其优越性和发展潜力，有待开发。

根据分析化学特定应用的要求，设计合成新型增效分析试剂，是一个应加努力的方向。从已合成的新型表面活性剂和高分子电解质在光度分析中应用的优良效果，可以看出其发展前途，而且必将推广应用于分析化学的其它分支，高分子电解质已有效地应用于胶束增效的超滤法等方面，即为一例。

无论对已有表面活性剂的提纯或新增效分析试剂的合成，都要求分析工作者对有机合成有一定的素养或有机化学工作者协作配合。

增效分析试剂的概念必须修正，其范围必须扩大，不一定限于表面活性物质。例如，环糊精的水溶液虽无表面活性，但现已成为优良的增效分析试剂。且在分析中应用的范围以及所用试剂的类型（例如修饰的环糊精、环糊精高聚物等）正在不断扩大。

根据我国国情，我们认为发展各种增效分析试剂复配使用，是目前大有发展前途的一个重要方面。

增效分析试剂在分析化学中应用的优越性和实效，已为广大分析工作者所注目，但有关机理和规律的研究，还远落后于实践，这就使得在应用中常不免带有随意性。其实，随着机理和规律性研究的深入，还可"触类旁通"，不仅可促使优良增效分析试剂在分析化学的多分支中推广，而且也必然会促进发现和合成新的优良增效分析试剂的不断发展。当然这就要求在这方面的研究者具有扎实的表面化学、生物学等的基础理论知识。

就表面活性剂应用于分析化学（特别是光度分析）的成就来说，我国确有特色，但综观国外近年的发展，在某些方面，我们却已落后。本人认为其重要原因之一是研究和应用增效分析试剂必须与先进仪器和技术相配合，而我们在这方面却远远落后。仅以所用增效分析试剂的品种和纯度为例，国外如许多表面活性剂（包括含氟表面活性剂、胆汁酸盐等）和环糊精等已有分析纯商品出售，而我国则无论品种和纯度，都不能达到进一步发展的需要和要求。因此，我们当借鉴先进，发扬优势，争取新的成就。

参　考　文　献

[1]　郑用熙、李敏，分析试验室，8(6),5(1989).

[2]　臧慕文、郑用熙，中国稀土学报，8(1)，74(1990).

[3]　李敏、郑用熙，化学学报，48(4)，365(1990).

[4]　Shukuro Igarashi and Takao Yostuyangi, in "The 1989 International Chemical Congress of Pacific Basin Societics" (PACIFICHEM 89, Book of Abstracts, Pt.1, 02B-2).

[5]　Williie L. Hinze, in "Ordered Media in Chemical Separations", W. L. Hinze, Daniel W. Armstrong Eds.(ACS Symposium Series 342), Washington, P.36(1987).

[6]　A. N. Eryomin, in "Proc. Sixth International Symposium on Surfactants in Solution", K. L. Mittal Ed. P. 277 (1986)BA 43P.

[7]　Isiah M. Warner and Lisah Blyshak, in "PACIFICHEM' 89, Book of Abstracts, Pt.1", 02B-95.

[8]　J. Hernández-Méndez L. Polo-Diez and A. Bernai-Melchor, *Anal. Chim. Acta,* 108, 39(1979).

[9]　Xing Miao Ling(邢妙林)、Pu Bingyin(浦炳寅) and S. Hartland,《第一届长春国际分析化学学术会议论文集》(1990).

[10]　Koji Otsuka and Shigeru Terabe, in "PACIFICHEM' 89, Book of Abstracts, Pt.1" 02B-48.

[11]　Willie L. Hinze, Ronald W.Williams, Jr., and Yasuko Suzuki, *ibid.*, 02B-144.

[12]　Linda B. McGown, Steven M. Meyerhoffer and Karen Wu, *ibid.*, 02B-98.

[13]　Ru-Qin Yu(俞汝勤), *ibid.*, 02B-100.

[14]　刘昆元、谢晖、泮谷蓝、俞汝勤, 高等学校化学学报, 7, 1081(1986).

[15]　刘昆元、俞汝勤, 化学学报, 45,584(1987).

[16]　刘一鸣、俞汝勤, 分析化学, 15,1047(1987).

[17]　Edwin E. Tucker, Sherril D. Christian and John F. Scamehorn, in "PACIFICHEM' 89, Book of Abstracts Pt.1", 02B-5.

[18]　John F. Scamehorn and Sherril D. Christian, *ibid.*.02B-6.

[19]　陈国亮、章道道, 化学通报, (7),1(1988).

[20]　"Ordered Media in Chemical Separations" W. L. Hinze, Daniel W. Armstrong Eds. (ACS Symposium Series 342) Washington, P.200-279(1987).

[21]　张苏社、刘长松、卜玉龙, 分析化学, 16,494,682(1988).

[22]　戚文彬、朱利中, 化学试剂, 9,208(1987).

[23]　戚文彬、朱利中、陈笑梅、仇静, 化学试剂, 10,14(1988).

[24]　朱利中、戚文彬、吴红丽, 杭州大学学报 (自然科学), 16,296(1989).

[25]　黄辰龙、戚文彬, 分析试验室, 8,20(1989).

[26]　Qi Wen Bin(戚文彬)、Zhu Li zhong(朱利中)、Luo Hong shan(骆红山)and Chen Xiao mei(陈笑梅), in "PACIFICHEM' 89, Book of Abstracts, Pt.1", 02B-52.

[27]　戚文彬、骆红山, 高等学校化学学报, 10,197(1989).

[28]　Zheng Yongxi(郑用熙)and Liu Danhong(刘丹红), in "PACIFICHEM' 89, Book of Abstracts, Pt.1", 02B-97.

戚文彬

（杭州大学化学系）

学高为师　身正为范

——纪念戚文彬教授诞辰 100 周年

第 2 卷 第 3 期　　　　　　　高 等 学 校 化 学 学 报　　　　　　Vol 2,No.3

1981 年　　　CHEMICAL JOURNAL OF CHINESE UNIVERSITIES　　　1981

研究简报

非离子表面活性剂胶束增溶
显色反应机理的研究（Ⅰ）

—Ni²⁺-PAN-Triton X-100 体系的分光光度研究

戚文彬

（杭州大学化学系）

近年来非离子表面活性剂应用于光度分析日益增多 [1]，但其胶束增溶显色反应机理的研究，还很少报导 [2, 3]。

本文以分光光度法研究了 Ni²⁺-1-(2- 吡啶偶氮)-2- 萘酚 (PAN)-Triton X-100 体系，并与溶剂萃取法进行了比较；同时结合体系的浊点试验、PAN 在聚乙二醇和乙醇溶液中的光谱特性等结果，对聚氧乙烯型非离子表面活性剂胶束增溶显色反应的机理，进行了初步讨论。

一、试验方法

1. **胶束增溶法** 准确吸取一定量镍标准溶液于 25 毫升比色管中，加入 3.0 毫升缓冲液 (pH9.0，NH₃-NH₄Cl 体系)、2.0 毫升 1 : 10(V/V)Triton X-100 溶液、1.5 毫升 0.1%PAN 乙醇溶液，摇匀，在 75 ~ 80℃水浴中加热 5 分钟，冷却，用水稀释至刻度，用 1 厘米吸收池在 570nm，以试剂空白为参比，测定吸光度。

2. **溶剂萃取法** 准确吸取一定量镍标准溶液于 20 毫升刻度试管中，加入 3.0 毫升缓冲液 (pH9.0，NH₃-NH₄Cl 体系)、1.5 毫升 0.10%PAN 乙醇溶液，摇匀，在 80℃水浴中加热 5 分钟，冷却，分别用 5 毫升和 3 毫升三氯甲烷萃取一次，合并萃取液于比色管中，用三氯甲烷稀释至 10 毫升，按"胶束增溶法"进行分光光度测定。

3. **"浊点"析相法** 准确吸取一定量镍标准溶液于特制的底部细长 (有 5.0 毫升准确刻度) 的比色管中，加 3.0 毫升 (pH4.0 的邻苯二甲酸氢钾体系或 pH9.0 的 NH₃-NH₄Cl) 缓冲液、0.5 毫升 0.1%PAN 乙醇溶液，在 95℃水浴中加热至 Triton X-100 相下沉于管底，上层溶液无红黄色 (冷却至浊点以下无色透明) 时，乘热 (在浊点以上) 吸去上层液，取出，冷却，用水调整至体积为 5.0 毫升，摇匀，按"胶束增溶法"进行分光光度测定，但用 0.5 厘米吸收池。

本文于 1980 年 2 月 26 日收到。

4. 浊点的测定 按一般方法进行。

二、结果与讨论

1. Triton X–100 胶束增溶法与溶剂萃取法结果的相似性

测得的 Ni^{2+}-PAN-Triton X-100 体系和 Ni^{2+}-PAN 三氯甲烷萃取体系的四个特征数据 (表 1),与文献 [4] 基本相同,可见 Triton X-100 的胶束增溶作用,与三氯甲烷萃取作用颇为一致,但由于胶束对 PAN 的浓集作用,使体系中仅存在 1∶2(Ni^{2+}∶PAN) 络合物 (530nm 峰消失)。Triton X-100 胶束对 Ni^{2+} 与 PAN 的络合反应亦无敏化作用。

表 1 增溶法与溶剂萃取法结果的相似性

方法结果	TritonX-100 胶束增溶法	CHCl$_3$ 萃取法
吸收峰	570nm	530nm、570nm[4]
反应的 pH 范围	3~9.5*	4~10[4]
络合比 Ni^{2+}∶PAN	1∶2	1∶2
表观摩尔吸光系数	3.7×10^4	4.1×10^4**

* 在 pH 较小的范围内,反应速度较慢,加热时间须适当延长。

** 在相同条件下,按试验方法 2 测得。

2. 溶剂萃取法与"浊点"析相法的比较

一般认为胶束增溶体系为假相萃取体系[5-7],我们在测得胶束增溶特征数据与溶剂萃取体系相似的基础上,进一步按试验方法 3 进行"浊点"析相试验[8-11]加以证实,与在相同条件下,按试验方法 1 和 2 所得结果颇为符合 (表 2)。

表 2　析相法与萃取法和增溶法比较 *

Ni^{2+}, 微克	吸光度		
	溶剂萃取法	"浊点"析相法	胶束增溶法
2	0.136	0.140	0.138
4	0.270	0.272	0.275
6	0.418	0.402	0.405

* 溶剂萃取法的最后测定溶液体积为 10 毫升,用 1 厘米吸收池;"浊点"析相法的最后测定溶液体积为 5 毫升,用 0.5 厘米吸收池;胶束增溶法的最后测定溶液体积为 25 毫升,用 1 厘米吸收池。表列数据为换算成 10 毫升时所得。

PAN 在水溶液中的离解平衡如下:

H$_2$L$^+$、HL 和 L$^-$ 的吸收峰分别为 440、470 和 495nm〔在 1.4- 二氧六圜 - 水溶液 (1∶4) 中〕[12],由析相法观察到:在 pH≥9 时,活性剂相呈深橙红色,而上层溶液近于无色,可见 L$^-$ 亦被萃入活性剂相,PAN 在胶束和水相间的分配平衡,与通常溶剂萃取分配平衡有一定区别。此外，非离子表面活性剂不可能与被增溶物进行离子交换，胶束界面为电中性，实验证明 Cl⁻ 和 NO₃⁻ 达 $1.2M$ 时对体系的吸光度亦无影响，可见与西田宏[13]用以阐明阳离子表面活性剂胶束增溶机理的假相萃取模型亦有不同。

由于胶束增溶作用可使被增溶物的化学位大大降低，Triton X-100 胶束使整个体系更为稳定。我们测得增溶体系和萃取体系的 $K'_{稳}$ 分别为 5.3×10^9 和 2.1×10^9。

3. 聚氧乙烯型非离子表面活性剂的增溶作用

目前公认的该活性剂的增溶作用是由于憎水的碳氢链内和由聚氧乙烯链构成的亲水外壳所致。实验证明：PAN 在聚乙二醇浓溶液和乙醇溶液中有强烈吸收，且吸收曲线形状相似。Ni²⁺-PAN 则不溶于聚乙二醇溶液和乙醇中，而能溶于苯、甲苯和三氯甲烷等有机溶剂中。在 4%Triton X-100 溶液中有微量 $(8 \times 10^{-5}M)$PAN 存在，浊点即由64℃升至 65~66℃，在相同浓度的 Ni²⁺-PAN 存在时，浊点又有所提高 (66~67℃)，说明 Triton X-100 的胶束内心与 PAN(及 Ni²⁺-PAN) 的憎水部分相互作用[14]，并非小原所提出的 PAN，仅以单分子层吸附于胶束极性"界面"近傍。

由此可知，PAN 的被增溶于 Triton X-100 胶束中，是 Triton X-100 胶束的憎水的碳氢链内心和聚氧乙烯链构成的亲水外壳共同的结果，而 Ni²⁺-PAN 的被增溶，则主要由于碳氢链交织的内心的作用。

根据一系列实验结果，我们认为聚氧乙烯型非离子表面活性剂增溶 PAN 和其类似的偶氮染料及它们的金属螯合物时，可把表面活性剂视作一般有机溶剂，并可近似地应用通常溶剂萃取作用的"相似相溶"规则。

参考文献

[1] 戚文彬，化学试剂，(3)，17(1980).

[2] Саввин С.Б., Чернова Р.К. и Куврявцева Л.М.,Ж.А.Х.,33,2127(1978).

[3] Саввин С.Б., Чернова Р.К. и Куврявцева Л.М.,Ж.А.Х.,34,66(1979).

[4] 道野鹤松、中川元吉、和田弘子，日本化学杂志，8,590(1961).

[5] Shinoda, K., Nakagawa, T., Tamamushi, B. and Isemura, T., Colloidal Surfactants, 137. Academic Press, New York, (1963).

[6] Dougherty, S.J., Berg, J.C., *J.Colloid.Interfac*, Sci., 48, 110(1974)

[7] Shinoda.K., Hutchinson, E., J.*phys,Chem*.64, 577, (1962).

[8] 石井秀树、三浦润一郎、渡边宽人，分析化学 (日).26,252(1977).

[9] 田中裕晃、渡边宽人，分析化学 (日).27,189(1978).

[10] Hiroto Watanabe, Hiroaki Tanaka, *Talata*, 25, 585, (1978).

[11] 渡边宽人，山口信夫，田中裕晃，分析化学 (日).28,366(1979).

[12] Pease B.F., Williams.M.B., *Anal.chem*.,31,1044(1959).

[13] 西田宏，ぷひせき (5), 271(1977).

[14] Craven, B.R., Datyner.A., *J.Soc, Dyers.and Colourists*, 77, 304(1961), *Ibid*, 79, 515(1963).

STUDY OF EFFECT OF NONIONIC SURFACTANTS MICELLES ON COLOR REACTIONS-I

——SPECTROPHOTOMETRIC STUDY OF Ni^{2+}-PAN-TRITON X-100 SYSTEM

Qi Wenbin

(Department of Chemistry, Hangzhou Univcrsity, Hangzhou)

ABSTRACT

The complexation reaction between nickel(Ⅱ) and 1-(2-pyridylazo)-2-naphthol(PAN) in the presence of Triton X-100 micelles has been investigated spectrophotometrically by comparison with the results obtained from chloroform extraction method and "cloud point" phase separation method. The characteristic results obtained from these methods are quite agreeable. It is deduced that the Triton X-100 micellar phase plays the same role as the organic solvents for liquid-liquid extraction. However the micellar phase is pseudo-phase and may be regarded as pseudo-phase extraction.

On the basis of spectrophotometric, cloud point and solubility studies, it may be supposed that the phenolic hydroxyl group of PAN is bound with the ether oxygen of the oxyethylene group by hydrogen bonding or forming complex with it. The Ni^{2+}-PAN complex and hydrophobic portion of PAN molecule are incorporated into the hydrocarbon interior of the micelle.

In the presence of Triton X-100 micelles the apparent stability constant of Ni^{2+}-PAN is larger(K'_{stab} is 5.3×10^9 and that of solvent extract Ni^{2+}-PAN system is 2.1×10^9). But the reaction is not sensitized.

学高为师　身正为范

——纪念戚文彬教授诞辰 100 周年

第 9 卷　第 2 期
1990 年 6 月

岩矿测试
ROCK AND MINERAL ANALYSIS

Vol.9, No.2
June, 1990

一九八九年太平洋沿岸国际化学会议情况简介

戚文彬

杭州大学化学系，310028

首届太平洋沿岸国际化学会议 (International Chemical Congress of Pacific Basin Societies) 于 1984 年 12 月在美国夏威夷火诺鲁鲁 (Honolulu) 举行。美国化学会、加拿大化学会和日本化学会为主持单位，轮流作东。1989 年 12 月 17-22 日仍在火诺鲁鲁举行第二次会议，这届大会由日本化学会主持。参加大会的有来自 22 个太平洋沿岸国家或地区的代表，也有少数来自 17 个其它国家和地区的代表。官方参加的计有 23 个国家和地区的化学专业团体。我国化学会也派代表参加。

大会于 1989 年 12 月 17 日下午 7：30 举行开幕式，18 日开始举行专题讨论会。其中穿插四个特约专题报告。这次大会共收到论文 4500 篇，约计 5000 多位作者。论文内容包括农业化学、分析化学、应用化学、生物科学和工程、无机化学、信息传递、大分子化学、有机化学和物理化学等九大方面，分为 115 个专题讨论会。据不完全统计，我国学者提交大会的论文约 140 篇，分布在上述九大领域、其中三人分别为三个专题讨论会的组织者之一。

正如本届大会主席 Michinori Oki 教授在欢迎词中所说：几乎占世界 2/3 的人口生活在太平洋沿岸，这些国家和地区在科学研究和技术发展上极不平衡。而化学研究及其发展是科技进步的重要基础，组织这样的学术交流会，可促进参加者间的合作和友谊，而国家和地区间的科技合作，是减少或消除发达国家和发展中国家的分歧和差距的有力手段之一。的确，就我个人亲身体会：数千名代表来自不同国家和地区，学术上自由开展广泛交流和协作，既增进友谊，又促进学科进步。

除了与各国学者建立友谊和合作外，在业务上，使我们看到化学学科发展的前沿。信息科学在化学中的发展，突飞猛进。其它如关于"化学教育的新概念"、"化学教育中的计算机"、"小学课程中的化学"等专题讨论会，更有新意。

分析化学涉及的面与日俱增，在本届会议中，包括下列专题讨论会：化学和生物化学传感器、应用表面活性剂的分析化学、原子吸收光谱法的发展前沿、大气中的活性有机物、第Ⅳ族元素 (包括地球化学、药理学、工艺及与邻族元素的关系)、海洋的地球化学、固态核磁共振法的分析应用、分析化学中的动力学方法、生物药物痕量元素的多学科研究、在饮水中直接或间接加入添加剂、水溶液中污染物转移的化学缓解、环境化学和环境毒理学中的结构和反应活性及结构和性质的相关性、固态在分析化学中的应用、化学和生物监测以及金属离子和有关物质的分析及仪器分析等。很显然，环境科学广泛并深入于分析化学领域，生物和化学相辅相成，海洋化学已列入分析化学重要内容，化学和生物传感器蓬勃发展，新颖分析仪器发展方兴未艾。

我这次有幸与日本东北大学ワッ柳隆夫教授、美国 Wake Forest Willie L. Hinze 教授共同发起和组织"应用表面活性剂的分析化学"(Analytical Chemistry Using Surfactants) 专题讨论会。我国学者原提交论文共六篇，能出席的为三人。就这一领域看，其发展较显著的特点有: (1) 表面活性剂在分离富集中的应用 (包括液 - 液萃取、滤膜富集、离子排斥超过滤、阴离子色谱、假相液相色谱等) 的发展。(2) 新颖表面活性物质的合成及分析应用: 例如我国湖南大学俞汝勤教授宣读的"改进的表面活性剂和高分子电解质作为分析反应的增敏剂"一文，提出了他们实验室所开拓的具有不同反应基团的高效新型表面活性增敏剂。Hinze 教授的"在化学分析中非习用表面活性剂的应用"一文，提出了不少手性表面活性物质 (例如手性胆汁盐)，涉及在色谱、胶束催化和发光分析等多种分离分析方法的应用。含氟离子型表面活性剂已成功地应用于卟啉化合物的相分离。本人提出的混合增溶剂对显色反应的作用和应用，也引起与会者的兴趣。(3) 用于胶束体系新方法的开创，以改善选择性和进一步提高灵敏度: 例如我国南开大学史慧明教授提出了双体系和双波长分光光度法的理论和应用。日本学者提出了将固态分光光度法 (Solid state Spectrophotometry) 应用于以 Al(Ⅲ)-CAS-Zeph 体系测定海水及其它样品中的痕量 Al(Ⅲ)。(4) 正如本人在全国第二届动力学分析学术会议上所指出 (发表于本刊第 7 卷第 2 期): "胶束催化作用必将在动力学分析中获得广泛应用"。

参加这次会议，使我对我国在表面活性剂应用于分析化学中的研究在国际上的地位，有一较清醒的认识。我国在这一领域中的某些方面的成就，确仍居国际前列，但也在许多方面 (例如上述胶束体系在分离富集方面的应用研究等)，日美等国的发展速度，大大超过我国，其中重要原因之一是日美先进仪器和技术的发展，为我们所望尘莫及。胶束体系和先进仪器技术相结合，集两者之长，发展速度和质量，必大大加速和提高，我们当急起直追。

(收稿日期 1990 年 2 月 15 日)

A Bird's-Eye View of Pacifichem 89

Qi Wenbin

(Chemistry Department,Hangzhou University, Hangzhou, 310028)

A bird's-eye view of the 1989 International Chemical Congress of Pacific Basin Societies held in Honolulu, Hawaii, U.S.A. on December 17-22, 1989 is presented. In this Congress, some 4500 research results were presented before more than 5000 participants. In addition, four distinguished guests gave plenary lectures relevant to activities in the Pacific Basin countries and areas.

It has given me some impression of the new frontiers of chemistry. The technical program was organized into nine subject areas: (1)argrochemistry, (2)analytical chemistry, (3)applied chemistry, (4)bioscience and technology, (5)inorganic chemistry, (6)information transfer, (7)macromolecular chemistry, (8)organic chemistry, (9)physical chemistry. About 140 papers, in these areas, were presented by Chinese scholars.

In the analytical chemistry area, 17 symposia were included. Among these it seemed that two items were emphasized: (1)environmental science: such as reactive organics in atmosphere, structure/activity and structure/property relationships in environmental chemistry and toxicology. (2)new techniques used in analytical chemistry, such as analytical chemistry using surfactants, chemical and biochemical sensors, and new frontiers on analytical atomic spectroscopy.

The main impressions for the "Analytical Chemistry Using Surfactants" Symposium were: (1)the studies of surfactants used in pre-separation and pre-concentration were progressing steadily. e.g. membrane filter, ion-expulsion ultrafiltration, pesudophase liquid chromatography and micellar electrokinetic chromatography. (2)new surfactants using in analytical chemistry were developed, such as fluorocarbon ionic surfactant, polyelectrolyte, and nonconventional surfactants. The mixed solubilizers were also developed. Six papers by Chinese scholars were presented in the Symposiun, and three authors attended.

Vol. 13
1997

分析科学学报

No.3

环糊精衍生物在荧光分析中的应用进展（上）

戚文彬

（杭州大学化学，杭州，310028）

摘要　本文介绍环糊精衍生物开发概况及目前已或将商品化的环糊精衍生物的合成思路与方法，重点阐述环糊精在荧光分析中的增效作用机理和应用，及环糊精母体和衍生物分析特性的不同，较详细地评述了光活性基团修饰的衍生物的开发和发展远景．

关键词　环糊精衍生物　荧光分析　光活（惰）性基团

1 前言

环糊精 (Cyclodextrin, CD) 是由环糊精葡萄糖基转移酶 (CGT) 作用于淀粉所产生的一组环状低聚糖，1891 年由 Villiers[1] 发现，迄今已有不少综述 [2-16] 和专著 [17-22]。

由于环糊精的特有结构，它与其它物质作用时，表现模拟酶和分子模式识别 (Pattern Recognization, PR)[23] 功能。从酶催化的机理证实，化学反应除发生于分子间的碰撞外，还可通过包合 (络) 作用 (Inclusion Complexation)。环糊精是相对较简单且大小适合能起包合反应的主体 (host)，它与客体 (guest) 作用时，在不形成化学键的情况下，客体进入主体的空腔而形成包合 (络) 物 (Inclusion complex)。

环糊精在分析化学中的应用，Hinze[12] 和 Szejtli[22] 已有综述，最近 Song Li 等 [24] 作了较全面的综述。

但环糊精母体，还缺少酶那样的有效功能团，因此近来经过在其分子中引入一定功能团以化学修饰成环糊精衍生物，具有酶功能，以增加模式识别能力，已成为化学和生物领域热门研究课题之一。此外，最早商品化且价廉的 β- 环糊精，虽其内腔大小适中，最适合包合一般工业上和分析化学中常见的双环客体分子，但它的水溶性较小 (溶解度仅 0.014 ~ 0.016mol/L)，不能配成较大浓度的溶液，而包合平衡是动态平衡，致使对客体的包合分数较小，不能发挥最大的增效能力。因此发展环糊精衍生物的另一原因，在于增大其水溶性，迄今较详细的有关衍生物的文献有 [25-29]。

我国应用 β- 环糊精于分析分离中始于八十年代末期，近年逐渐增多 [30]，陈国珍主编的《荧光分析进展》(1992 年 10 月) 中，也介绍了包络物荧光法，但环糊精衍生物应用于分析化学中的工作，1994 年才有报道。史坚 [31] 等合成了全甲基化的 β-CD，并研究其色谱行为。潘润身 [32]、朱利中 [33] 和沈学优 [34]、陆州舜等 [35] 也有应用 β-CD 衍生物在荧光和光度分析中的报道。近年来，我国学者对光学活性基团修饰的环糊精衍生物研究，也做出了显著成绩 (见第 4 节)。

本文重点综述了环糊精衍生物在荧光分析中的应用和发展。

收稿日期：1996-03-05

2 环糊精衍生物的开发概况

2.1 环糊精的分子结构和基本特性 前面已述，环糊精分子是一组环状低聚糖由 D- 吡喃型葡萄糖基通过 α-(1 → 4) 糖苷键组成，最常见的三种环糊精是 α、β 和 γ-CD，分别含有 6、7、8 个葡萄糖基，D- 吡喃糖基都处于椅式构象，由于椅式构象中各糖基不能围绕糖苷键自由旋转，因此环糊精的分子形状都略呈锥形的圆环，其 C-2 和 C-3 原子上的仲羟基均位于这锥形较大的开口端，而 C-6 上的伯羟基则处在较小的开口端，C-2 上的羟基与邻接糖环上 C-3 的羟基形成氢键网络，进一步稳定着分子构象，糖基上骨架原子的命名法如图 1，β 环糊精的结构如图 2(图 1 中的 n 指葡萄糖基数)。

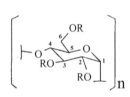

图 1 Basic glycopyranose unit
of CDs molecule

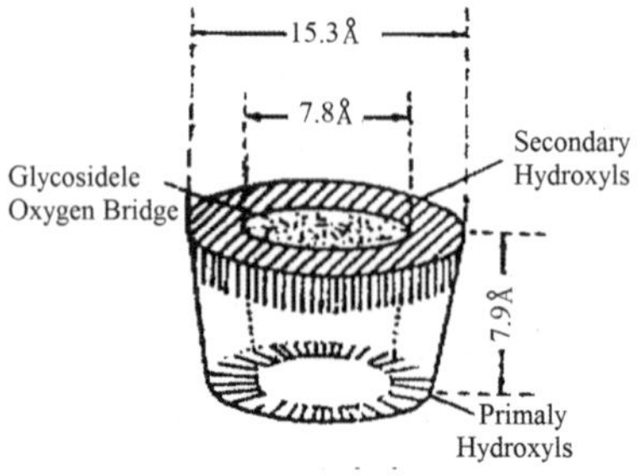

图 2 Functional structural scheme
of β -cyclodextrin

从侧示图可以看出，环糊精的空腔内侧由两圈氢原子 (H-3 和 H-5) 及一圈糖苷键的氧原子是在 C-H 键的屏蔽之下，所以环糊精内腔是疏水的，而它的外侧空腔的宽口，其中 7 个 C-2 上的羟基指顺时边框则由于羟基的聚集而呈亲水性。此外，环糊精是手性化合物，14 个仲羟基位于顺时针方向，另 7 个 C-3 的羟基指向逆时针方向，这种结构因素能在手性化合物的识别上起作用，上述各种特殊的分子结构使环糊精能与多种客体形成包合物的能力。

表 1 列出了 α-、β- 和 γ-CD 的基本特性

2.2 较重要的环糊精衍生物类型 [27-29]   (1) 酰化产物：乙酰、甲苯磺酰、甲磺酰、苯甲酰、丁二酰等。(2) 烃化产物：甲基、乙基、丙基、羟烷基、苄基等。(3) 卤化物：氟、氯、溴、碘化物。(4) 含氮产物：氨基、烷胺基、硝酸基、咪唑基 [30]、组氨基、吡啶基等。(5) 含硫产物：巯基、甲硫基、磺烷基醚类、二硫化合物等。(6) 碳酸酯及氨基甲酸酯类。(7) 羧酸类衍生物，C-5 羧酸产物，羧烷基，6-O- 单苯甲酸 - β -CD。(8) 含硅、硼、锡、磷的功能基的衍生物。(9) 由醇、酮或肟基修饰的衍生物。(10)6- 脱氧产物 (用 KIO_4 氧化后，C_2-C_3 的开环产物)。(11) 自旋标记 (Spin Labeled) 的衍生物。(12) 附有帽状取代基 (如二茂铁 [37]、冠醚等) 的衍生物。(13) 可溶性和不溶性二聚物或高聚物 (例如由一个 CD 的 C-3 和另一个 CD 的 C-6 以双硫链连接的二聚体)[38]。(14) 含有二种取代基的衍生物 [39,126-129]。(15) 环糊精对表面活性剂的包合物 [40]。(16) 环糊精作为超分子结构和功能单元的组成部件，例如，环糊精加成物，聚合物客体的包合物，以及由众多环糊精通过其价键串联在一条聚合链上所形成的化合物，称为"聚分子马达"(Polyrotaxans)[29,40] 等等。(17) 偶氮苯

β-CD[41]。(18) 有金属参加的衍生物 (如由 Cu(II) 诱导的二胺基 β-CD[42]，二亚乙基三胺 -Zn(II)-β-CD[43]。

Table 1 Characteristics of α、β、γ–CDs

Characteristics	α	β	γ
No. of glucose units	6	7	8
Molecular weight	972	1135	1297
Solubility in water (g/100mL)	14.5	1.85	23.2
Cavity diameter (Å)	4.7—5.3	6.0—6.5	7.5—8.3
Height of torus (Å)	7.9 ± 0.1	7.9 ± 0.1	7.9 ± 0.1

3 衍生物合成示例

3.1 制备环糊精衍生物的基本反应 由于环糊精是含有多功能团的化合物，它们能起多种反应 [27,44]，大致可分为四类：(1) 取代伯羟基或仲羟基的原子；(2) 取代一个或多个伯羟基和 (或) 仲羟基；(3) 消去—CH_2OH 基中的氢原子 (例如，将—CH_2OH 转变为—COOH)；(4) 借高碘酸盐的氧化反应使一个或多个 C_2-C_3 键裂解。

就反应机理论，可包括 O—H、C=O、C—H 或 C—C 键的裂解，最常研究的反应是对—OH 基的亲电进攻，例如，环糊精与烷基卤 [45]、环氧化物 [46]、酰基衍生物 [45a,47]、异氰酸酯 [47b]，以及无机酸衍生物如磺酰氯 [48]、磷酸氯 [49]、膦酸氯、甲硅烷氯 [50] 和硝酸 [51] 反应形成环糊精的醚和酯。

另一类反应是 C—OH 键的亲核裂解，这需要将氧原子用吸电子基团活化。例如，环糊精 -6-O-磺酸酯与亲核基如叠氮离子 [52]，卤素离子 [53] 硫醇 [54] 胺 [55] 和硫脲 [54b] 反应，一般可制得相应的 6-脱氧衍生物、6- 叠氮 -6- 脱氧环糊精能被还原成 6- 氨基 -6- 脱氧环糊精 [55,56]。咪唑向 β- 环糊精 -2-O-磺酸酯进攻，可得到 2-(1- 咪唑)- 脱氧 -β- 环糊精 [57]。

对 C—O—C 键的亲电进攻，会引起环糊精分子分解，另一方面，在对质子在有惰性条件下，并有还原剂时，由路易酸亲电进攻，能使 C(1)—O—C(4) 平稳地裂解，而对葡萄糖基及其取代基却无影响。因此，此法可用来测定环糊精衍生物的取代度 [58]。

氢原子在瑞奈 (Raney) 镍上可被氘原子交换 (一般在 2- 位)，用 N_2O_4 或 Pt/O_2 处理时，可使 CH_2-(6) 氧化为羧酸基 [59]。

3.2 目前已商品化的可溶性衍生物举例 就分析化学中应用的环糊精衍生物而说，主要是水溶性的，现举一些已商品化或将商品化的 β-CD 衍生物于表2，为便于了明了其功能结构，请对照图1阅读。

3.3 取代度 (Degree of substitution, D.S.)[29,60] 在合成环糊精衍生物时，必须测得产品的取代度，这是产品商品化的规格指标，取代度是指在化学修饰过程中，每个环糊精分子上参与反应的羟基数。因此各类环糊精的最高取代度，即为其所具有的羟基数。例如：α-、β- 和 γ-CD 的 D.S.，分别是 18、21 和 24。另一个相似的参数为摩尔取代度 (molar substitution, M.S.)，是指环糊精分子中每个糖基的取代度，环糊精衍生物的取代度和平均分子量可用快原子轰击 (fast atom bombardment) 质谱测得，由下列公式求出：

$$D.S.=(峰高) \times NS/(峰高)$$

式中 NS 代表取代的基团数 [61,62]，例如，由质谱法求得 He β CD 的平均摩尔取代度为 0.51，这表示在每个呋喃葡萄糖基上平均有 0.51 烃乙基存在，由于每个 β-CD 分子上有 7 个糖基，故这 HEβCD 产品每个 β-CD 分子上所含的羟乙基数为 3.6 个。

Table 2　Some examples of soluble marketable β—CD derivatlves

Non-ionic derivatives	Ionic derivative
1.Hydroxyalkys β-CD	1.Cationic derivaties
Hydroxyethyl β-CD(R=CH$_2$CH$_2$OH; HB β CD)	Quat ammonium or Hydroxypropyl
Hydroxypropyl β-CD(R=—CH$_2$CH(OH)CH$_3$;	Trimethyamine β-CD(R=—CH$_2$CH(OH)(H$_2$N$^+$(CH$_3$)$_3$ or
HP β CD) D.S.variable	H; QAβ-CD)
2.Methyl β-CD(R=—CH$_3$)	Tert,Amine or diethyamine β-CD
Trimethy β-CD(TM β CD; D.S=21)	(R=—CH$_2$CH$_2$N(CH$_2$CH$_3$)$_2$ or H; TA β CD)
Dimethyl β-CD(DIMEB or RAMEB) D.S=14	2.Anionic derivatives
	Carboxymethyl β-CD(R=-CH$_2$COONa or H; CM β CD)

　　*DS 为取代度 (见 3.3)

应该指出：无论 D.S 或 M.S，不能表示取代基的取代点。例如，一个 D.S 为 7 的产品，将会含有一系列位置异构体不同的衍生物。已经证明，根据制备时反应条件不同，可能的位置异构体数，为取代基数的函数，例如，即便是单取代的产物（即 D.S.=1），也可能由分别 C-2、C-3 或 C-6 羟基的三种衍生物组成的混合物，合成均匀的环糊精衍生物，需要有区域选择性试剂 (regio-selective reagents)，优化反应条件，并使产物易分离提纯。

　　已经证明：环糊精衍生物的 D.S. 不同，对其相对包合能力有一定的影响。对同一客体，所用衍生物的取代度愈低，其包合能力愈好 [63, 64]。虽然有人认为七 (2, 6-=-o- 甲基)-β CD 为纯粹产物，但最近证明，它仍为同系物的混合物 [62]。所幸含众多位置异构体混合物的衍生物对分析反应的影响，尚无报道。并且有人认为只要小心控制衍生反应条件，得到成批的重复产品是可能的，这些产品可用于一般分析中，但在某些研究中需很纯的产品，必须进一步纯化。

　　3.4 统计 (学) 取代 (Statistically substituted) 合成法　直至现在，值得统计取代而成的衍生物，才能商品化 [65]，现举两例如下：

　　[例 1] 羟丙基环糊精是将氧化丙烯加到环糊精的 NaOH 水溶液中而合成 [44a, 66]，产品易溶于水。根据反应条件，可使每个糖基上的两个羟基醚化，Pitha 等 [67, 68] 曾详细研究过反应条件与产品取代度的关系。在葡萄糖单元上的取代模式，最易用降解分析法测定 [58a,58c]，借调节 pH 可使烃丙基连接于一定的位置。[69]

　　[例 2] 甲基化环糊精：在硫酸二甲酯水溶液中将环糊精甲基化制得。其产品为 O- 甲基环糊精的统计 (学) 合物，其取代度为每个葡萄糖单元上为 1-2[70](建议另参考 [31])。

（下期待续）

参考文献

1　Villiers A C R.Acad, Sci. Paris,1891, 112:536

2　Schardinger F, Unters Z. Nahrungs-Genussmittel Gebrauchs-genenstand, 1903, 6:856

3　Griffiths D W, Bender M L.Adv. Catal., 1973, 23:209

4　Senti F R, Erlander S R. In《Non-stoichiometric Compounds》, Mandelcorn L., Ed., Academic Press, New York, 1964, 588

5　Thome J A, Stewart L. In《Starch, Chemistry and Technology》, Whistler R L, Paschall E F, Eds. Academic Press, New York, 1965, 209

6　Frank S G.J. Pharm.Sci., 1975, 64:1585

7　Bergeron R J J.J. Chem. Educ., 1977, 54:204

8　Miffune A. Shima A. J. Synth. Org. Chem. Jpn., 1977, 35:116

9　Bender M L, Komiyama M. In《Bioorganic Chemistry》, Van Tamelen E E Ed., Academic Press, New York, 1977, Vol.1:Chapter 2

10　MacNicol D D, Mckendrick J J, Wilson O R. Chem. Soc. Rev. (London), 1978, 7:65

11　Seenger W, Angew. Chem., Int. Ed. Engl., 1980, 19:344

12　Hinze W L, Sep. Purif. Methods, 1981, 10:159

13　Smolkova-Keulemansova E, J. Chromatogr., 1982, 251:17

14　Szejtli J. In《Inclusion Compounda》, Atwood J L, Davies J E D, MacNicol D D., Eds., Academic Press, New York, 1984, Vol.3:331

15　Tabushi I, In《Inclusion Compounds》, Atwood J L, Davies J E D, MacNicol D D Eds, Academic Press, New York, 1984, Vol, 3:445

16　Szejth J, Zsadon B, Cserhati T, in《Ordered Media in Chemical Separations》, Hinze W L, Armstrong D W, Eds., American Chemical Society, Washington, DC, 1987, 201

17　Bender M L, Komiyama M.《Cyclodextrin Chemistry》, Springer-Verlang, New York, 1978

18　Hinze W L, Armstrong D W.Eds.《Ordered Media In Chemical Separations》. American Chemical Society, Washington DC., 1987

19　Atwood J L, Davies J E D, MacNicole D.《Inclusion Compounds》, Academic Press, London, 1984, Vol.3

20　Szejtli J.《Cyclodextrins and Their Inclusion Complexes》, Akademiai Kiado, Budspest, 1982

21　Fendler J H. Fendler E J.《Catalgsis in Micellar and Macromolecular Systems》, Academic Press, New York, 1975

22　Szejtle J.《Cyclodextrin Technology》, Kluwer Academic Publishers, Boston, 1988

23　何锡文，邢婉丽，史慧明，分析科学学报，1995,11(4):57

24　Song Li, William C P. Chem.Rev., 1992, 92:1457

25　Boger J, Corcorn R, Lehn J M. Helv. Chim. Acta, 1978, 61:2190

26　Liptak A, Eugededi P, Szurmai Z, Imre J, Nanssi P, Szejtli J. In《Proc. Ist. Int. Symp. Cyclodextrins》, Szejtli J., Ed., Reidel, Dordecht, 1982:275

27　Croft A P, Bartsch R A. Tetrahedron, 1983, 39(9):1417

28　Gerhard Wenz. Angew. Chem. Int. Ed. Engl. 1994, 33:803

29　戚文彬，戚志红.《新分析增效试剂》，杭州：杭州大学出版社，1994

30　刘长松，魏雁声，晋卫军.分析试验室，1995, 14(4):86

31　史坚，施维，朱志勇，施勋.《分析化学进展》，南京：南京大学出版社，1994:779(G4)

32　潘润身，陆州舜，戚文彬.《分析化学进展》，南京：南京大学出版社，1994:432(D29)

33　朱利中，戚志红，金辉，戚文彬.西南师范大学学报(自然科学版)19卷增刊，1994, 12:7

34　戚志红，沈学优，邹焕金，朱利中，戚文彬.西南师范大学学报《自然科学版》19卷增刊，1994, 12:9

35　陆州舜，朱利中，刘泽菊，戚文彬.环境科学进展，1995, 3(3):7

36　T Akiike Y, Nagano Y, Yamamoto A, Nakamura H, Ikeda A, Ueno F. Toda. Chem. Lett., 1994:1089

37　I Suzuki Q, Chen Y. Kashiwagi T, Osa A. Ueno. Chem. Lett., 1993:1719

38　Y Okabe H, Yammure K, Obe K, Ohta M, Kawai K Fujita. J. Chem. Soc., Chem. Commun, 1995, 581

39　Gao Xing-Ming, Tong Lin-Hui, Yoshihisa Inouc, Akira Tai. Syn. Comm. 1995, 25(5):703

40　(a)Angel E Kaifer, 《Advances in Supramolecular Chemistry》, JAI Press Inc. Vol.2. 1992:1-24; (b)Ping Zhang, Helene Parrot-Lopez, Piezze Tchoreloff, Adam Baszkin, Chang-Chun Ling, Colette De Rango, Anthoy W, Coleman, J. Phys. Org, Chem., 1992, Vol.5:518

41　A Ueno M, Fukushima T OSA, J.Chem. Soc. Perkin Trans.2, 1990:1067

42　Hans-Jorg Schneider, Fei Xiao. J.Chem. Soc. Perkin Trans.2, 1992:387

43　Makoto Komiyama, Yoichi Matsumoto. Chem. Lett., 1989:719

44　Yalpani M, Tetrahedron, 1985, 41:2957

45　(a) J Boger J.Corcoran R J, Lehn J M. Helv. Chim. Acta, 1978, 61:2190 (b)J. Szeitli A, Liptak I. Jodal P, Fiigedi P, Nanasi A. Neszmelyi, Starch/Starke, 1980, 32:165

46　Miiller B W. Brauns U. Pharm. Res., 1985:309

47　(a)Kunieda N, Taguchi H, Shiode S, Kinoshita M. Makromol. Chem, Rapid Commun, 1982, 3:395 (b) Komiyama M, Yamamoto H, Hirai H. Chem. Lett., 1984, 1081 (c)Ryoshi H, Kunieda N, Kinoshita M, Makromol, Chem. Rapid Commun, 1985:263

48　(a)Takahashi K, Hattori K, Toda F. Tetrahedron Lett., 1984, 25:3331 (b) Fuijita K, Ishizu T, Oshiro K, Obe K, Bull Chem. Soc. Jpn., 1989, 62:2960

49　Kano K. Yoshiyasu K, Hashimoto S.J. Chem. Soc. Chem. Commun., 1989, 17:1278

50　(a)Takeo K, Mitoh H, Uemura K. Carbohydr. Res., 1989, 187:203 (b)Fiigedi P. Carbohydr. Res., 1989, 192:366

51　Bulusu S, Axenrod T, Liang B, He Y, Yuan L. Magn, Reson. Chem., 1991, 29:1018

52　(a)Kuroda Y. Kobayashi O, Suzuki Y, Ogoshi H. Tetrahedron Lett., 1989, 30:7225 (b)Szurmai Z, Liptak A,Szejtli J, Starch/Stark, 1990, 42:447 (c) Parrot-Lopez H, Ling C C, Zhang P, Baszkin A, Albrecht G, Rango C D. Coleman A W.J. Am, Chem. Soc., 1992, 114:5479

53　Takeo K, Uemura K, Mitoh H. J. Carbohydr Chem., 1988, 7:293

54　(a)Kamitori S, Hirotsu K, Higuchi T, Fujita K, yamamura H, Imoto T, Tabushi I. J. Chem. Soc., Perkin Trans, 2, 1987:7 (b)Defaye J, Gradelle A, Guiller A, Darcy R, O'Sullivan T. Carbohydr. Res., 1989, 192:251

55　Petter R C, Salek J S, Sikorski C T, Kumaravel G, Lin F-T. J, Am. Chem. Soc., 1990, 112:3860

56　Melton L D, Slessor K N. Carbohydr. Res., 1971, 18:29

57　Rao K R. Srinivasan T N, Bhanumathi N, Sattur P B.J. Chem. Soc. Chem. Commun., 1990:10

58　(a)Mischnick P. Carbohydr. Res., 1989, 192:233 (b)Mischnick P, Kreber R, ibid., 1989, 254 187:197 (c) Mischick P. In 《New Trends in Cyclodextrins and Derivatives》(Ed.D.Duchene), Editions de Sante Paris, 1991, 247

59　Casu B. Scovenna G, Cifonelli A J, Perin A S. Carbohydr, Res., 1978, 63:13

60　Raymond P F, Thimmaiah K N, Willie L Hinze, Anal Chem., 1991, 63:2924

61　Zung J B, Nsou T T, Warner I M. Appl. Spectrosc., 1990, 44:1491

62　Irie T, Yoshidsa A, Ueksma K, Fales H M. Pitta J. Carbohydr. Res., 1989, 192:167

63　Mueler B W, Brsuna U.J. Pharm., 1985, 26:77

64　Mueller B W. Brauns U.J. Pharm. Sci., 1986, 75:571

65　《Cyclodextrin Technology》, Szejtli J, in" Topics in Inclusion Science" (Ed.J.E.D Davies) Kluwer, Dordrecht, 1988

66　(a)Brauns B W, Muller W, Chem, Abstr., 1985, 103:166168f (b)Szente C L, Strattsn E, In《New Trends in Cycloclextrins and Derivatives》(Ed. D. Duchene), Editions de Sante Paris, G. Schmid 1991,25

67　(a) Pitha J, Szabo L, Fales H M, Carbohydr. Res., 1987, 169:191 (b) Irie T, Fukunags K, J, Piths J Uckama K, Fales H M, Sokolowski E A, ibid. 1989, 192:167 (c) Kubota Y, Tsnimoto T, Horiyama S, Koizuumi K, Ibid. 1989:159 (d) Koizumi K, Tomimoto T, Okads Y, Nskanishi N, Kato N, Tagaki Y, Hashimoto H, ibid, 1991, 215:127

68　(a) Lindberg B, Pitha J, Chem. Abstr., 1991, 114:143910e (b) Pitha J, Rao C, Lindberg B, Seffers P. Carbohydr. Res., 1990, 200:429

69　Rao C T, Lindberg B, Lindberg J. Piths J. J. Org. Chem., 1991, 56:1227

70　(a) Hatton K,Tskahashi K,Chem,Abatr.,1987,107:60951y (b) Ysmamoto K,Matsude A,Tsuchiyama Y,Sato M,Yagi Y,Ishikura T.Chem.Abstr.,1988,108:206598

The New Development for the Application of Cyclodextrin Derivatives in Fluorescence Spectrophotometry

Qi Winbin

(Department of Chemistry, Hangzhou University, Hangzhou, 310028)

Abstract The new development of cyclodextrin derivatives and the synthesis methods of some commercialized derivatives are introduced. The mechanism of the enhancing effect on fluorescence spectrum as well as the defferent analytical characters between native cyclodextrin and its derivatives are discussed. The current investigations and applications of the cyclodextrin derivatives modified by spectroscopically active groups are reviewed

Keywords Cyclodextrin derivative, Fluorescence spectrophotometry, Spectroscopically active group

第 41 卷 第 5 期

1983 年 5 月

化 学 学 报

ACTA CHIMICA SINICA

Vol.41, No.5

May, 1983

非离子表面活性剂胶束增溶显色
反应机理的研究

Ⅲ. 在 Fe(Ⅲ)-PAN-Triton X-100 体系中
胶束对金属离子反应活性的影响

戚文彬 * 浦炳寅 **

（杭州大学化学）

摘要　Fe(Ⅲ)-PAN 在氯仿萃取体系中生成 Fe(PAN)2OH，它在 550nm 和 775nm 处有特征峰。两处的灵敏度均不很高 ($\log \varepsilon$ 550nm=4.06，$\log \varepsilon$ 775nm=4.08)。在 Fe(Ⅲ)—PAN—Triton X-100 体系中，可生成配阳离子 $Fe(PAN)_2^+$ 和 (或)$Fe(PAN)^2OH$，而 $Fe(PAN)_2^+$ 在 550nm 处有较灵敏的吸收峰 ($\log \varepsilon$ 550nm=4.36)。本文详细地研究了 Triton X-100 对 Fe(Ⅲ)-PAN 显色体系的作用，认为 Triton X-100 胶束的高密度醚氧链富集了 Fe(Ⅲ) 水合离子，并改变了它存在的状态。因此，胶束不仅增加了 Fe(Ⅲ) 在显色体系中的反应活性，同时增加了显色反应的速率。

关于表面活性剂对显色反应的机理已有报道[1~4]，其中大部分以离子型表面活性剂为研究对象。关于非离子表面活性剂对显色反应的机理虽也有所研究[5~10]，然而多着眼于它们对显色剂的影响，较少涉及它们对金属离子的影响[7]。林谦次郎等[9] 曾提出 Triton X-100 的醚氧原子直接与 Co(Ⅱ) 配位而改变了配合物的构型，最近又提出非离子表面活性剂作为铝 - 铝试剂色淀分散剂的作用机理[10]。

我们研究了 Triton X-100 胶束对金属离子的影响。实验证明，非离子表面活性剂胶束不仅影响显色剂从而影响它们与金属离子的配合反应，同时还改变了金属离子的存在状态及反应活性。

本文详细地研究了 Fe(Ⅲ)—PAN—Triton X-100 体系的特点、Triton X-100 对 Fe(Ⅲ) 水解聚合的影响、Triton X-100 胶束对 Fe(Ⅲ)-PAN 显色反应速率的影响及 Triton X-100 与 Fe(Ⅲ) 间的作用力。研究结果表明，Triton X-100 胶束的高密度的醚氧链通过氢键对 Fe(Ⅲ) 水合离子有明显的富集作用。

实验、结果及讨论

试剂及仪器

主要试剂为 Fe_2O_3(光谱纯，上海试剂厂)、PAN[1-(2- 吡啶偶氮)-2- 萘酚，分析纯，上

1982 年 1 月 18 日收到。

* 通讯联系人。

**79 级研究生。

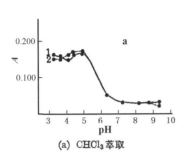

(a) CHCl₃萃取

Fe (Ⅲ):20μg;PAN：过量；pH<7 用 HOAc-NaOAc 缓冲液调节；pH>7 用 NH₄Cl—NH₃ 缓冲液调节；试剂作空白；槽厚 1cm；25mL

1—550 nm；2—775nm

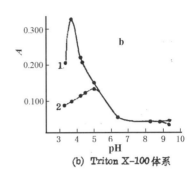

(b) Triton X-100 体系

除用 2mL Triton X-100* 代替 CHCl₃ 萃取外，其余条件同 (a)

1—550nm；2—775nm

图 1 Fe(Ⅲ)-PAN 的 pH–A 曲线
(pH–A curves of Fe(Ⅲ)–PAN)

海试剂一厂]、Triton X-100(纯品，Roth 公司)、聚乙二醇 PEG 400(化学纯，上海合成洗涤剂二厂)、PEG 1000(化学纯，Roth 公司)、Fe(ClO₄)₃·9H₂O(按文献 [11] 方法合成)。所用仪器为 UV-210A 型岛津双光束分光光度计、72 型光电分光光度计 (上海分析仪器厂)、雷磁 25 型酸度计 (上海雷磁仪器厂)、水平式电泳仪 (VE/662，Shandon 公司)。

一、Fe(Ⅲ)-PAN-Triton X-100 显色体系的特点

在研究 Triton X-100 存在下 M^{n+}-PAN 的显色反应体系时发现，介质的 pH 对 Fe(Ⅲ) 与 PAN 配合反应的依赖关系与用氯仿萃取者大不相同 [12](图 1)，可能是 Triton X-100 胶束影响了 Fe(Ⅲ) 存在形式和反应活性所致。

用氯仿萃取时，在 550nm 和 775nm 处有相近的最大吸光度。pH5.12 时，$\log\varepsilon_{550}$=4.06，$\log\varepsilon_{775}$=4.08。从图 1(a) 可看出，Fe(Ⅲ) 与 PAN 形成的配合物在上述两峰处的吸光度随 pH 而变化的情况是一致的。据 Shibata[13] 报道，用氯仿萃取时 Fe(Ⅲ) 与 PAN 的摩尔比是 1：2，由于它形成时的最佳 pH 略高，故可认为被氯仿萃取的电中性配合物的分子式应为 Fe(PAN)₂OH。

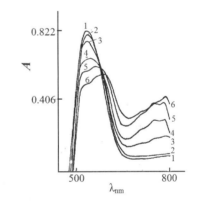

图 2 不同 pH 下 Fe(Ⅲ)–PAN–Triton X-100 的吸收光谱

[Absorption curves of Fe(Ⅲ)–PAN–Triton X-100 at various pH]

Fe(Ⅲ): 50 μg; PAN: 过量; Triton X-100: 2.0mL

pH: 1—3.08; 2—3.20; 3—3.81; 4—4.32; 5—4.68; 6—5.12

曲线 1,2 用 HCl 调节，曲线 3-6 用 HOAc-NaOAc 缓冲溶液调节

———————

* 为 10%(V/V) 的水溶液，下同。

用 Triton X-100 时得到图 2 的谱线，从图 2 也可明显地看出 550nm 和 775nmp 处的吸光度随介质 pH 而变化，由等吸收点可知，在本体系中存在着随 pH 而变化的化学平衡[14]。

下面的实验证实，在 Triton X-100 中可形成 $[Fe(PAN)_2]^+$ 和 $Fe(PAN)_2OH$ 两种配合物，它们之间的平衡可表示为

$$Fe(PAN)_2^+ + H_2O \underset{H^+}{\overset{OH^-}{\rightleftharpoons}} Fe(PAN)_2OH + H^+$$

并得如下结果：

(1) 在 pH3.81 时用连续变化法在 550nm 处测得配合物的 Fe(Ⅲ) 与 PAN 比约为 1:2；在 pH5.12 时用摩尔比法在 775nm 处测得的 Fe(Ⅲ) 与 PAN 比也约为 1:2。

(2) 用 pH3.81 的缓冲体系测得温度对 550nm 和 775nm 处的吸光度影响，结果见图 3 。

从图 3 可见，升高温度和提高 pH 均有利于 $[Fe(PAN)_2]^+$ 羟合而形成 $Fe(PAN)_2OH$，这与 Mulay 等[11]指出的升温有利于 Fe(Ⅲ) 水解聚合是类似的。

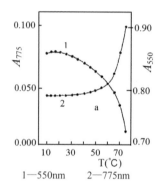 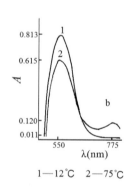

图 3　温度与吸光度的关系

(Relationship between temperature and absorbance)

Fe(Ⅲ)：50μg；PAN：过量；Triton X-100：2mL；HAc-NaAc 缓冲液

pH 3.81；以试剂作空白；槽厚 1cm；25 mL

(3) 在上述 pH3.81 体系中 [Fe(Ⅲ) 与 PAN 以 1:2 摩尔比混合]，加入过量 Fe(Ⅲ) 后测定 550nm 和 775nm 处的吸光度，结果见图 4。

Fe(Ⅲ) 总量增加表明 Fe(Ⅲ) 羟合离子含量也增加。Fe(Ⅲ) 大大过量于 PAN 时，775nm 处的吸光度增加也证实 $Fe(PAN)_2OH$ 的增加。然而当此过量 Fe(Ⅲ) 体系放置稍久，775nm 处的吸光度又回复到 0.04 左右。说明在此 pH 条件下，$Fe(PAN)_2OH$ 是不稳定的。

(4) 用 Al_2O_3 层析柱分离 pH2.00 的 Fe(Ⅲ)-PAN-Triton X-100 体系 (以 0.01N/L HCl 为洗脱剂)，证实有两种配合物；用硅胶 G 薄层层析分离 pH1.50 的上述体系，以乙酸乙酯 - 丙酮 - 水为展开剂，也证实有此两种配合物。(R_f 分别为 0.772 和 0.097) 在电泳试验 (186V，6.2mA，0.02M HCl，5h) 中发现 $Fe(PAN)_2^+$ 为浅棕色斑点，向负极泳动，在 550nm 处有吸收峰；而 $[Fe(PAN)_2OH]$ 的浅暗红色斑点则几乎不动，在 550nm 和 775nm 均有吸收峰，进一步证

实 Triton X-100 体系中的这两种配合物间的化学平衡。

Fe(PAN)$_2^+$ 有较高的灵敏度，在室温下控制一定的 pH，利用 Triton X-100 可在 550nm 处直接测定水相中的 Fe(Ⅲ)；用氯仿萃取测定 Fe(Ⅲ) 则有助于电中性 Fe(PAN)$_2$OH 的生成，胶束增溶比萃取方便、灵敏。

二、紫外分光光度法研究 Triton X-100 胶束对 Fe(Ⅲ) 水解聚合程度的影响

Mulay 等[11] 认为 Fe(Ⅲ) 水解成二聚体 335nm 处有特征峰，Hedström[15] 曾提出二聚体的可能结构式。为了研究 Triton X-100 胶束，我们测定 pH1.80~3.00 时体系的 335nm 吸光度，并在体系中加入较浓的 NaClO$_4$ 溶液以保持相对稳定的离子强度。

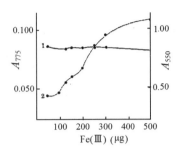

图 4　过量 Fe(Ⅲ) 存在下 550nm 和 775nm 处的吸光度变化

Dependence of absorbance at 550 nm and 775 nm on the excess amounts of Fe(Ⅲ)

条件同图 3；1—550 nm；2—775 nm

在 1mL 0.02M Fe(ClO$_4$)$_3$ 溶液（内含 8mL70%~72% HClO$_4$/L）中加入 5mL 4M NaClO$_4$，再加（或不加）Triton X-100，然后用 0.1M NaHCO$_3$ 调节 pH，并用水稀释至 25mL。以水作参比测定 335nm 处的吸光度，然后再测定各体系的 pH 值。结果表明在 pH2.90 时，体系出现 335nm 吸收峰，而在 pH1.80 时，则无此吸收峰。图 5 为 Fe(Ⅲ) 水合二聚体的 A_{335} 对 pH 曲线。

上述结果表明 Fe(Ⅲ) 离子形成二聚体的倾向不仅与介质的 pH 密切相关，也与有无胶束存在有关（图 5），在图 5 的实验条件下，Triton X-100 浓度已大于其 cmc，335nm 处的吸光度比在同样 pH 值无 Triton X-100 减少。我们认为这可能是由于 Fe(Ⅲ) 水合离子富集于界面，减少了二聚体的生成，但却因而增加了 Fe(Ⅲ) 水合离子与 PAN 显色反应的活性。

三、Triton X-100 胶束对 Fe(Ⅲ)-PAN 显色反应速度的影响

在 550nm 处分别测定了在过量 PAN 和过量 Fe(Ⅲ) 存在下，显色反应的表观速率常数 k_0，并作出 k_0 对 Triton X-100C 浓度 c_T^* 的曲线（图 6，7）。为了证实胶束的影响，还用滴重量法测定了各体系的表面张力 σ，并在同一图上绘制了 σ-c_T 曲线。

(1) 不同 Triton X-100 浓度及过量 PAN 时 Fe(Ⅲ)-PAN 显色反应的 k_0 测定

1mL Fe(Ⅲ)(10μg/mL) 数份分别加入不同量 Triton X-100 及 5ml pH3.81 缓冲液，最后加入 2ml PAN 乙醇溶液 (223.2μg/mL)，PAN 用量为显色反应的 5 倍当量，稀释至 25mL，摇匀后即以试剂为空白，定时测定 550nm 处的吸光度。测定在恒温室及恒温水槽中进行。

$c_{PAN}=10c_{Fe(Ⅲ)}$ 时 Fe(Ⅲ) 按准一级反应处理，已算得本体系中 $K_{eq}=3.22\times10^{10}$，因此忽略逆反应速率不会引入很大的误差。作 $\ln(A_\infty-A_t)$-t 图，得线性关系。其斜率 $tg\alpha=-k_0$，而 $k_0=k_+[PAN]^2$。作 K_0-c_T 图，同时绘出 σ 曲线及平衡时 550nm 处吸光度 A_∞ 随 c_T 变化的曲线，结果见图 6。

图 6 的 A 区中 $0\leqslant c_T<5.3\times10^{-5}M$，体系处于介稳态，略予放置即混浊，但测定时则是透

明的。在此区域内 k_0 也有增大的趋势，且 A_∞ 保持不变。说明亚胶束对反应也有加速作用。B区中 $5.3 \times 10^{-5}M \leq c_T \leq 7.0 \times 10^{-4}M$，$\sigma$ 值证实属 cmc 范围，此时开始形成胶束，同时 k_0 显著增加，并有一极大值。证实胶束影响反应速率，加速显色反应。C区中 $c_T > 7.0 \times 10^{-4}M$，$\sigma$ 值表明胶束量增加。此时 k_0 明显下降，甚至低于无 Triton X-100 时的 k_0，说明过量胶束分散了反应物。此时单位胶束上的反应物"浓度"减小，过量的胶束产生"稀释"作用。根据以上结果我们认为：(1) Triton X-100 体系中的显色反应发生在胶束"界面"上；(2) 胶束对显色反应的活化能影响不大。因此如果胶束能降低显色反应的活化能，则稍多一些胶束的存在应不会抑制反应速率而使之迅速下降。表明胶束主要对反应物其富集作用，根据 $k_0 = k_+[PAN]^2$，k_0 的变化反映胶束对 PAN 富集作用的大小。

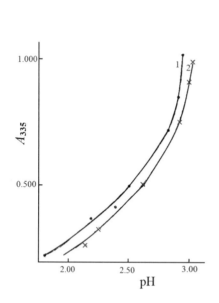

图 5　Fe(Ⅲ) 二聚体的 A_{335} 对 pH 曲线

[A_{335}—pH curves of Fe(Ⅲ) dimers]

$c_{Fe(Ⅲ)} = 8 \times 10^{-4}M$；$c_{NaClO_4} = 0.8$mol · L^{-1}；pH 用 0.1$M$ NaHCO$_3$ 调节；水作参比；槽厚 1cm；25 mL

1—无 Triton X-100；2—含 $5 \times 10^{-4}M$ Triton X-100

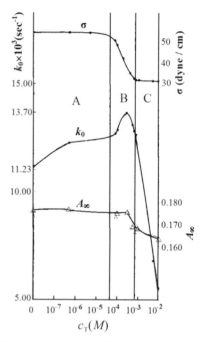

图 6　k_0，σ，A_∞—c_T 曲线 (PAN excess)

(k_0，σ，A_∞—c_T curves)

Fe(Ⅲ)：10μg；$c_{PAN} = 10\ c_{Fe(Ⅲ)}$；550nm；槽厚 1cm；试剂空白；25mL；25℃测定 σ 的平均温度 11℃；以水的 σ 值为标准

(2) 不同 Triton X-100 浓度及过量 Fe(Ⅲ) 时 Fe(Ⅲ)-PAN 显色反应的 k_0 测定　每 4mL Fe(Ⅲ)(50μg/mL，为显色反应的 8 倍当量) 中分别加入不同量的 Triton X-100，5mL pH3.81 缓冲液，再加 1mL PAN 乙醇溶液，稀释至 25mL，摇匀后立即以试剂空白为参比，定时测定 550nm 处的吸光度，测定时的温度控制同上。

按上述显色反应式对 PAN 以准二级反应处理，得到 $A_t\varepsilon l/2A_\infty(A_\infty - A_t)$ - t 线性关系，其斜率即为

k_0，而 $k_0=k_+[Fe(Ⅲ)]$。同样以滴重量法求得各测定体系的表面张力，结果见图7。

根据(1)(2)两方面的讨论，我们认为此时 k_0 随 c_T 变化是由于胶束对 Fe(Ⅲ) 的富集所致，k_0 在胶束形成的 cmc 范围内有极大值，过量的胶束使单位胶束上的 Fe(Ⅲ) 浓度变小，此时 k_0 明显下降，说明 Triton X-100 胶束对 Fe(Ⅲ) 水合离子的作用力是强烈的。

由(1)(2)的实验结果并考虑到 Triton X-100 对 PAN 的增溶作用[12]，我们认为在 Triton X-100 体系中显色反应是在胶束"界面"进行的。

PAN 过量时(图6)，亚胶束对 PAN 明显的富集作用前已述及。在 Fe(Ⅲ) 过量时(图7)，A_∞ 在 A 区内有明显的下降趋势，当 k_0 达极大的同时，A_∞ 也达到极大。可见亚胶束对 Fe(Ⅲ) 的富集作用小。形成胶束后，高密度的醚氧链才明显地富集 Fe(Ⅲ) 水合离子。由此可见 Triton X-100 胶束对 PAN 的富集机理[12]与对 Fe(Ⅲ) 水合离子的富集机理有所差别。无论是哪一种情况，都可看到在 cmc 之后，过多的胶束都导致 A_∞ 下降，这可能是由于过量的 Triton X-100 胶束不仅"稀释"显色剂，而且"束缚"金属离子，从而减小它们在胶束微环境中的浓度。

James 等[16]及 Holzwarth 等[17]曾报道阴离子表面活性剂十二烷基硫酸钠(SDS)对 Ni^{2+} 与吡啶-2-偶氮-对二甲基苯胺(PADA)反应的胶束"催化"作用。我们在本研究中得到类似结果，证明非离子表面活性剂 Triton X-100 胶束不仅富集显色剂，也通过醚氧链富集 Fe(Ⅲ) 水合离子，增加了反应活性。

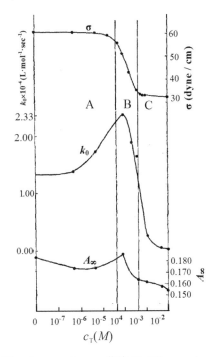

图7 k_0, σ, A_∞ —c_T 曲线 (Fe(Ⅲ) excess)
(k_0, σ, A_∞ —c_T curves)

$C_{Fe(Ⅲ)} = 16\,C_{PAN}$；PAN：$223.2\,\mu g$；550nm；槽厚 1cm；试剂空白；25 mL；17℃测定 σ 值的平均温度 15℃；以水的 σ 值为标准

四、Triton X-100 与 Fe(Ⅲ) 水合离子间的作用力

(1) 测定了 Triton X-100 与 Fe(Ⅲ) 盐混合物的 UV, IR, ^{1}HNMR，并与单纯组分的谱图比较，表面两者之间并无新的化学键生成。

(2) Fe(Ⅲ)-Triton X-100 水溶液二元体系经浊点析相[18]和氯仿萃取分离 Triton X-100 后的 Fe(Ⅲ) 定量分析：

(a) 在两个 25mL 比色管中各加入 50μg Fe(Ⅲ) 及 3mL 0.1M HCl，2mL Triton X-100，并分别稀释至 10mL 和 20mL，加热到 85℃析相 10 分钟。取上层清液，与洗 Triton X-100 相的水液合并后，在 25mL 比色管中加入 2mL 0.22%PAN，发色后以试剂为空白测定 550nm 处吸光度，然后再测定介质的 pH，结果表明析相后水相 Fe(Ⅲ) 浓度与未经析相的相同。

(b) 在 50mL 分液漏斗中加入 50μg Fe(Ⅲ)，3mL 0.1MHCl，2mL Triton X-100，5mL 水。用 CHCl$_3$ 萃取 (3×5mL)，然后把水相转移至 25mL 比色管中加 2mL0.22%PAN，发色后如 (a) 处理。

结果也表明氯仿萃取并不影响水相 Fe(Ⅲ) 含量。

以上结果符合 Fe(Ⅲ) 水合离子与醚氧原子间存在氢键的论断。

参考文献

[1]　西田宏，ぶんせき 271(1977).

[2]　小原人司，分析化学（日）17，1147(1986)；23，39(1974).

[3]　小原人司，石桥信彦，增崎俊明，分析化学（日）19，467(1970).

[4]　С.Б. Саввин, Р.К. Чернова, В.В. Белоусова, Л.К. Сухова, С.Н. Щтыков, ЖАХ33, 1473(1978).

[5]　Р.К. Чернова, *ibid.* 32, 1477(1977).

[6]　С.Б. Саввин, Р.К. Чернова, Л.М. Куврявцева, *ibid.* 33, 2127(1978);34, 66(1979).

[7]　А.А. Немодрук, Н.Г. Аревадзе, Н.В. Егиазарова, Г.Д.Супаташвили, *ibid.* 34, 1266(1979).

[8]　А.А. Немодрук, Н.Г. Аревадзе, Г.Д. Супаташвили, *ibid.* 35, 1511(1980).

[9]　林谦次郎，佐佐木义明，田头昭二，伊藤和晴，铃木光泰，分析化学（日）27，204(1978).

[10]　林谦次郎，佐佐木义明，田头昭二，伊藤和晴 *ibid.* 30,T61(1981)

[11]　L. N. Mulay, P. W. Selwood, *J. Am. Chem. Soc.* 77, 2693(1955).

[12]　戚文彬，高等学校化学学报 2，385(1981).

[13]　S. Shibata, *Anal. Chim. Acta* 25, 348(1961).

[14]　邹时复，戴莲金，化学学报 40，33(1982).

[15]　B. O. A. Hedström, *Arkiu. Kemi.* 6, 1(1954); cited in C. A. 47, 11939a(1953).

[16]　A. D. James, B. H. Robinson, *J. Chem. Soc., Faraday Trans,* I 74, 10(1978).

[17]　J. Holzwarth, W. Knoche, B. H. Robinson, *Ber. Bunsenges. Phys. Chem.* 82, 1001(1978)

[18]　戚文彬，分析化学 9，234(1981)；化学试剂 2(3)，17(1980)

STUDIES OF THE EFFECT OF NONIONIC SURFACTANTS MICELLES ON COLOR REACTIONS

QI WEN-BIN* PU BING-YIN

(Department of Chemistry, Hangzhou University)

ABSTRACT

Fe(Ⅲ) and PAN form the complex Fe(PAN)$_2$OH which can be extracted into CHCl$_3$. The CHCl$_3$ extract shows absorption maxima at 550 nm and 775 nm (logε_{550} = 4.06, logε_{775} = 4.08). In the Fe(Ⅲ)-PAN-Triton X-100 system, two complex species Fe(Ⅲ)-PAN$_2^+$ and/or Fe(Ⅲ)-PAN$_2$OH may be formed. Fe(Ⅲ)-PAN$_2^+$ exhibits a stronger absorption peak at 550 nm (logε_{550} = 4.36).

In this paper the effect of Triton X-100 micelles on the Fe(Ⅲ)-PAN reaction has been investigated in detail. Two consider that the presence of high density of ethereal oxygen chains in Triton X-100 micelles enable to concentrate hydrated Fe(Ⅲ) ions and change their existing state. Moreover, the micelles not only increase the reactivity of Fe(Ⅲ), but also enhance the rate of the color reaction.

第5卷 第2期
1984年

高 等 学 校 化 学 学 报
CHEMICAL JOURNAL OF CHINESE UNIVERSITIES

Vol.5, No.2
1984

研究简报

邻硝基苯基萤光酮—氯化十六烷基吡啶
分光光度法测定排污水中的微量铜

戚文彬　胡 利*

（杭州大学化学系）

　　鉴于目前测定排污水中微量铜的分光光度法不够理想，我们曾提出了一种方法[1]。在此基础上，本文又提出了一种以邻硝基苯基萤光酮(ONPF)为显色剂，以氯化十六烷基吡啶(CPC)为增溶敏化剂的新方法。本法的选择性与前法[1]大致相当，而灵敏度提高一倍，为目前最灵敏的分光光度测定铜的方法之一。

　　实验部分

　　（一）试剂及仪器

　　1. 铜标准溶液 用稀盐酸溶解准确称量的光谱纯氧化铜，得1毫克Cu^{2+}/毫升储备液，临用前再稀释至所需浓度。工作液的pH值应在2~3（在酸度计上校正）。

　　2. 邻硝基苯基萤光酮0.06%无水乙醇溶液，每100毫升中含1：3盐酸2毫升。

　　3. 氯化十六烷基吡啶(B. D. H)1%水溶液。

　　4. 六次甲基四胺-盐酸缓冲溶液(pH5.5~5.6 在酸度计上校正) 由$1M$六次甲基四胺和$1M$盐酸按比例配成。

　　5. 氟化铵25%溶液，每100毫升中含$6N$盐酸3~4毫升。

　　所用试剂均在分析纯以上，水系两次去离子水。

　　除吸收曲线由岛津UV-210A分光光度计扫描外，其余测定均在72型分光光度计（上海分析仪器厂）上进行；溶液的pH值由pHS-2型酸度计校正。

　　（二）条件试验

　　1. 基本条件试验结果如下 在25毫升比色管中依次加入5微克铜，3毫升缓冲液（六次甲基四胺-盐酸体系，pH5.5~5.6），2毫升1%CPC，摇匀，加0.12毫升0.06%ONPF，摇匀，用水稀释至刻度，摇匀后静置5分钟，用1厘米比色皿，于600纳米对试剂空白测量吸光度，吸光度至少可稳定3小时。

　　2. 共存离子的影响和干扰的排除 在无掩蔽剂存在测定5微克铜时，可允许200倍**的K^+、Na^+、NH_4^+、Ca^{2+}、Sr^{2+}、Ba^{2+}、Mn^{2+}、Ni^{3+}，50倍的Mg^{2+}、Zn^{2+}、Cd^{2+}、Co^{2+}、Pb^{2+}、$Cr(Ⅵ)$（以CrO_4^{2-}形式存在），30倍的Be^{2+}、20倍的Ag^+、Hg^{2+}、Cr^{3+}，10倍的Bi^{3+}，5倍的Au^{3+}、Ti^{4+}、

本文于1982年11月22日收到。

* 现在嘉兴师专化学科工作。

** 更高量未试。

Mo(Ⅵ)(以 MoO_4^{2-} 形式存在)，2 倍的 Fe^{3+}、Sn^{4+}，1 倍的 Pd^{2+}、Sb^{3+} 和 0.5 倍的 V(V)、Ge^{4+}、Al^{2+} 存在不干扰测定。至少 1 毫克量存在而不干扰的阴离子有 F^-、Cl^-、Br^-、I^-、NO_2^-、NO_3^-、SO_3^{2-}、SO_4^{2-}、AsO_3^{3-}、AsO_4^{3-}、CO_3^{2-}、BO_3^{3-}、PO_4^{3-}、ClO_4^-、$HCOO^-$、CH_3COO^- 等。当 25 毫升最终体积的溶液中含 4 毫升 25%NH_4F 时，可允许 100 的 Ge^{4+}，30 倍的 Al^{3+}、Bi^{3+}，20 倍的 Sn^{4+}、V(V) 和 5 倍的 Fe^{3+} 存在(误差 < ±5%。要掩蔽更大量(50-100 微克)的 Fe^{3+} 时，应控制尽可能低的 pH 值，并适当增加 NH_4F 的用量。

此外，加 2 毫升 1%H_2O_2 可掩蔽 100 微克 Mo(Ⅵ) 的干扰，但如 H_2O_2 浓度过大，会使 ONPF 本身褪色。

(三)体系的组成及吸收曲线

1.用摩尔比法和等摩尔连续变化法测得在 CPC 存在下，铜与邻硝基苯基萤光酮(未提纯)的络合比为 1∶1。

2.ONPF 及 Cu^{2+}-ONPF 的吸收曲线如图 1 所示。由图可知，在 CPC 存在下 (pH5.5)，ONPF 在 539 纳米处有一极大吸收，而它与 Cu^{2+} 的络合物的吸收峰则在 600 纳米处，峰形尖锐。在该处试剂的吸收甚微(约为 0.03)。

样品分析

(一)工作曲线

按下述"操作步骤"(三)绘制工作曲线如图 2。从图可看出 2~8 微克 Cu^{2+}/25 毫升符合比尔定律，计算得表观摩尔吸光系数为 1.08×10^5。

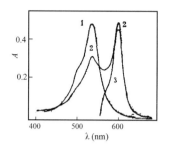

图 1　Cu^{2+}–ONPF–CPC 体系的吸收曲线

1. ONPF–CPC 对水；

2. Cu^{2+}–ONPF–CPC 对水；

3. Cu^{2+}–ONPF–CPC 对试剂空白；

[Cu^{2+}] = 3.94×10^{-6} M；

[ONPF] = 8.20×10^{-6} M；pH 5.5

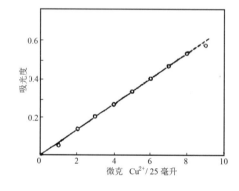

图 2　工作曲线

(二)水样的预处理

取排污水样一份，视水样中含有机物之多寡加适量硝酸，再根据定容体积加入硫酸(每 100 毫升至多加硫酸 3 毫升)，加热消化。消化完全后，用饱和氢氧化钠溶液中和至 pH2.0~3.0(用酸度计校正)，放冷至室温后定容(若中和后有沉淀产生，可于定容前先行滤除)。

(三)操作步骤

取含适量铜(经预处理并定容)的水样一份于 25 毫升比色管中，加 4 毫升 25% 氟化铵，后续试剂的加入按基本条件试验结果，但缓冲液用量一般以 5 毫升为宜。

(四)分析结果

用本法测定排污水中铜的结果与用 DDTC 法 [2] 测得值列

表1　分析结果(ppm)

样品编号	本法结果	DDTC法结果*
1	6.98	6.96
2	7.56	7.36
3	6.26	6.15
4	16.02	16.30
5	2.60	2.50
6	8.30	8.40
7	17.53	17.52
8	1.72	1.96
9	0.32	0.37
10	0.43	0.53
11	364	340

*除7号外，均由杭州轻工业局环保监测组供给。

于表 1，两者颇为一致。

（五）回收率

分别以 2 号水样一份经预处理的定容（稀释 5 倍）水样 1.5 毫升为基底，及 7 号水样一份预处理的定容（稀释 25 倍）水样 3 毫升为基底，测定本法的回收率为 97.0%~104%。

（六）精密度

平行取第 7 号水样 16 份（每份 10 毫升），分别置于 150 毫升烧杯中，加硝酸和硫酸各 5 毫升，待低温消化完全后，冷却，中和至 pH2.0~3.0，放冷到室温后定容于 250 毫升容量瓶中。测定时取水样 5 毫升，每份水样平行测定 3 次，测得本法的标准偏差和变动系数分别为 0.37 和 2.1%。

本文所用邻硝基苯基萤光酮由北京化工厂梁德修等同志合成，作者在此深表谢意。

参 考 文 献

[1] 戚文彬，胡利，环境化学，1(5)，380(1982).

[2] Cluley., H. J, *Analyst*, 79, 561(1954).

SPECTROPHOTOMETRIC DETERMINATION OF MICRO-AMOUNTS OF COPPER IN INDUSTRIAL EFFLUENTS WITH *o*-NITRO-PHENYLFLUORONEN-CETYL PYRICINIUM CHLORIDE

Qi Wenbin and Hu Li

(Departmcnt of Chemistry, Hangzhou University, Hangzhou)

ABSTRACT

A high sensitive and selective micellar solubilizing spectrophotometric method is developed for the determination of microamounts of Cu^{2+} in the industrial effluents with *o*-nitro-phenylfouorone as color reagent and N-cetyl pyridinum chloride as solubilizing and sensitizing agent. The molar absorptivity of the system is $\varepsilon_{600nm}=1.08 \times 10^5$. The standard deviation and variation coefficient of the method are 0.37 and 2.1%(n=16)respectively. Beer's law is obeyed in the range of 2~8μg Cu^{2+}/25ml. The new method has been used to determine micro-amounts of copper in various industrial effluents. The results obtained are good agreeable with those obtained by usual diethyldithiocarbamate method. No organic solvent such as chloroform is used and the procedure is more simple and rapid.

·844·　　　　　　　　　　　　　　　分析化学　　　　　　　　　　　第 13 卷　第 11 期 (1985)

金属离子－双硫腙－表面活性剂
显色体系的研究

Ⅱ. 多波长数据线性回归法同时测定 Cu^{2+} 和 Hg^{2+} 的探讨

戚文彬　　郭伟强

（杭州大学化学系）

在分光光度法测定中，近年来探索不经分离、不用或少用掩蔽剂就同时测定多个相互干扰组分的研究有了很大发展[1-3]。我们借助于小型电子计算机，以双硫腙－平平加胶束增溶分光光度法测定铜和汞为例，用多波长数据线性回归法处理实验数据，对同时测定与双流腙所成络合物的吸收光谱重迭的数种金属离子作了尝试，获得较为满意的结果。

基 本 原 理

从理论上讲，在显色溶液服从比尔定律的范围内，根据比尔定律及光吸收加合性原理，必然可以得到：

$$A_i = l \sum_{j=1}^{p} (\varepsilon_{ij} \cdot C_j)$$

式中，A_i 为混合组分在波长 i 处的总吸光度，C_j 为各组分的摩尔浓度，ε_{ij} 为各组分在该波长的摩尔吸光系数。若用 1cm 比色皿则可以略去 l。由于在实际工作中总有误差存在，实际所得方程应为：

$$A_i = \sum_{j=1}^{p} (\varepsilon_{ij} \cdot C_j) + B_{oi}$$

一般总是使波长数 N 大于待测组分数 P，用矩阵表示所得到的超定方程组则是

$$A = E\beta + B$$

参照最小二乘法[4]，运用我们所编的程序便可迅速求出各组分的浓度、剩余平方和 S_e 及复相关系数 R。

实 验 部 分

1. **主要试剂及仪器**：Cu^{2+}、Hg^{2+} 标准溶液：分别为 10 和 20μg/ml；双硫腙锌的平平加溶液：双硫腙锌由自己合成，溶液的浓度为 $Zn(HDZ)_2$—$2 \times 10^{-4}M$，平平加—$3 \times 10^{-2}M$；硫酸溶液：6.2N。

UV-210A 型及 72 型分光光度计，QS-80 型单板计算机。

2. **试验方法**：在 25ml 比色管中依次加入一定量的 Cu^{2+} 和 Hg^{2+} 标准液，1.5ml 显色剂液，1ml 6.2 N H_2SO_4 溶液，稀至刻度，用 1cm 比色皿以试剂空白为参比，在 480～525 nm 间每隔 5 nm 测一次吸光度。进行条件试验时则取 Cu—515 nm，Hg—550 nm。吸收曲线如图 1。

结 果 讨 论

1. **波长选择**：由图 1 可知，Cu^{2+} 和 Hg^{2+} 与双硫腙络合物的最大吸收分别在 515 和 500 nm，且在 440～540 nm 及 470～570 nm 间有正吸收。由于当吸光度很小时测量误差较大，我们就选 480～525nm 范围作为测量波长。

2. **实验条件选择**：双硫腙在一般的无机酸水溶液中因分解而较快褪色，从而使显色体系的吸光度不稳定。而 $Zn(HDZ)_2$ 的稳定性小于 $Cu(HDZ)_2$ 和 $Hg(HDZ)_2$，故可用 $Zn(HDZ)_2$ 作为测 Cu^{2+} 和 Hg^{2+} 的显色剂。我们川非离子表面活性剂平平加作增溶剂配制 $Zn(HDZ)_2$ 溶液，此溶液可稳定一周以上，室温中可与 Cu^{2+}、Hg^{2+} 瞬时发色，有色络合物在 1 小时内稳定。

在保持 Cu^{2+}10μg、Hg^{2+}20μg(25ml) 时，各试剂用量及其他分光光度特性见表 1。

3. **多波长数据线性回归法的研究**：取不同量 Cu^{2+}、Hg^{2+} 各按实验条件发色，测定各波长的吸光度后求出相应的 ε_{ij} 值。然后把不同量的 Cu^{2+} 和 Hg^{2+} 混合，测体系的总吸光度，由所编程序计算，得到结果见表 2。

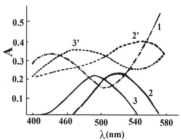

图 1 吸收曲线

1: 试剂空白(对水)，2': Cu络合物(对水)，3': Hg 络合物(对水)，2: Cu 络合物(对试剂空白)，3: Hg 络合物(对试剂空白) $0.2N$ H_2SO_4，$[Cu^{2+}]=6.3 \times 10^{-6}M$，$[Hg^{2+}]=1.0 \times 10^{-6}M$，[双硫腙]$=1.2 \times 10^{-5}M$，[平平加]$=1.8 \times 10^{-3}M$.

表 1　Cu^{2+}、Hg^{2+} 的分光光度法测试条件

实验条件	Cu^{2+}	Hg^{2+}
最大吸收波长 (nm)	515	500
pH 范围	0.3~1.0	0.3~1.0
显色剂用量 (ml)($2 \times 10^{-4}M$)	0.8~1.7	1.4~3.0
平平加用量 (ml)($1 \times 10^{-2}M$)	3~5.5	>4
CTMAB 用量	影响不大	影响不大
线性范围 (μg/25ml)	0~16	0~33
摩尔吸光系数	2.18	7.41
络合比	1：2	1：2

表 2　Cu^{2+}、Hg^{2+} 标准溶液的分析结果

标准混合液编号	加入量 (μg)		检出量 (μg)		剩余平方和 S_n ($\times 10^{-4}$)	复相关系数 R	B_0
	Cu^{2+}	Hg^{2+}	Cu^{2+}	Hg^{2+}			
1	4.0	5.0	4.4	5.1	1.31	0.983	-0.040
2	4.0	10.0	4.2	11.1	4.70	0.971	-0.021
3	4.0	20.0	3.78	19.99	7.98	0.989	-0.005
4	8.0	4.0	8.4	4.1	2.02	0.992	-0.024
5	8.0	10.0	8.64	9.7	8.4	0.976	0.002
6	10.0	20.0	9.66	19.47	2.96	0.974	-0.030
7	12.0	10.0	11.46	9.92	9.29	0.994	0.025

4. **讨论**：其他如 Ag^+-Cu^{2+} 或 Ag^+-Hg^{2+} 及三者间相混合时误差较大，这是其络合比及稳定常数不同所致，显色剂的吸收也有部分原因。因而，我们认为应用多波长数据线性回归法以测定混合组分时：a. 欲同时测定的各组分络合物各自的络合比应相同；b. 在波长间隔更小的地方测吸

光度有助于提高分析精密度和准确度；c. 对金属离子 - 双硫踪胶束增溶体系，因双硫腙在酸性介质中极不稳定，故最好在碱性介质中测定。

参 考 文 献

[1]　王保宁 , 李占双，化学学报，41(8)，709(1983).

[2]　何锡文，张大干，分析化学，7,179(1979).

[3]　饭田康夫 , 分析化学 (日),32,401(1983).

[4]　上海师范大学数学系，回归分析及其试验设计，上海教育出版社，1978 年 .

（收稿日期：1984 年 7 月 26 日）

COLOUR SYSTEMS OF METAL-DITHIZONE-SURFACTANTS II. SIMULTANEOUS DETERMINATION OF COPPER(II) AND MERCURY(II) BY THE LINEAR REGRESSION OF ABSORBANCE DATA AT MULTIWAVELENGTH

Qi Wenbin and Guo Weiqiang

(Department of chemistry, Hangzhou University)

ABSTRACT

In this paper, taking Cu^{2+} and Hg^{2+} as samples, the simultaneous determination of two or more metals with dithizone and a nonionic surfactant Peregal O by means of linear regression of absorbance data at multi-wavelength is investigated. The method is discussed in some respects.

Talanta, Vol. 32, No. 10, pp. 1013–1015, 1985

Printed in Great Britain. All rights reserved

0039–9140/85 $3.00 + 0.00

Copyright © 1985 Pergamon Press Ltd

SPECTROPHOTOMETRIC DETERMINATION OF TRACE AMOUNTS OF CADMIUM AND ZINC IN WASTE WATER WITH 4-(2-PYRIDYLAZO)-RESORCINOL AND MIXED IONIC AND NON-IONIC SURFACTANTS

WEN-BIN QI and LI-ZHONG ZHU

Chemistry Department, Hangzhou University, Zhejiang, People's Republic of China

(*Received* 25 *October* 1984. *Revised* 1 *April* 1985. *Accepted* 7 *May* 1985)

Summary-A spectrophotometric method for determination of trace amounts of cadmium and zinc in waste water with PAR and mixed ionic and non-ionic surfactants is described. The interferences of foreign ions can be eliminated by masking with a mixture of triethanolamine, potassium fluoride, ethylenediamine and sodium hexametaphosphate. By virtue of the difference between the absorbances before and after addition of a little sodium diethyldithiocarbamate, cadmium and zinc can be determined directly in aqueous solution without separation. Beer's law is obeyed for 0~20 μg of Cd or 0~12 μg of Zn in 25 ml of solution. The apparent molar absorptivities at 505 nm are 8.65×10^4 L · mole^{-1} · cm^{-1} for Cd and 8.21×10^4 L · mole^{-1} · cm^{-1} for Zn. Results obtained by applying the proposed method to wastewater samples agree well with those obtained by atomic-absorption spectrophotometry.

The determination of trace amounts of cadmium and zinc has recently received considerable attention owing to concern with the problems of environmental pollution. At present, the most commonly used colour reagent for spectrophotometric determination of cadmium and zinc is dithizone, but the method is complicated and toxic solvents are used.

The analytical applications of 4-(2-pyridylazo)- resorcinol (PAR) have been extensively investigated. Determination of cadmium and zinc with PAR is highly sensitive, but poorly selective. However, it has been shown that the colour system of cadmium or zinc with PAR, cetyltrimethylammonium bromide (CTMAB) and a non-ionic surfactant possesses many advantages, such as high sensitivity, good stability and wide tolerance in the experimental conditions, over the simple Cd-PAR system, because of the synergic sensitizing effect of a mixture of ionic non-ionic surfactants on the colour reaction.[1] In this paper, continuous spectrophotometric determination of cadmium and zinc in waste water by use of PAR, CTMAB and "Peregal

O" is described.

EXPERIMENTAL

Reagents

PAR solution, 5×10^{-4} *M.* Dissolve 0.1076 g of PAR in 1000 ml of water containing 1 ml of 1*M* sodium hydroxide.

Standard solutions of cadmium. Stock solution 1 mg/ml; working solution 10 μg/ml.

Standard solutions of zinc. Stock solution 1 mg/ml; working solution 10 μg/ml.

Cetyltrimethylammonium bromide (CTMAB) *solution,* 2×10^{-3}*M.*

"Peregal O" [$C_{18}H_{37}O(CH_2CH_2O)_{20}H$] *solution,* 4×10^{-3}*M.*

CTMAB-Peregal O solution, prepared by mixing 200 ml of CTMAB solution and 100 ml of Peregal O solution to give an equimolar mixture.

Buffer solutions. Buffers covering the pH-range 6.0~11.7 were prepared by mixing 0.05M sodium borate and 0.05M sodium carbonate in appropriate ratios.

Mixed masking-reagent solution. A mixture of 200 ml of 5.0% triethanolamine (TEA) solution, 150 ml of 10% potassium fluoride solution, 50 ml of 1.0% ethylenediamine (En) solution and 50 ml of 0.2% sodium hexametaphosphate solution, diluted to 500 ml.

All chemicals used were of analytical-reagent grade and demineralized water was used.

General procedure

Pipette into a 25 ml standard flask 1.0 ml of test or standard solution containing up to 20 μg of cadmium or 12 μg of zinc. Add 5.0 ml of mixed masking-reagent solution, 2.0 ml of PAR solution, 5 ml of borate buffer (pH 10), 7.5 ml of CTMAB-Peregal O solution, dilute to the mark with water, mix, and after 20 min measure the absorbance at 505 nm in a 1-cm cell against a reagent blank. Prepare a calibration graph with appropriate standards.

RESULTS AND DISCUSSION

The absorption spectra of the Cd-PAR-CTMAB- Peregal O complex and reagent blank were measured against water in the range 360~600 nm (1 cm cells). The absorption maximum of the complex is at 505 nm and that of the reagent blank is at 404 nm (Fig. 1).

Effect of amounts of reagents

The general procedure was followed with 10 μg of cadmium and various amounts of 5×10^{-4}*M* PAR. Maximum and constant absorbance was obtained when 1.5~3.5 ml of the PAR solution were used, so 2.0 ml of the PAR solution was selected as optimal.The effects of CTMAB and Peregal O were similarly tested in the range 4.0~8.0 ml of 2.0×10^{-3}*M* CTMAB and 2.25~5.0 ml of 4.0×10^{-3}*M* Peregal O. The absorbance was maximal and constant when the molar ratio of CTMAB to Peregal O ranged from 0.5 to 1.1; for convenience, we recommend use of a 1:1 molar ratio. It is important, however, to add the surfactants as a composite solution, otherwise the reproducibility of the determination is much poorer.

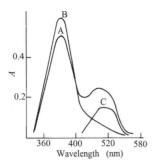

Fig. 1. Absorption spectra of Cd—PAR—CTMAB—Peregal O system. A, Cd—PAR—CTMAB—Peregal O *vs.* water； B, reagent blank *vs.* water； C, Cd—PAR—CTMAB—Peregal O *vs.* reagent blank；0.5 cm pathlength； Cd = 10 μg.

The allowable amounts of masking reagent in 25 ml of solution were likewise found to be 2.5 ml of 10% potassium fluoride solution, 1.5 ml of 5.0% TEA solution, 0.5 ml of 1.0% En solution and 0.5 ml of 0.2% sodium hexametaphosphate solution.

Characteristics of the complex

The molar ratio of cadmium to PAR in the complex was determined by the continuous-variations and molar-ratio methods and found to be 1 : 2. The molar ratio of cadmium to CTMAB and to Peregal O in the complex was found to be 1 : 1 in both cases by the Asmus and molar-ratio methods. Therefore, the complex is Cd(PAR)$_2$(CTMAB) (Peregal O).

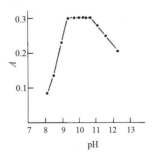

Fig. 2. Dependence of absorbance on pH λ = 505 nm; reference, reagent blank

Beer's law is obeyed at 505 nm for 0~20 μg of cadmium or 0~12 μg of zinc in 25 ml of solution. The apparent molar absorptivities at 505 nm were found to be 8.65×10^4 and 8.21×10^4 l.mole^{-1}.cm^{-1} for cadmium and zinc respectively. Complete colour development takes 20 min and the colour is then stable for at least 18 hr.

Interferences

The selectivity was investigated by determination of 10 μg of cadmium or zinc in the presence of various amounts of other ions. The results indicated that Ni^{2+}, Co^{2+}, Cu^{2+} and Mn^{2+} interfere severely and that there is mutual interference by cadmium and zinc. The interference of cobalt, copper, nickel and manganese may be reduced somewhat by adding the masking-reagent mixture. The tolerance limits for diverse ions when the mixed masking-reagent solution is used are given in Tables 1 and 2.

To eliminate the mutual interference of zinc and cadmium, we devised the following procedure, based on the difference in stability of the complexes concerned.[2-4] The total absorbance of the Zn-PAR-CTMAB-Peregal O and Cd-PAR-CTMAB-Peregal O complexes is measured, then 0.2 ml of 2% sodium diethyldithiocarbamate solution is added to the test solution. The Cd-PAR- CTMAB-Peregal O complex is destroyed but not the Zn-PAR-CTMAB-Peregal O complex. The change in absorbance corresponds to the amount of cadmium present in the sample. Thus, the method can be used for the spectrophotometric determination of trace amounts of both cadmium and zinc in the same sample. Provided less than 20 mg of the diethyldithiocarbamate is added, up to 20 μg of copper, 10 μg of nickel, 10 μg of cobalt and 5 μg of manganese will not interfere.

Table 1. Effect of foreign ions on determination of 10 μg of Cd in presence of mixed masking reagents

Added		Ion/Cd ratio, w/w	Cd found μg
Ion	μg		
PO_4^{3-}	6000	600	10.10
Al(III)	400	40	9.97
Bi(III)	50	5	10.00
Ca(II)	500	50	9.98
Co(II)	10	1	10.08
	0.5*	0.05	11.83
Cr(VI)	2000	200	9.77
Cu(II)	5	0.5	10.07
	0.5*	0.05	10.86
Fe(II)	10	1	10.16
Fe(III)	20	2	10.30
Hg(II)	40	4	10.12
Mg(II)	3000	300	9.80
Mn(II)	10	1	10.30
	0.5*	0.05	10.43
Mo(VI)	2000	200	9.80
Ni(II)	2	0.2	11.30
	1	0.1	10.00
	1*	0.1	10.57
Pb(II)	40	4	9.90
Sn(II)	20	2	10.13
Zn(II)	1	0.1	10.40

*In the absence of masking agents.

The results for determination of cadmium and zinc in some waste-water samples by the proposed method are shown in Table 3, and are in reasonable agreement with those obtained by atomic-absorption spectrophotometry. The method could be adapted for on-line monitoring.

Table 2. Effect of foreign ions on determination of 10 μg of Zn in presence of mixed masking reagents

Added		Ion/Cd ratio, w/w	Cd found μg
Ion	μg		
PO_4^{3-}	8000	800	10.04
Al(III)	700	70	9.86
Bi(III)	30	3	9.84
Ca(II)	1000	100	9.90
Co(II)	10	1	10.20
	0.5*	0.05	10.40
Cr(VI)	4000	400	9.90
Cu(II)	8	0.8	10.20
	0.5*	0.05	10.86
Fe(II)	20	2	10.18
Fe(III)	20	2	10.24
Hg(II)	200	20	10.12
Mg(II)	3000	300	9.96
Mn(II)	5	0.5	10.20
	0.5*	0.05	10.44
Mo(VI)	4000	400	9.82
Ni(II)	2	0.2	10.28
	1.0*	0.1	10.60
Pb(II)	100	10	10.16
Sn(II)	30	3	10.18
Zn(II)	30	3	10.04

*In the absence of masking agents.

Table 3. Results for determination of cadmium and zinc in waste water

Sample	Atomic-absorption spectrophotometry		Present method	
	Cd, ppm	Zn, ppm	Cd, ppm	Zn, ppm
1	0.008	4.05	0.0	4.08
2	0.0	1.70	0.0	1.75
3	0.0	11.70	0.0	11.67
4	0.0	55.00	0.0	54.6
5	0.54	2.34	0.53	2.22
6	1.23	10.19	1.25	10.24

REFERENCES

1. Wen-bin Qi and Li-zhong Zhu, *Fenxi Huaxue*, in the press.

2. H. A. Flaschka and A. J. Barnard, *Chelates in Analytical Chemistry*, Vol. 4, p. 127. Dekker, New York, 1972.

3. H. Bode and K. J. Tusche, *Z. Anal. Chem.*, 1957, 157, 414.

4. G. Eckert, *ibid.*, 1955/56, 148, 14.

分析化学　Analytical Chemistry
16(8)，687—691(1988)

687

离子缔合物增溶剂的研究 *

IV.缔合物分子结构的影响

戚文彬　　骆红山 **

（杭州大学　化学系）

摘要

　　同一非离子表面活性剂胶束对不同离子缔合物的作用，主要取决于离子缔合物及其中两个对离子的憎水性强弱，由此引起在胶束中增溶位置的不同。只有对组成离子缔合物的两个对离子憎水性很强且基本相似的体系，才可用非离子表面活性剂为增溶剂；有时还同时发生增敏作用。聚乙烯醇、明胶、阿拉伯胶等大分子物质，由于氢键作用及空间稳定作用，可作为大多数离子缔合物体系的分散剂，但增敏作用不强。

　　关于离子缔合物的增溶剂或分散剂的选择与缔合物的分子结构，所用增溶剂或分散剂的类型和用量，以及反应介质的酸度 [1] 等密切有关。本文着重从缔合物的分子结构出发，讨论增溶剂或分散剂的选择。

实 验 部 分

（一）仪器

UV-210 紫外可见分光光度计 (日本岛津)，72 型分光光度计 (上海分析仪器厂)。GGX- II 型原子吸收仪 (北京地质仪器厂)。

（二）试剂

金属离子溶液：各金属离子溶液均按常法先配成 1mg/ml 的标准液，临用前稀至 10μg/ml。

缓冲液：pH1~5.5，乙酸盐体系；pH 6~11，硼砂体系。

显色剂溶液：罗丹明 B、罗丹明 6G、孔雀绿、结晶紫、曙红、溴邻苯三酚红、荧光桃红等，均为 5% 水溶液。

增溶剂和分散剂：Triton X-100 $2.5 \times 10^{-3} M$；平平加，吐温 -20 和吐温 -80 5%；聚乙烯醇，明胶和阿拉伯胶 1%；聚乙二醇类 10%。

其它试剂：硫氰酸铵 10%；邻氨基苯甲酸 2%；邻菲啰啉 0.05%，4, 7- 二苯基邻菲啰啉 0.05%。

（三）基本实验操作

在 25ml 比色管中，按缓冲液 - 金属离子 - 配位体 - 增溶剂 - 显色剂顺序，依次加入一定量的

---

* 国家自然科学基金资助课题
** 现在上海师范大学工作

各溶液 (在加金属离子后，立即加入配位体，以免金属离子的水解)，用水稀释到刻度，振摇充分。此溶液用于，(1) 观察增溶或分散效果；(2) 作吸收曲线；(3) 测吸光度。

结果与讨论

（一）铵盐型离子缔合物

以金属络阴离子碱性染料缔合物为例，结果如表 1。

表 1　金属络阴离子 - 碱性染料缔合物在不同增溶剂或分散剂中的行为

增溶剂			缔合物			
名称	浓度 (%)	用量 (ml)	Zn-SCN-RhB(1)	U-NB-R6G(2)	Zn-SCN—MG(3)	Co-SCN-CV(4)
TritonX-100	3	2	增溶褪色	增溶褪色	增溶褪色	增溶褪色
平平加	5	2	增溶褪色	增溶褪色	增溶褪色	增溶褪色
吐温 -20	5	2	增溶褪色	增溶褪色	增溶褪色	增溶褪色
吐温 -80	5	2	增溶褪色	增溶褪色	增溶褪色	增溶褪色
聚乙烯醇	1	2	增溶	增溶	增溶	增溶
明胶	1	2	增溶	增溶	增溶	增溶
阿拉伯胶	1	2	增溶	增溶	增溶	增溶
聚乙二醇 PEG400	10	2	不增溶	不增溶	不增溶	不增溶
PEG1000	10	2	不增溶	不增溶	不增溶	不增溶
PEG2000	10	2	不增溶	不增溶	不增溶	不增溶
PEG6000	10	2	不增溶	不增溶	不增溶	不增溶

① R_6B- 罗丹明 B，② NB- 邻氨基苯甲酸；R_6G- 罗丹明 6G ③ MG- 孔雀绿，④ CV- 结晶紫。

表中可见，对金属络阴离子 - 碱性染料缔合物而言，增溶剂或分散剂可分为三类：

第一类，聚乙二醇类：无增溶或分散作用。

第二类，非离子表面活性剂：有增溶作用，但其浓度高时，又有褪色作用。

第三类，聚乙烯醇、明胶、阿拉伯胶等大分子物质，为良好的分散剂。

下面分别就第二类和第三类进行探讨：

1. 非离子表面活性剂的增溶机理

以 Zn^{2+}-SCN^- 罗丹明 B 体系为例，研究了该体系中各组分或各组分混合液在水中或在 Triton X-100 胶束溶液中吸收光谱的变化情况，结果如图 1。

无论是在 RhB^+-SCN^- 体系或是在 Zn^{++}- SCN^-—RhB 体系中，加入 Triton X-100 并使其浓度超过 CMC 之后，体系的吸收光谱 (曲线 4 和 6) 几乎都变成与曲线 2(RhB- Triton X-100 体系) 相同。

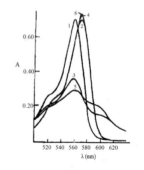

图 1 Zn–SCN–RhB 体系各组分的吸收光谱
(水为参比)

溶液酸度 $[H^+]$ = 0.04M; [Triton X-100] = 5.0×10^{-3}M
1. RhB；　2. RhB-Triton X-100；　3. RhB-SCN^-；
4. RhB-SCN^--Triton X-100；　5. Zn-SCN^--RhB；
6. Zn-SCN– -RhB-Triton X-100

以同法研究了其它几个体系，情况也类似。根据胶束的拟均相萃取原理 [3]，被增溶物被某种表面活性剂胶束增溶的难易及胶束中的增溶位置，决定于被增溶物的憎水性 (亲憎平衡值) 的大小。例如〔$Zn(SCN)_4$〕$^{4-}$(RhB)$_2$ 中，RhB^+ 的憎水性远大于 $Zn(SCN)_4^{2-}$，则 Triton X-100 胶束易对染料增溶，形成 Triton X-100-RhB 混合胶束；而 Zn(SCN)$_4^{2-}$ 多留在水或被挤入水相，导致缔合物的离解。我们并以析相 - 原子吸收法证明：析相后金属离子或其络阴离子，基本上留在上层清液中。从图 1 还可以看出，在溶液中 Triton X-100 浓度较高时，RhB$^+$-SCN$^-$ 二元缔合物和 Zn(SCN)$_4^{2-}$(RhB)$_2$ 三元缔合物在 600nm 处的吸收峰都消失，而 RhB$^+$-Triton X-100 混合胶束的最大吸收，568nm 处的吸光度却增强，曲线 4 和曲线 6 与曲线 2 几乎重合，所以，在非离子表面活性剂胶束溶液中观察试液对试剂参比的吸光度时，当然会得出褪色的结论。

若组成有色离子缔合物的两个对离子的憎水性相差不很大，例如 U^{VI}- 邻氨基苯甲酸 - 罗丹明 6G 离子缔合物显色体系，在 Triton X-100 胶束存在下，缔合物离解缓慢，其吸光度 (以试剂空白为参比) 随时间变化有一个上升 - 转折 - 下降一直至吸光度 $A < 0$ 的渐变过程。

综上所述，非离子表面活性剂对两个对离子憎水性不相接近的离子缔合物，不宜用作增溶剂。与文献〔2〕的结论相同。

2. 聚乙烯醇、明胶、阿拉伯胶的增溶分散机理：

聚乙烯醇可以认为是支链上带有仲醇结构的长链线性大分子化合物；阿拉伯胶的主要成分是阿拉伯糖，其水解产物主要是乙醛糖酸，己糖，甲基戊糖和一些酶；明胶则是一种含有多种氨基酸的混合物。和非离子表面活性剂不同的是它们分子中并无显著的两亲结构，也不会形成胶束，但它们在一定浓度的溶液中都能形成三维立体的空间结构，分子中又带有大量的羟基或氨基。因此，一方面是由于缔合物分子中的氧原子或氮原子与这些大分子物质分子中的活性氢之间形成的许多氢键，另一方面又是处在三维立体结构之中，所以这种结合具有类似螯合物形式的特别强的结合力，离子缔合物被均匀地吸附在这种环境之中，极大限度地限制了缔合物的活度，使沉淀难以析出，我们曾以盐析实验 [2]，并结合原子吸收法加以证实。

从上面的讨论可知：聚乙烯醇、明胶、阿拉伯胶等大分子物质，是两个对离子憎水性相差较大的离子缔合物的良好分散剂。

（二）胺化合物型离子缔合物

试验了几种胺化合物型离子缔合物在不同类型的增溶剂或分散剂中的行为，结果见表 2。

表 2　胺化合物型离子缔合物在不同增溶剂中的行为

现象 增溶剂① ＼ 缔合物	Ag-phen-TBF ②	Ag-phen-BPR ③	Ni-Bh-phlo ④
Triton X-100	增溶 褪色	增溶，不稳定	增溶 增敏 稳定
平平加	增溶 褪色	增溶 不稳定	增溶 增敏 稳定
吐温 -20	增溶 褪色	增溶 不稳定	增溶 增敏 稳定
吐温 -80	增溶 褪色	增溶 不稳定	增溶 增敏 稳定
聚乙烯醇	增溶 稳定	增溶 稳定	增溶 稳定
明胶	增溶 稳定	褪 色	增溶 稳定
阿拉伯胶	增溶 稳定	增溶 稳定	增溶 稳定

①增溶剂的浓度及用量同表 1　　　②phen- 邻菲啰啉；TBF- 曙红

③BPR- 溴邻苯三酚红　　　④Bh-4,7- 二苯基邻菲啰啉　phlo- 萤光桃红

由表 2 可知，所示三个体系在所试增溶剂 (分散剂) 中的行为不同，主要也是由于组成离子缔合物的两个对离子的憎水性的大小不同所引起的。

因曙红 (TBF) 比溴邻苯三酚红 (BPR) 具有较强的憎水性，易被 Triton X-100 增溶而形成混合胶束。TBF 的最大吸收波长从 520nm 红移到 535nm，同时溶液中的〔Ag(phen)$_2$〕$_2$TBF 缔合物也被增溶而成混合胶束，其 λ_{max} 也在 535nm 左右 (见图 2)，使对比度大大降低，在 540nm 处，试液和试剂参比液的吸光度几乎一致，由此造成褪色现象。

溴邻苯三酚红 (BPR) 分子具有较强的亲水性，与 Triton X-100 形成混合胶束的能力便不如 TBF，在 Triton X-100 胶束中 λ_{max} 红移现象也不如 TBF 那么明显。所以〔Ag(phen)$_2$〕BPR 缔合物在 Triton X-100 胶束中就观察不到褪色，但却可发现缔合物在胶束中不稳定，放置 30 分钟左右就会出现沉淀。

对于 Ni-Bh-phlo 体系而言，由于 4, 7- 二苯基邻菲啰啉比邻菲啰啉增加了两个憎水性很大的苯基，而且萤光桃红比溴邻苯三酚红和曙红具有更强的憎水结构，所以，在 Triton X-100 胶束溶液中，由于〔Ni(Bh)$_2$〕$^{2+}$ 和 phlo^{2+} 憎水性相近而共增溶于 [4] 胶束栅

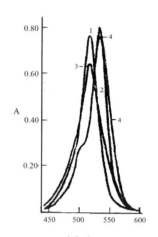

图 2　Ag-phen-TBF 显色体系吸收光谱
(H$_2$O 参比)
pH = 5，[Triton X-100] = 5×10^{-3}M
1. TBF
2. TBF-Triton X-100;
3. Ag-phen-TBF;
4. Ag-phen-TBF-Triton X-100。

状内层，离子缔合物不致离解褪色；且因憎水性强而进入胶束内层，使缔合物之间很难接触而产生沉淀。

聚乙烯醇、明胶、阿拉伯胶等大分子物质对胺化合物型离子缔合物的增溶 (分散) 模式，与对铵盐型缔合物的模式相似，故亦为此类离子缔合物的良好分散剂。但一般无增敏作用。

应该指出：可用 Triton X-100 为增溶剂的离子缔合物体系，往往可同时发生增敏作用。例如在 Triton X-100 存在下，以 Ni-Bh-phlo 直接水相光度测定 Ni^{2+}，ε 达 8.2×10^4L·mol^{-1}·cm^{-1}，稳定时间可达 24 小时。

参 考 文 献

[1] 戚文彬、骆红山，分析化学，即将发表 .

[2] 戚文彬、傅克廷，分析化学，11(9)，645，650(1983).

[3] 戚文彬，表面活性剂与分析化学 (上册)，第 126；221 页，中国计量出版社，1986 年 .

[4] 浦炳寅、戚文彬、傅克廷，"Sixth International Symposiun on Surfactants in Solution" MS77R,1986(新德里)，将发表于该会 Proceedings 中 .

（收稿日期：1987 年 6 月 13 日）

SOLUBILIZERS FOR ION-ASSOCIATION COMPOUNDS
IV .DEPENDENCE OF SOLUBILIZER(DISPERSING AGENT) ON THE MOLECULAR STRUCTURE OF ION-ASSOCIATES

Qi Wenbin and Lou Hongshan

(Department of Chemistry, Hangzhou University)

ABSTRACT

The dependence of choosing solubilizer or dispersing agent in the ion-association compound system on the molecular structure of ion-associates is studied. It is deduced that the difference of the hydrophile-lipophile balance values of the counter ions in the ion-associate plays an important role for physicochemical characters and then for the stability of the ion-associates in the micellar solution.If one of the counter ions is more hydrophobic than the other, thus it would form mixed micelle with the nonionic surfactant used, when the concentration of the nonionic surfactant exceeds its critical micelle concentration and then the ion associate is dissociated. For these ion-associates, macro-molecular compounds, such as polyvinyl alcohol, arabic gum, gelatin are preferable to nonionic surfactants chosen as solubilizer or dispersing agent.

化 学 学 报　ACTA CHIMICA SINICA 1989，47,873—877

有机试剂的分子结构与胶束增敏的关系
——TAMB 和 BTAMB 的比较研究

戚文彬[*]　王 耕

（杭州大学化学系，杭州）

本文以 TAMB 和 BTAMB 为探针试剂，考查了有表面活性剂胶束存在时有机试剂的亲水 - 疏水程度对金属 - 有机试剂配合物增敏效应的影响，研究了两体系的光度性质，显色剂及镍 - 显色剂配合物在各不同胶束中的分配情况，并用析相、核磁共振、萃取及动力学试验等手段比较了两个试剂及配合物的特点和差异。结果表明，试剂的"两亲"结构对配合物能否被增敏至关重要，而试剂憎水性或亲水性过强，均不利于配合物被增敏，仅当具有"两亲"结构时，配合物同时感受胶束"刚性不对称微环境"中两端不同作用力，配合物才会有较大增敏现象出现。

许多实验表明，表面活性剂对金属 - 有机显色剂配合物的增敏作用，与有关显色剂及其配合物在此表面活性剂胶束中的增溶位置有密切关系。而根据胶束假相模型[1]，被增溶物的增溶位又决定显色剂分子及其金属配合物的结构——特别是其疏水性（亲憎平衡）的大小，本文以 2-(2- 噻唑偶氮)-5- 二甲氨基苯甲酸 (TAMB 和 2-(2- 苯骈噻唑偶氮)-5- 二甲氨基苯甲酸 (BTAMB) 为探针试剂，研究了各种不同表面活性剂胶束对它们的作用，结果表明，表面活性剂对亲水性较强的 Ni(Ⅱ)-TAMB 配合物几乎无增敏作用，而对有一定疏水性的 Ni(Ⅱ)-BTAMB 配合物有较大增敏作用。从多种实验证实，Ni(Ⅱ)-TAMB 由于与胶束疏水作用小而仅增溶于胶束界面，故不能发生增敏作用，而 Ni(Ⅱ)-BTAMB 由于疏水性比 Ni(Ⅱ)-TAMB 强，可被增溶在胶束栅状层，受一"刚性不对称微环境"作用而产生增敏效应。

实 验

试剂　BTAMB，TAMB：纯品（天津化学试剂研究所）；十二烷基硫酸钠 (SDS)：分析纯，经乙醇回流，用水重结晶；十二烷基苯磺酸钠 (SDBS)：实验试剂，BDH 进口分装，用水重结晶；Brij35：纯品，Coin-Brook Bucks(英国)；Triton X-100：纯品，Rohm-Mass 进口分装; 平平加 (Peregal O)：纯品（杭州电化厂）；其它试剂为分析纯，所用水均为两次交换水。

仪器　超过滤器 (Millipore，美国)；PSA- Ⅰ 型超过滤膜，孔径 250~350Å，透水量 0.03~0.1dm^3/cm^2(国家海洋局第二海洋研究所)；UV-210 型分光光度计（日本岛津)；JNM-FX-90Q 核磁共振仪（日本)。

1987 年 7 月 15 日收到。

结 果 与 讨 论

Ni(Ⅱ)–TAMB 和 Ni(Ⅱ)–BTAMB 在不同表面活性剂溶液中的光度性质 用分光光度法研究了 Ni(Ⅱ)-TAMB 和 Ni(Ⅱ)-BTAMB 在不同表面活性剂溶液中的某些光度性质，并以 60% 甲醇体系为对照，结果列于表 1 中，从表中可见，无论阴离子型或非离子表面活性剂，对 Ni(Ⅱ)-TAMB 体系都没有增敏作用，并且在阴离子型和非离子型表面活性剂体系中的摩尔吸光系数 ε 值无显著差别，从表中还可看出，虽然本实验未做表面活性剂的最高用量，但其用量都相当大，而在一般的吡啶偶氮类有机显色体系中，有如此高浓度的表面活性剂存在，早已使配合物体系褪色。

表 1　Ni(Ⅱ)-BTAMB 和 Ni(Ⅱ)-TAMB 在不同表面活性剂中光度性质

显色体系	适宜 pH 范围	λ_{max}(nm)	sf 用量*(mL)	配合物摩尔比**	$\varepsilon \times 10^{-5}$(mol⁻¹·dm³·cm⁻¹)	$\Delta\varepsilon$(%)
Ni(Ⅱ)-TAMB-CH₃OH	5.25-5.75	605		1：1	0.99	
Ni(Ⅱ)-TAMB-SDS	5.25-5.75	607	0-18.0	1：1	0.99	0
Ni(Ⅱ)-TAMB-SDBS	5.25-5.75	607	0-18.0	1：1	0.99	0
Ni(Ⅱ)-TAMB-Brij35	5.25-5.75	607	0-18.0	1：1	0.99	0
Ni(Ⅱ)-TAMB-Peregal O	5.25-5.75	607	0-18.0	1：1	0.99	0
Ni(Ⅱ)-TAMB-Triton X-100	5.25-5.75	607	0-18.0	1：1	0.99	0
Ni(Ⅱ)-BTAMB-CH₃OH	5.0-8.5	640		1：1	1.20	
Ni(Ⅱ)-BTAMB-SDS	5.0-8.0	645	3.0-18.0	1：1	1.36	10
Ni(Ⅱ)-BTAMB-SDBS	5.0-8.0	648	3.5-18.0	1：1	1.36	10
Ni(Ⅱ)-BTAMB-Brij35	5.0-8.0	646	8.0-18.0	1：1	1.36	10
Ni(Ⅱ)-BTAMB-Peregal O	5.0-6.5	648	5.0-18.0	1：1	1.36	10
Ni(Ⅱ)-BTAMB-Triton X-100	5.0-6.0	643	1.0-15.0	1：1	1.36	10

* 表面活性剂浓度均为 0.05mol·dm⁻³，此处未做最高用量，终体积 25mL。

** 对 SDBS 体系，用连续变化法和平衡移动法测定 Ni(Ⅱ)：R 摩尔比，其它体系仅用平衡移动法测定。

TAMB，BTAMB，Ni(Ⅱ)-TAMB 和 Ni(Ⅱ)-BTAMB 与各种表面活性剂之间的作用

在不同表面活性剂胶束中的分配系数及分布百分数 用超过滤法[2]测定了 TAMB，BTAMB 和 Ni(Ⅱ)-TAMB 在各表面活性剂胶束中的分配系数 $K(K=x_m/x_w)$，并根据式 $m_m^R/(m_w^R+m_m^R)=K'm_m/(1+K'm_m)$ $(K'=K/m_w)$[2]，求得适宜表面活性剂用量范围内试剂在表面活性剂中的分配百分数，表 2 中即为所得数据。

表 2　TAMB，BTAMB 和 Ni(Ⅱ)-TAMB 在不同胶束中的分配系数和分布百分数*

增溶物	TAMB pH5.5			BTAMB pH8.0			Ni(Ⅱ)-TAMB pH5.5		
表面活性剂	SDBS	Peregal O	Triton X-100	SDBS	Peregal O	Triton X-100	SDBS	Peregal O	Triton X-100
浓度范围 (mol·dm⁻³)	0~0.036	0~0.036	0~0.036	0.008~0.036	0.002~0.036	0.002~0.036	0~0.036	0~0.036	0~0.036
K	< 10²	< 10²	< 10²	2.6×10^2	2.4×10^3	4.6×10^3	> 10⁵	3.2×10^3	1.1×10^3
$\dfrac{m_w^R \times 100}{m_w^R+m_w^R}$	< 6	< 6	< 6	3.6~14	25~75	9.4~61	0~98	0~67	0~37

* 分布百分数定义为 $m_w^R/(m_w^R+m_m^R)$，m_m^R 为增溶物 (R) 在胶束 (m) 中的摩尔数，m_w^R 为增溶物 (R) 在水中(w) 的摩尔数。20℃，

PSA- Ⅰ型超过滤膜，并假定 K 值与被增溶物和胶束浓度在所测范围内的相对比值无关

由表 2 可见，TAMB 在表面活性剂胶束中分布较少，说明胶束对其缺乏富集效应，BTAMB 在胶束中有一定分布，但在所用表面活性剂浓度范围之内，BTAMB 在胶束中的分布百分数普遍较低，故可将富集 / 稀释的平衡忽略不计。这可能是过量表面活性剂并未使体系褪色的主要原因。对于 Ni(Ⅱ)-TAMB 配合物来说，因其带正电荷，故在阴离子表面活性剂胶束中由于静电引力而有较大的分配系数，但在非离子表面活性剂和阳离子表面活性剂溶液中其分配系数就较小。

析相试验 将 TAMB，BTAMB 及其相应配合物按最佳显色条件配制溶液，各加入 2mL 纯 Triton X-100，并使终体积为 25mL，70~80℃左右析相完全，然后在各自 λ_{max} 下测定上层清液的吸光度，结果列于表 3.

表 3　析相试验前后测定的吸光度 *

体系		TAMB	BTAMB	Ni(Ⅱ)-TAMB	Ni(Ⅱ)-BTAMB
测定液	析相前上层溶液	0.105	0.115	0.540	0.770
	析相后上层溶液	0.140	0.035	0.270	0.025

*A 在各自 λ_{max} 测得，Ni(Ⅱ) 用 8μg，BTAMB 体系：pH8.0，TAMB 体系：pH5.5，终体系 25mL

从析相试验结果看，TAMB，Ni(Ⅱ)-TAMB 与 Triton X-100 的作用均小于相应的 BTAMB，Ni(Ⅱ)-BTAMB 的作用，这可从考察两者结构看出：

TAMB　　　　　　　　　　**BTAMB**

显然，由于 BTAMB 中的疏水基团增大而使疏水性增大，因此增强了试剂与表面活性剂胶束间的疏水作用力，使 BTAMB 和 Ni(Ⅱ)-BTAMB 均比 TAMB 和 Ni(Ⅱ)-TAMB 易于进入胶束"栅状层"，故与 Triton X-100 胶束一起析相的摩尔分数就较大，而亲水性较强的 TAMB 和 Ni(Ⅱ)-TAMB 大部分位于胶束界面和水相，析相率就低得多，这与前节的实验结果是一致的。此外，从 NMR 可见，加入 BTAMB 之后 (CH₂)n 峰 (SDBS 胶束) 的化学位移略微移向低场，而加入 TAMB 的平行实验却没有变化，也可以作为上述结论的佐证。

萃取试验 比较了若干溶剂对 Ni(Ⅱ)-TAMB 和 Ni(Ⅱ)-BTAMB 的萃取行为，从萃取情况看，正丁醇、正戊醇、异戊醇、正己醇和正辛醇等均可较为完全地萃取 Ni(Ⅱ)-BTAMB 配合物，但苯、甲苯和氯仿对它几乎无萃取作用，只是在相应溶剂与水两相界面上产生不溶物，将此不溶物溶于 SDBS 胶束溶液中，用光度法证明为 Ni(Ⅱ)-BTAMB，这说明 BTAMB 的疏水部份与苯、甲苯和氯仿作用，而亲水端指向水溶液，但由于分子运动很快成不溶物而存在于两相界面上。

对 Ni(Ⅱ)-TAMB 而言，因其亲水性较强，上述萃取剂对其均无萃取作用，而且水相中的

表 4　Ni(Ⅱ)-TAMB 和 Ni(Ⅱ)-BTAMB 体系在不同条件下的反应速率 *

显色剂	条件	$k(s^{-1})$			
		空白	SDBS	Triton X-100	Peregal O
TAMB	Ni 过量	0.14	0.17	0.16	0.17
(t=10℃, pH5.5)	R 过量	4.5×10^{-2}	3.0×10^{-2}	4.4×10^{-2}	5.0×10^{-2}
BTAMB	Ni 过量	9.6×10^{-2}	3.76×10^{-2}	1.8×10^{-2}	2.3×10^{-2}
(t=30℃, pH8.0)	R 过量	1.2×10^{-2}	3.28×10^{-3}	7.27×10^{-3}	9.30×10^{-2}

* 按准一级反应处理而得 [3]

Ni(Ⅱ)-TAMB 配合物亦不被破坏。

动力学试验 研究了各表面活性剂胶束存在下 Ni(Ⅱ)-TAMB 和 Ni(Ⅱ)-BTAMB 的反应动力学，分别测定了 Ni(Ⅱ) 过量和显色剂过量情况下显色反应的速率常数，结果见表 4。

从表中数据可见，Ni(Ⅱ) 过量情况下，TAMB 和 BTAMB 体系均是胶束存在下反应速率比无胶束时大，并且 SDBS 体系比非离子型表面活性剂体系大，这与 Ni(Ⅱ) 在 SDBS 胶束中有较大分配系数一致 [2]。但当显色剂过量时，对 Ni(Ⅱ)-BTAMB 体系而言，则是有胶束情况下反应速率小于无胶束时，并以 SDBS 体系中的反应速率最小，这说明反应产物最终进入胶束内芯"栅状层"，但因为显色剂在实验条件下荷负电，由于静电斥力，要进入胶束需一定活化能，要达显色平衡需一定时间，表现在速率常数变小。而对 Ni(Ⅱ)-TAMB 来说，虽然显色剂过量情况下也是 SDBS 中反应速率常数最小，但各不同胶束中的 k 值却相差甚小，非离子型胶束中的 k 值与无胶束存在时的 k 值相比变化较小，说明反应产物是在水相和胶束表面层生成，最终进入胶束内芯的产物很少。

由上述各种手段的结果可知，TAMB 和 Ni(Ⅱ)-TAMB 因亲水性较强，故与胶束的疏水作用力较弱，不能较大程度进入胶束"栅状层"，又因胶束对 TAMB 缺少富集作用，因此在胶束体系中不产生增敏作用，而 BTAMB 和 Ni(Ⅱ)-BTAMB 因"两亲"结构明显，在疏水作用力作用下进入胶束"栅状层"，定位于"刚性不对称微环境"中 [4]，受此一端亲水，一端疏水的特殊场力作用，使体系发生了较大增敏作用。

本文为国家自然科学基金资助的课题。

参 考 文 献

[1] 戚文彬，"表面活性剂与分析化学"，上册，中国计量出版社，北京，1986，第 68 页。

[2] 王 耕，戚文彬，分析试验室，1987，6(12)，1.

[3] 戚文彬，浦炳寅，化学学报，1983，41，410.

[4] Povich. M. J.; Mamn, J. A.; Kawamoto. A., J. *Clolloid. Interace. Sci.*, 1972, 41, 145.

Study of the Relationship Between the Structure of Organic Reagent and Surfactant Sensitized Color Reactions

Qi Wen-Bin* Wang Geng

(Department of Chamistry, Hangzhou University, Hangzhou.)

A bstract

In this paper, comparing the Ni(II)-TAMB system with Ni(II)-BTAMB system, as an example, we study the effect of hydrophobicity-hydrophilicity of color reagents on the surfactant sensitized reactions, the photometric characters of the two systems, the distribution of color reagents and the nickel complexes between water and surfactant micelles. By means of NMR, phase separation, extraction and dynamic study, the differences and speciality of the two systems were observed. It is shown that the hydrophobic and hydrophilic structure of the reagents plays an important role in the surfactant sensitized reactions. If too strong hydrophilic or hydrophobic reagents (or the complexes) were used, low micellar sensitized effect would be found in the system.

丙酮对 Ga–ECR–CPB 体系的增敏效应及其应用

戚文彬 刘丹萍

杭州大学化学系

摘要 本文研究了在 CPB- 丙酮存在下，Ga（Ⅲ）与依莱铬菁 R 的显色反应，提出了应用此体系高灵敏光度测定矿样中微量 Ga(Ⅲ) 的新方法。该体系在 585nm 处表观摩尔吸光系数为 $2.5 \times 10^5 L \cdot mol^{-1} \cdot cm^{-1}$。并对丙酮的增敏机理进行了讨论。

Z. Marczenko 等 [1] 曾在 CTMAB 存在下，以依莱铬菁 R(ECR) 光度法测定镓，其摩尔吸光系数为 $1.20 \times 10^5 L \cdot mol^{-1} \cdot cm^{-1}$。本文研究了丙酮对镓（Ⅲ）- 依莱铬菁 R- 溴化十六烷基吡啶 (CPB) 体系的影响，并对增敏进行了探讨。在适量丙酮存在下，该体系的灵敏度可提高一倍（$\varepsilon_{555} = 2.50 \times 10^5 L \cdot mol^{-1} \cdot cm^{-1}$），拟定了 Ga（Ⅲ）-ECR-CPB-Me$_2$CO 体系测定微量镓的条件，应用于岩矿中镓的分析，获得满意的结果。

实验部分

一、主要仪器与试剂

1. 岛津 UV-265 紫外可见分光光度计。

2. 721 型可见分光光度计（上分三厂）。

3. Ga^{3+} 标准溶液：按常规法配制成 10^{-3} mol/L 的贮备液。

4. ECR 4×10^{-3} mol/L 水溶液，临用时配制。

5. CPB 10^{-2} mol/L 水溶液。

二、实验方法

移取一定量的 Ga^{3+} 标准溶液于 25ml 比色管中，加数毫升 ECR 溶液，3ml HAc-NaAc 缓冲溶液，数毫升 CPB 溶液及丙酮，稀释至刻度，充分摇匀，5min 后用 1 厘米比色皿以水或试剂空白为参比作吸收曲线或测吸光度。

结果与讨论

一、条件试验

1. 吸收光谱　在最佳条件下，分别以水和试剂空白为参比，绘制吸收曲线（图 1）。络合物的最大吸收波长为 589nm。

2. 酸度　实验证明，Ga-ECR-CPB 体系的最适 pH 为 4.9～5.4，而 Ga-ECR-Me$_2$CO 体系的最佳 pH 较低，为 pH4.4～4.7，向酸性方向移动，有利于提高选择性。本文采用 pH4.5。

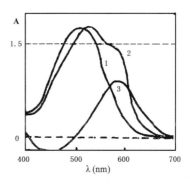

图 1 吸收曲线
1. 试剂 / 水；
2. 络合物 / 水；
3. 络合物 / 试剂。

3. 丙酮含量　丙酮含量为 5～8ml/25ml 时体系吸光度达最大值。实验采用 7ml。

4.CPB 用量　当 CPB 浓度低于 2.4×10^{-4} mol/L 时，由于 Ga-ECR 与 CPB 的缔合作用而出现混浊，当 CPB 浓度在 $3 \times 10^{-4} \sim 8 \times 10^{-4}$ mol/L 范围内时，有最大吸光度，实验采用 10^{-2} mol/L CPB 2.0ml。

5.ECR 用量　ECR 用量在 4ml 以上，吸光度达到平衡。实验时取 4×10^{-3} mol/L ECR 5ml。

6. 稳定时间　该体系 5min 后显色完全，吸光度至少可保持 4h 不变。

7. 干扰离子的影响　取 10^{-4} mol/L Ga^{3+} 标准溶液 0.5ml 于总体积 25ml 中，进行干扰试验，结果见表 1。一般干扰通过萃取分离除去。

表 1　Ga-ECR-Me₂CO 体系的干扰离子试验

共存离子	允许倍数	共存离子	允许倍数
In^{3+}	85	Ni^{2+}	4
Tl^{3+}	43	Zn^{2+}	15
Ag^+	70	Cu^{2+}	3
Ti(Ⅳ)	1	Pb^{2+}	15
Hg^{2+}	15	Pt^{4+}	285
Ca^{2+}, Mg^{2+}	> 7000	Ge^{4+}	10000
Cr(Ⅵ)	57	Al^{3+}	1
Mn^{2+}	285	Fe^{3+}	1
Cd^{2+}	3	Co^{2+}	15

8. 线性范围　Ga(Ⅲ) 浓度在 0.7~3.6μg/25ml 范围内符合比尔定律，线性回归方程为：$y=0.11x+0.03$，回归系数 $R=0.998$。

二、矿样分析 [2]

参照〔2〕准确称取 0.5~1g 样品，在银坩埚中熔样，并使硅酸脱水后，以 6mol/L HCl 定容于 50ml 容量瓶中，取澄清液 15ml 滴加 15%TiCl₃ 至溶液显紫色，用 10ml 醋酸丁酯萃取，以 6mol/L HCl 萃洗有机相 2 次 (第一次加 2 滴 TiCl₃，第二次不加 TiCl₃)，然后用 10ml 水反萃，分离后取 3ml 显色。同时作工作曲线，结果如表 2。

表 2　矿样分析结果对照

No	矿样	分析次数	Ga(ppm)		相对误差 (%)
			推荐值	本法结果	
1	GSD-1	3	23.0	24.5	+6.5
2	GSD-2	4	27.4	27.1	-1.1
3	GSD-3	4	16.7	17.2	+3.0
4	GSD-4	4	10.8	10.0	-8.0

三、机理探讨

已知在适当的有机溶剂存在下，不仅可进一步提高某些胶束增敏型络合物显色体系的灵敏度，而且可改善反应条件。例如使反应最适酸度向较酸方向移动，有时并可扩大反应 pH 范围。表面活性剂用量范围增大，从而增强"褪色掩蔽作用"，这些均有利于提高选择性，本研究结果也表明了上述某些优点。

截止目前，一般认为有机溶剂化效应提高反应灵敏度的原因，主要是有利于形成显色络合物的平衡。常可从有机溶剂存在时络合物的稳定性提高得以证实 [3]。这是有机溶剂抑制了金属离子的水解聚合，增加反应活性，促进显色剂的离解平衡以及影响表面活性剂形成胶束的平衡和表面活性剂与有机溶剂形成混合胶束等多种平衡的综合结果 [4]。

我们试验了丙酮和 CPB 共存与否及丙酮用量对 ECR 吸收图谱的影响。结果如图 2。从图 2 能看出，随着丙酮的加入及其用量增加时，最大吸收波长红移，吸光度增大，当丙酮含量达 40% 时，试剂吸收开始出现一碱式峰。丙酮在这一体系中表现出亲质子溶剂的特性，即增大了 ECR 介质的碱性, 促使其酸离解, 有利于络合反应更为完全, 并使反应在较低 pH 下进行。

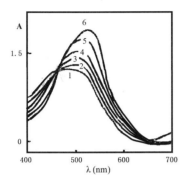

图 2　丙酮含量对 ECR 吸收曲线的影响
ECR 4×10^{-4} mol/L pH5.8 曲线 1-6Me$_2$CO 含量分别为 0,12%,20%,28%,32%,40%。

研究有机溶剂对胶束增敏体系的影响, 还必须考虑两个重要因素。

其一是金属离子与溶剂的结合能力, 这决定于金属离子的电子层结构和有机溶剂的给电子能力 (DN)。对于同一金属离子来说, 有机溶剂的 DN 值的大小, 决定了溶剂分子占据金属离子配位空轨道或置换溶剂化水的能力的强弱。

与此同时, 还必须考虑有机溶剂对胶束的影响。关于溶剂参与胶束的问题, Zana[5] 等已作过较详细的研究。丙酮增溶于 CPB 胶束的栅状层, 形成混合胶束。最初, 胶束增溶了一些丙酮分子, 在胶束界面和栅状层富集了丙酮, 有利于丙酮与金属离子配位。但由于有机溶剂的存在, 使表面活性剂的憎水基的自由能增加, 并导致三元体系中憎水作用力降低, 同时有机溶剂破坏了有序性的水结构, 故当其达到一定浓度时, 胶束被破坏 [6, 7]。特别是因丙酮易与 H$_2$O 形成氢键, 上述影响更为显著。胶束被破坏后, 增敏作用随之消失 [4]。上述转

变过程, 与相应有机溶剂的极性 (E$_T$ 或 Z 值) 大小有关。因根据胶束增溶原理, 有机溶剂的极性大小, 影响其在胶束中的增溶位置, 从而影响其与表面活性剂形成混合胶束以及胶束被破坏的难易。

我们绘制了丙酮存在下, CPB 体系的电导曲线和表面张力曲线。如图 3, 从图中可以看出, 随着丙酮加入量的增加, 电导迅速降低。这是因为丙酮被增溶于胶束的栅状层后, 使原胶束聚集数减少。另一方面, 由于丙酮的存在, 介电常数降低, 使胶束界面对反离子的结合力减弱, 从而使胶束界面电荷密度减小, A 值下降。

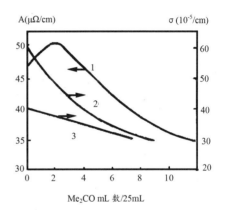

图 3　CPB 体系的电导和表面张力曲线
1. CPB 的电导曲线 (丙酮存在下);
2. CPB 的表面张力曲线 (丙酮存在下);
3. 无 CPB 时丙酮的表面张力曲线。
(CPB 10^{-2} mol/L 2.0 mL)

对于丙酮来说, 除了上述作用, 其强氢键作用也不可忽视。在低浓度时, 此种作用主要表现在对栅状层结构的影响, 随着浓度的增大, 对胶束界面电荷的"稀释"作用也越来越明显。无论哪一种原因使胶束界面电荷密度降低, 均可抑制由胶束电荷引起的对显色剂的束缚作用[8], 从而产生增敏作用。

我们已证明, 增敏区均在电导曲线的拐

点以后，且与表面张力曲线的最低区相一致 [4]。

参考文献

[1]Z. Marczenko et al., Mikrochimica Acta, 1979 Ⅱ , 507.

[2] 张毅，《岩石矿物分析》，地质出版社，1986.

[3] 慈云祥、杨若明《化学学报》42,1049 1984.

[4] 戚文彬、刘丹萍，Journal of Surface Science and Technology, 待发表 .

[5]Zana R. et al,. J. Colloid and Interface Sci., 80, 208, 1981.

[6]Lavinel G. Ionescu et al., Solution Behaviour of Surfactants, Vol.1, 401, Edited by K. L. Mittal and E. J. Fendler, Plenum Press. New York and London, 1982.

[7]Lavinel G. Ionescu et al., Surfactants in Solutions, Vol.2, 789, Edited by K. L. Mittal and B. Lindman, Plenum Press, New York and London, 1984.

[8] 小原人司，《分析化学》(日)，24.529,1975.

(收稿日期：1988 年 7 月 21 日)

The Enhancing Effect of Propanone on the Reaction System of Ga-ECE-CPB and its Application

Qi Wenbin and Liu Danping

(Departement of Chemistry, Hangzhou University)

The reaction of Eriochrome cyanine R with Ga(Ⅲ) in the presence of cationic surfactant CPB and propanone was studied. A sensitive spectrophotometric method for determining trace amounts of Ga(Ⅲ) in mineral samples was developed. The apparent molar absorptivity at 585 nm is 2.5×10^5 L·mol^{-1}·cm^{-1}. The mechanism of the enhancing effect was also discussed.

362

分 析 化 学 1990，18(4)，362—365.
FENXI HUAXUE(Analytical Chemistry)

流动注射胶束增溶分光光度法快速测定茶汤中微量锌

戚文彬　　陈笑梅

(杭州大学化学系，杭州，310028)

摘 要

本文研究了 Zn-1-(2- 吡啶偶氮)-2- 萘酚 (PAN)-Triton X-100 胶束增溶体系的 FIA- 光度法测定微量锌，该法操作简便，快速可靠，进样频率 180 样次 /h，RSD < 1.6%，成功地用于茶汤中微量锌的测定，并设计克服了在非 FIA 测定中多种干扰离子存在下与掩蔽剂作用的矛盾。

关键词： 流动注射 - 胶束增溶分光光度法，锌，1-(2- 吡啶偶氮)-2- 萘酚。

锌对生理有特殊作用，已为人们普遍关切。研究食品中微量锌的快速测定具有重要意义。胶束增溶分光光度法由于其仪器的简单和高灵敏度已广泛地被人们采纳和应用，本文以自己组装的 FIA-722 光度仪设计了以 Zn-PAN- Triton X-100 胶束增溶体系用 FIA- 光度法测定茶汤里微量锌的方法，应用于不同地区的茶汤中的微量锌的测定。结果满意，进样频率 180 样次 /h，RSD < 1.6%。

实 验 部 分

自组式流动注射分析仪装置如图 1。

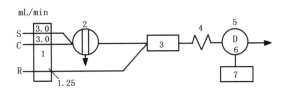

图 1　FIA-722 自组式流动注射分析流程装置

1. 电子微量泵 (新昌国康仪器厂)，2. 多功能进样阀[1]，3. 多功能组合块，4. 反应管道 (聚氯乙烯管内径 0.5~0.8mm)，5. 722 光栅分光光度计 (上海第三分析仪器厂)，6. 流通检测池 (内径 1.0mm，光程 10mm)，7. 台式自动平衡记录仪 (上海大华仪表厂)。

试样 S 被泵拉入采样环后被载流 C 带出。在多功能组合块处与试剂 R 混合，送入反应管道，载流不带试样时与试剂 R 混合后的吸收值为基线。

为达到高灵敏度和快速的目的，我们对管路参数和试剂的浓度等作了一些探讨。

结 果 与 讨 论

（一）pH 的影响

按图 1 的流路，将不同 pH 的缓冲液 (NH_3-NH_4Cl) 放到载流 C 的位置，测定。在 pH8.8~10.0 有一平坦的且灵敏度较好的区域。

（二）反应管道长度的影响

一定的流量，反应管道长度的改变，留存时间和扩散状况也随着改变，从而影响化学反应进行的程度，如图 2 所示，增加反应管道的长度，吸收值降低。

（三）试验了反应管理粗细对分散度的影响[6]

结果如表 1。

表 1　反应管理内径对分散度的影响

id(mm)	0.5	0.8	1.0
分散度 (D)	3.3	4.1	4.6

（四）采样体积的影响

选择一个合适的采样体积，可使测定既快又有较高的灵敏度又节省样品，结果表明，采样体积以 30μl 较合适。

（五）试剂浓度的影响

试剂 R 中 PAN 和 Triton X-100 的浓度比按参考文献[2]分别取 PAN(0.05% 的乙醇溶液) 和 Triton X-100(10%v/v) 各 1.0，2.0，2.5，3.0，4.0ml，稀释至 25ml，结果表明 PAN 和 Triton X-100 均以 2.0~3.0ml 为宜。

（六）干扰离子的影响及其掩蔽

据报道[3,4]茶汤中可能有的微量元素有 Mg^{2+}、Mn^{2+}、Cu^{2+}、Co^{2+}、Fe^{3+}、Fe^{2+}、Al^{3+}、K^+、Na^+、Pb^{2+}、Zn^{2+}。我们对这些元素可能存在的最大量对 Zn^{2+} 的测定的干扰作了试验，Zn^{2+} 为 0.8ppm 时，Mg^{2+}(2mg)，Fe^{3+}(10μg)，Fe^{2+}(10μg)，Al^{3+}(150μg)，Ca^{2+}(1mg)，Pb^{2+}(0.5mg)，Na^+(1mg)，

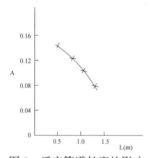

图 2　反应管道长度的影响

S:Zn 0.5ppm, C:pH8.8 缓冲液 . R:PAN(0.05% 乙醇溶液)50ml，TritonX-100(10%v/v)50ml 稀至 500ml，L_{MC}:50cm，Vs: 30μl(id 均为 0.5mm)，Q_R: 1.25ml/min，Q_C: 3.0ml/min

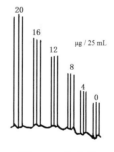

图 3　工作曲线

C:pH8.8NH_3-NH_4Cl 缓冲液 250ml，β- 氨荒丙酸铵 (4%)12.5ml，柠檬酸三钠 (5%)12.5ml.
R:PAN(0.05% 醇溶液)30ml Triton X-100(10%v/v)30ml，六偏磷酸三钠 12.5ml 稀至 250ml.
管路参数同图 2

K^+(1mg)，在每 25ml 溶液中存在均无干扰，Mn^{2+}、Cu^{2+}、Co^{2+} 有严重干扰。文献[5] 报道了在 Zn-PAN-Triton X-100 体系中，可用六偏磷酸钠，柠檬酸钠和 β- 氨基荒丙酸铵混合掩蔽剂掩蔽 Mn^{2+}、Cu^{2+}、Co^{2+}，但当大量镁存在时，镁与掩蔽剂作用产生沉淀而使测定失败。而茶汤中镁和锰的含量较高[4]，如用文献[5] 的方法，必须先将镁分离再将其它离子掩蔽后测定。而我们用流动性射法测定，根据 FIA 快速、时间可严格控制的特点，将掩蔽剂分别加到试样载流和试剂流中去，测定在沉淀产生前完成。避免了 Mg^{2+} 与 β- 氨荒丙酸铵共存产生沉淀的矛盾，达到了测定的目的而毋须分离样品中的大量镁。

（七）工作曲线的绘制

在一系列 25ml 量瓶中分别加 Zn^{2+}0、4、8、12、16、20μg，用水稀释至刻度，注射，测定。工作曲线的相关系数达 0.9999。工作曲线如图 3。

（八）茶汤中微量锌的测定

选用五个不同地区的茶样，恒重。分别用 100℃和 80℃的去离子水以 1：100 的比例浸泡 10min，过滤，取 50ml 茶汤，蒸发，消解[4] 转入 25ml 量瓶，加水至 20ml，加 NaOH 调至中性，稀释至刻度，移取 5ml 试样加入 5μg 锌。另取 5ml 试样均稀释至 10ml 测定，条件与绘制工作曲线同，结果见表 2。

表 2　茶汤中锌的含量及回收率试验结果

样品		测得值 (μg)	加入值 (μg)	总测得值 (μg)	回收率 (%)	茶汤中锌的含量 (ppm)
新昌	100℃	5.2	5.0	10.3	102	0.52
	80℃	3.3	5.0	8.9	112	0.33
浦江	100℃	8.5	5.0	14.0	110	0.85
	80℃	6.9	5.0	11.8	98	0.69
珠江	100℃	10.0	5.0	14.3	86	1.00
	80℃	7.1	5.0	12.4	106	0.71
余杭	100℃	8.5	5.0	13.7	104	0.85
	80℃	8.1	5.0	13.5	108	0.81
诸暨	100℃	13.3	5.0	17.8	90	1.33
	80℃	7.8	5.0	12.5	94	0.78

本文系国家自然科学基金资助课题。

参考文献

[1] 中国水产科学院黄海水产研究所，袁有宪，专利号 ZL86204525.8.

[2] 戚文彬、傅克廷，高等学校化学学报，1983,4(3),305.

[3] 王凯雄、谢旭一、周志瑞，高等学校化学学报，1981,2(1),112.

[4] 王凯雄、周志瑞，杭州大学学报（自然科学），1982.9(2),117

[5] 吴诚、华咏苡、诸杏君，理化检验（化学分册），1978,(2),7.

[6] 李永生、承慰才，"流动注射分析"，北京大学出版社，1986 年，第 14 页.

（收稿日期：1988 年 6 月 9 日）

分析化学 1992，20(1):32~35　研究报告
FENXI HUAXUE(Chinese Journal of Analytical Chemistry)

以 meso- 四(4- 甲基 −3− 磺酸基苯基) 卟啉荧光熄灭法连续测定环境水样中的痕量铜和锌

汤前德* 戚文彬

(杭州大学化学系，杭州，310028)

摘　要　本文利用水溶性卟啉 meso- 四(4- 甲基 -3- 磺酸基苯基) 卟啉 (TTPS₄) 建立了高灵敏的连续测定铜和锌的荧光熄灭法。以 Cd(Ⅱ) 和 2,2′- 联吡啶联合催化剂，在碱性条件下测得铜、锌总量，然后在酸性条件下测得铜的含量。并由此计算出锌的含量。铜、锌的检测限分别达 2.3ng/ml 和 1.0ng/ml。应用于环境水样中铜、锌连续测定，结果满意。

关键词　荧光熄灭法，锌，铜，meso- 四(4- 甲基 - 磺酸基苯基) 卟啉。

1　引　言

环境中铜、锌的监测为环境监测分析的重要项目。本文基于铜(Ⅱ)、锌(Ⅱ) 在弱碱性溶液中与 meso- 四(4- 甲基 - 磺酸基苯基) 卟啉 (TTPS₄) 形成的络合物使试剂的荧光定量熄灭。而 Cu-TTPS₄ 可在强酸溶液中稳定存在，此时 Zn- TTPS₄ 分解，基此建立了在弱碱性溶液中测定铜、锌总量，然后在强酸性溶液中测得铜的含量，并由此计算出锌的含量的荧光熄灭法。可用于天然水和含锰(Ⅱ) 量低的废水中痕量铜、锌的连续测定，也可单独测定其中的铜。

2　实验部分

2.1　主要仪器和试剂

RF-540 荧光光度计 (日本岛津)；930 型荧光光度计 (上海第三分析仪器厂)。

铜(Ⅱ)、锌(Ⅱ)、镉(Ⅱ) 标准液：按常法配成 1.0mg/ml 的储备液，临用前铜(Ⅱ)、锌(Ⅱ) 稀释成 1.0μg/ml；镉(Ⅱ) 为 10μg/ml 工作液；Briton-Robinson 缓冲液：用时用酸度计校正。TTPS₄：5×10^{-5}mol/L；2,2′- 联吡啶：10^{-2}mol/L；硫酸：1∶2；EDTA：0.1mol/L。所有试剂均为分析纯，实验用水均为去离子水。

2.2　实验方法

2.2.1 取 0.5μg 铜(Ⅱ)、1.0μg 锌(Ⅱ) 于 25ml 比色管中，依次加入 2.0ml TTPS₄，10μg 镉(Ⅱ)，1.0ml 2,2′- 联吡啶，5.0ml Briton-Robinson 缓冲液 (pH10)，摇匀，室温放置 10min，加 1.0ml EDTA，用水稀释至刻度，摇匀。以 418nm 作激发波长，在 644nm 处测定荧光强度，由此测得铜、锌总量。

2.2.2 上述溶液在加 EDTA 后，再加 4.0ml 硫酸 (1∶2)，以水稀释至刻度，摇匀，以 440nm 作激发波长，在 664nm 处测定荧光强度，由此测得铜含量。

本文为国家自然科学基金和浙江省自然科学基金资助的课题。曾在首届长春国际分析化学学术会议 (1990，8) 上宣读。

* 现在成都无缝钢管厂钢研所分析中心工作。

3 结果与讨论

3.1 条件试验

3.1.1 激发光谱与荧光光谱: 经试验发现,在 pH > 8 时,$TTPS_4$ 在 $\lambda_{ex}/\lambda_{em}$=418/644(nm) 处有一荧光峰,试剂与铜(Ⅱ)、锌(Ⅱ)形成络合物后该荧光峰便定量熄灭,且铜(Ⅱ)、锌(Ⅱ)使荧光强度的降低(ΔF)具有加和性。在 pH < 4 时,Zn-$TTPS_4$ 分解,$TTPS_4$ 在 $\lambda_{ex}/\lambda_{em}$=440/664(nm) 处有一荧光峰,Cu-$TTPS_4$ 络合物的形成使此荧光峰定量熄灭。见图 1。

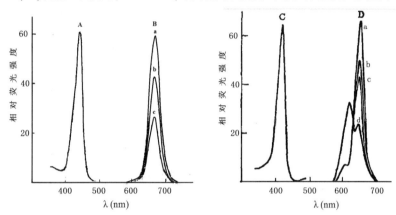

图 1　激发光谱和荧光光谱

A. 激发光谱(λ_{ex} = 440 nm):[$TTPS_4$] = 4×10^{-6} mol/L, [H^+] = 1.92 mol/L;
B. 荧光光谱(λ_{em} =664 nm):[$TTPS_4$] = 4×10^{-6} mol/L, [H^+] = 1.92 mol/L;
　　a. [Cu^{2+}] = 0, b. [Cu^{2+}] = 2.0 μg / 25 mL, c. [Cu^{2+}] = 4.0 μg / 25 mL .
C. 激发光谱(λ_{ex} = 418 nm):pH = 11.0, [$TTPS_4$] = 4×10^{-6} mol/L;
D. 荧光光谱(λ_{em} =644 nm):pH = 11.0, [$TTPS_4$] = 4×10^{-6} mol/L;
　　a. [Cu^{2+}] = 0, [Zn^{2+}] = 0, 　　　　b. [Cu^{2+}] = 1.0 μg / 25 mL, [Zn^{2+}]= 0,
c. [Cu^{2+}] = 0, [Zn^{2+}]= 2.0 μg / 25 mL, d. [Cu^{2+}] = 1.0 μg / 25 mL, [Zn^{2+}]= 2.0 μg / 25 mL

3.1.2 联合催化剂的作用: 试验发现,在室温(18℃)1h 后,铜(Ⅱ)、锌(Ⅱ)与 TTPS4 反应完全的程度分别约为 30% 和 10%。我们参照文献〔1〕试验表明,在镉(Ⅱ)和 2,2'-联吡啶联合作用下,铜(Ⅱ)、锌(Ⅱ)与 $TTPS_4$ 的反应在室温下 5min 已定量完成,如图 2 所示,本文采取 10min。镉(Ⅱ)浓度为铜(Ⅱ)、锌(Ⅱ)的一倍以上及 2,2'-联吡啶用量在 0.2ml 以上时,反应已能定量进行。本文在 25ml 溶液中,分别加 10μg 镉(Ⅱ)和 1ml 联吡啶。

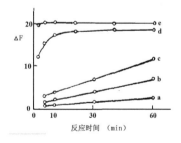

图 2　联合催化剂的作用
a. 无催化剂; b. 2,2'-联吡啶;
c. Cd(Ⅱ); d. Cd(Ⅱ) + 吡啶;
e. Cd(Ⅱ) + 2,2'-联吡啶

3.1.3 溶液 pH 的影响: 在 pH9.0~12.0 范围内,ΔF 恒定且最大,选用 pH10.00 缓冲液 5.0ml。

3.1.4 EDTA 的作用及用量影响: 由于 Cd(Ⅱ)-$TTPS_4$ 络合物的形成也使 $TTPS_4$ 的荧光熄灭,干扰铜(Ⅱ)、锌(Ⅱ)的测定。故反应完成后必须破坏 Cd(Ⅱ)-$TTPS_4$ 以消除其影响。经试验发现,Cd(Ⅱ)-$TTPS_4$ 在 pH < 6 或 EDTA 存在下即已分解;

而 Zn(Ⅱ)-TTPS$_4$ 到 pH < 3 才开始分解，且不能被 EDTA 所破坏；Cu(Ⅱ)-TTPS$_4$ 可承受〔H$^+$〕～3.0mol/L 的强酸和大量 EDTA 不被分解。在本实验条件下 0.1ml EDTA 已可使 Cd(Ⅱ)- TTPS$_4$ 破坏，但用量超过 5.0ml 时，ΔF 值下降，选用 1.0ml。

3.1.5　**TTPS$_4$ 用量的选择**：通过比较一系列不同 TTPS$_4$ 用量的工作曲线表明，在 25ml 反应液中加入 2.0ml TTPS$_4$ 溶液，所得工作曲线线性良好，本文取 2.0ml。

3.1.6　**测铜（Ⅱ）时酸化酸度及酸型影响**：试验结果表明，酸化酸度在〔H$^+$〕=0.2～3.0mol/L 范围内 ΔF 恒定。〔H$^+$〕< 0.2 mol/L，Zn(Ⅱ)- TTPS$_4$ 分解不完全，> 3.0mol/L 时，则空白荧光强度降低，使 ΔF 下降。

结果又表明，溶液酸度均为 2.0ml/L 情况下，使用硫酸、硝酸或磷酸的效果相似，而盐酸则使灵敏度降低。本文选用 4.0ml 硫酸 (1∶2) 酸化，此时溶液中〔H$^+$〕约 1.92mol/L。

3.1.7　**稳定性试验**：在室温下，实验方法 1 和 2 两体系均可稳定在 24h 以上，但应避免阳光直射。

3.2　工作曲线及方法灵敏度

3.2.1　**工作曲线**：由于相同量的铜 (Ⅱ)、锌 (Ⅱ) 在弱碱性溶液中分别与 TTPS$_4$ 形成络合物后，TTPS$_4$ 的荧光强度降低程度 (ΔF) 不同，故在实际测定时应绘制有关的三条工作曲线，即铜 (Ⅱ) 和锌 (Ⅱ) 在弱碱性溶液中单独存在时的两条工作曲线，以及在强酸性溶液中铜 (Ⅱ) 的工作曲线。

在进行实际样品测定时，可按下法求得结果：首先按实验方法Ⅰ测得铜 (Ⅱ)、锌 (Ⅱ) 总量的 ΔF 总值，并按实验方法 2 测得酸性条件下铜 (Ⅱ) 的 ΔF^a_{Cu} 值。由 ΔF^a_{Cu} 从相应工作曲线上查得铜 (Ⅱ) 含量，C^a_{Cu}，再将 C^a_{Cu} 在弱碱性条件下 (pH10)，铜 (Ⅱ) 的工作曲线上查得相应的 ΔF^b_{Cu}，从而计算出 $\Delta F_{Zn} = \Delta F_总 - \Delta F^b_{Cu}$，并由此求得锌 (Ⅱ) 量。

由 ΔF^a_{Cu} 换算成 ΔF^b_{Cu} 时可引入一相关系数 K，$K = k_b / k_a$，式中 k_a，k_b 分别为铜 (Ⅱ) 在酸性条件和弱碱性条件下工作曲线的斜率，故 $\Delta F^b_{Cu} = K \cdot \Delta F^a_{Cu}$，$K$ 值与所用仪器和实验条件有关，因此在测定样品时，须先求得 K 值。本工作中 $K = 56.7/25.9 = 2.19$。

3.2.2　**方法灵敏度（检测限）**：方法的检测限按 $C_L = KS_0/S$[2] 计算。式中 K 为与置信水平有关的常数。当置信水平为 90% 时 K 取 3。S_0 为空白溶液测定值的标准偏差，S 为工作曲线的斜率。本工作中，铜的检测限：

$S_0 = 0.49$($n = 10$ 次)，$S = 25.9/40 = 0.65$(ng/ml)$^{-1}$，$K = 3$，$C_L = 3 \times 0.49/0.65 = 2.3$ng/ml，同时求得锌的检测限 $C_L = 1.0$ng/ml，均低于文献〔3〕。

3.3　共存离子的影响

在 0.5μg 铜 (Ⅱ) 及 1.0μg 锌 (Ⅱ) 存在下测得共存离子的最大允许量：> 10000μg 的 Cl$^-$、Br$^-$、I$^-$、SCN$^-$、SO$_4^{2-}$、NO$_3^-$、PO$_4^{3-}$；> 1000μg 的 Ca(Ⅱ)、Mg(Ⅱ)、Al(Ⅲ)；500μg 的 Cd(Ⅱ)、Hg(Ⅱ)；200μg 的 Cr(Ⅵ)，100μg 的 S$_2$O$_3^{2-}$、S^{2-}、CN$^-$；20μg 的 Cr(Ⅲ)、Ni(Ⅱ)、Pd(Ⅱ)；10μg 的 Fe(Ⅱ)；1.0μg 的 Co(Ⅱ)；0.2μg 的 Mn(Ⅱ)。

上述结果是进行铜 (Ⅱ)、锌 (Ⅱ) 连续测定时的干扰情况。如用于单独测定样品中的痕量铜 (Ⅱ)，则 Co(Ⅱ) 的允许量在 200 倍以上，Mn(Ⅱ) 的允许量在 500 倍以上，其它离子的允许量也可大幅度提高。

3.4 样品测定

天然水中痕量铜（Ⅱ）、锌（Ⅱ）的测定：取水样 10ml 于 25ml 比色管中，按实验方法进行测定。结果如表 1。

表 1　样品分析结果 (μg/ml)

样品	本法结果		AAS 结果	
	Cu(Ⅱ)	Zn(Ⅱ)	Cu(Ⅱ)	Zn(Ⅱ)
Ⅰ	0.06	0.08	0.05	0.09
Ⅱ	0.06	0.06	0.06	0.07
Ⅲ	0.02	0.01	0.03	0.01
Ⅳ	未检出	未检出	未检出	未检出

表 2　回收率试验 (5ml 水样Ⅳ作基底)

编号	加入量 (μg)		测得量 (μg)		回收率 %	
	Cu(Ⅱ)	Zn(Ⅱ)	Cu(Ⅱ)	Zn(Ⅱ)	Cu(Ⅱ)	Zn(Ⅱ)
1	0.50	1.50	0.52	1.45	104	97
2	0.50	1.50	0.51	1.48	102	99
3	0.50	1.50	0.47	1.50	96	100
4	1.00	1.00	0.98	0.98	98	98
5	1.00	1.00	0.98	0.95	98	95
6	1.00	1.00	0.95	1.02	95	102

4　参 考 文 献

[1] 石井一，高英昌，佐藤胜彦。日本化学会志，1980，(12)：1919

[2] Hernandez F H, Escriche J M. *Analyst*，1984，109(12)：1585

[3] 魏 玲，张传铀，程介克。分析试验室，1988，7(1)：1

（收稿日期：1991 年 3 月 5 日；修回日期：1991 年 7 月 20 日）

A Fluorescence Quenching Method for Simultaneous Determination of Trace Copper and Zinc in Environmental Water Samples With meso-Tetrakis(4-methyl-3-sulfophenyl)porphin

Tang Qiande, Qi Wenbin

(Department of Chemistry, Hangzhou University, Hangzhou 310028)

Abstract A highly sensitive simultaneous determination of Cu(Ⅱ) and Zn(Ⅱ)in ng/ml level was developed by fluorescence quenching with meso-tetrakis(4-methyl-3-sulfophenyl)-porphin(TTPS$_4$) at pH 9~12. The complexation is very slow at room temperature, but it is accelerated by addition of Cd(Ⅱ) and bipyridine, and completed within 5 min at room temperature. First the total amount of Cu(Ⅱ) and Zn(Ⅱ) is determined in the basic media (A), then the amount of Cu(Ⅱ) is determined in the acidic media (B), at last the amount of Zn(Ⅱ) is calculated from the difference between A and B. The detection limits for Cu(Ⅱ) and Zn(Ⅱ) are 2.3 and 1.0 ng/ml, respectively. The method has been used to determine trace Cu(Ⅱ) and Zn(Ⅱ) in environmental water samples with satisfactory results.

Keywords: Fluorescence quenching method, Zinc, Copper, *meso*-Tetrakis(4-methyl-3-sulfophenyl) porphin.

(Received March 5,1991; Revised July 20,1991)

化学学报　ACTA CHIMICA SINICA 1992，50,32—38

显色剂结构与胶束增敏作用的关系
II. Cadion, Cadion 2B 的比较

戚文彬　　康继韬 *

(杭州大学化学系 , 杭州 , 310028)

本文从表面活性剂对 Cd(II)-Cadion 和 Cd(II)-Cadion 2B 作用的不同，研究了有机显色剂分子结构与胶束增敏作用的关系，发现在无表面活性剂存在时，Cd(II)-Cadion 2B 的灵敏度高于 Ca(II)-Cadion，当加入适量表面活性剂后，以 Triton X-100 为例，分别测定了显色剂及其配合物所在胶束微环境中的 D_{eff}，在胶束中的分配系数，还另用分光光度法和析相法探求增溶位。结果表明：(1) 具有两亲结构的被增溶物增溶于胶束的栅状层，其能否进入栅状层及栅状层的深浅，决定于被增溶物分子的横断面的大小和两亲结构明显程度。(2) 在胶束栅状层，受"刚性不对称微环境"的作用产生增敏作用。(3) 从研究 Cd(II)-Cadion 和 Cd(II)-Cadion 2B 的分子结构表明：Cd(II)-Cadion 2B 的横断面大于 Cd(II)-Cadion，而两亲结构又比 Cd(II)-Cadion 不明显，这是 Cd(II)-Cadion 2B 胶束增敏率小于 Cd(II)-Cadion 的主要原因。

表面活性剂对金属 - 有机显色剂配合物的增敏作用，与显色剂及其相应配合物的分子结构有密切关系。前文 [13] 研究的结果表明：胶束对亲水性较强的显色配合物几乎无增敏作用，而对两亲结构明显的显色配合物，由于增溶于胶束栅状层的适当位置，处于"刚性不对称微环境"而产生较强的增敏作用。本文以 4-(4' - 硝基苯重氮氨基) 偶氮苯 (Cadion) 和 4-(4' 硝基萘重氮氨基) 偶氮苯 (Cadion 2B) 为探针试剂，研究了多种表面活性剂对它们及其相应配合物的作用。其结果似与前文有矛盾，因此有必要对此两体系进行较深入的比较研究。

实　　验

主要仪器与试剂 U-3400 紫外可见近红外分光光度计 (日立)；722 型光栅分光光度计 (上海第三分析仪器厂)；表面张力测定仪 (自制)。

Cadion(BDH 公司出品)：0.02% 乙醇溶液。Cadion 2B(BDH 公司出品)：经乙醇两次重结晶提纯后，配成 0.02% 乙醇溶液。Cd(II) 标准溶液：1mg/mL(加盐酸使含 1mol/L)。临用时稀释至所需浓度。各种表面活性剂水溶液。其他试剂均为分析纯，所用水均为去离子水。

方法

(1) 显色反应灵敏度的比较　在 25mL 比色管中，加 Cd(II)10 μg，以 KOH 碱化，加最佳用量的显色剂和表面活性剂，稀释至刻度，摇匀，在 λ_{max} 处用 1 cm 比色皿测吸光度。

(2) 显色剂及其配合物在胶束微环境中有效介电常数测定参照文献 [2, 3]。

1990 年 8 月 3 日收到。国家自然科学基金资助的课题。前一报见参考文献 [1]。

* 现在宁波市商品检验局工作。

表 1 Cd(Ⅱ)-Cadion 和 Cd(Ⅱ)-Cadion 2B 在不同表面活性剂溶液中的光度特性

表面活性剂 (SF)		Cd(Ⅱ)-Cadion				Cd(Ⅱ)-Cadion 2B				增敏率比 Cadion/Cadion 2B
		λmax(nm)	A	SF 用量 (%)	增敏率 (%)	λmax(nm)	A	SF 用量 (%)	增敏率 (%)	
不加 SF		489.8	0.146	-	-	545.5	0.255	-	-	-
阴离子表面活性剂	SDBS	485.0	0.547	0.08-0.2	274.68	518.0	0.512	0.02-0.1	50.20	5.5
	SDS	488.0	0.355	0.2-0.3	143.15	-	混浊	-	-	-
非离子表面活性剂	Triton X-100	474.0	0.392	0.04-0.2	168.49	505.0	0.381	0.04-0.2	49.41	3.4
	乳化剂 OP	473.0	0.400	0.3-0.4	173.97	504.0	0.421	0.15-0.30	65.51	2.7
	Brij 35	472.0	0.396	0.15-0.35	171.23	501.0	0.429	0.20-0.35	68.24	2.5
	平平加	471.0	0.401	0.05-0.35	174.66	503.0	0.400	0.02-0.1	56.84	3.1
混合表面活性剂（固定 SDBS 用量）	SDBS-Triton X-100	482.0	0.470	0.3-0.6	221.92	511.0	0.418	0.3-0.6	63.39	3.5
	SDBS-乳化剂 OP	487.0	0.444	(1∶1 或 1∶3)	204.11	512.0	0.399	0.2-0.3	56.47	3.6
	SDBS-Brij 35	483.0	0.469	0.1-0.3	221.23	510.0	0.437	0.1-0.4	71.14	3.1
	SDBS- 平平加	486.0	0.462	(1∶1)	216.43	512.0	0.422	0.2-0.3	65.49	3.3
混合表面活性剂（固定 SDS) 用量	SDS-Triton X-100	484.0	0.434	0.2-0.4	197.26	504.0	0.414	0.3-0.5	62.35	3.2
	SDS- 乳化剂 OP	486.0	0.453	0.3-0.5	210.27	507.0	0.415	0.15-0.40	62.27	3.4
	SDS-Brij 35	484.0	0.431	0.2-0.4	195.21	506.0	0.401	0.2-0.4	57.25	3.4
	SDS- 平平加	483.0	0.444	0.3-0.5	204.11	505.0	0.422	0.15-0.30	65.49	3.1

注：(1) 代号：SDBS：十二烷基苯磺酸钠；SDS：十二烷基硫酸钠；Triton X-100：$(CH_3)_3CCH_2C(CH_3)_2C_6H_5O(CH_2CH_2O)_9H$；
乳化剂 OP：聚乙二醇辛基苯基醚，$C_8H_{17}C_6H_4O(CH_2CH_2O)_{10}H$；
Brij 35：$C_{12}H_{25}O(CH_2CH_2O)_{23}H$；平平加：$C_{18}H_{37}O(CH_2CH_2O)_{20}H$

(2) 条件：Cd(II)10μg；终体积均为 0.02% 1mL，显色剂均为 1mL，
KOH：Cadion 体系：0.5 mol/L KOH 0.2 mL；Cadion 2B 体系：0.5mol/L KOH 1mL。

(3) 增敏率：加 SF 后吸光度提高的百分数，$\dfrac{A_{表}-A_{无}}{A_{无}} \times 100\%$

(4) 阳离子表面活性剂对此两体系均无增敏作用，故不列入。

233

(3) 显色剂及其配合物在胶束中的分配系数的测定，参见文献 [4-6]。

(4) 析相试验按常法进行。

结 果 与 讨 论

Cd(Ⅱ)–Cadion 和 Cd(Ⅱ)–Cadion 2B 在不同表面活性剂溶液中的光度特性　按实验方法 (1) 研究了两个体系的某些光度性质，结果列于表 1。由表 1 可知，表面活性剂对此两体系的增敏作用大致有如下顺序：SDBS > 阴、非离子混合表面活性剂 > SDS > 阳离子表面活性剂。其中以 SDBS 的增敏作用最强，这是由于阴离子表面活性剂与带阳电的显色配离子相互极化，以及胶束的富集作用和反应微环境的改变等因素综合的结果，SDS 虽也与显色配离子的电性相反，但其一端为直链，极性不如 SDBS 的大，增敏作用稍差。

从表 1 还可看出，未加表面活性剂时，Cd(Ⅱ)-Cadion 2B 的灵敏度高于 Cd(Ⅱ)-Cadion 体系近 1.8 倍，而加入最佳量的表面活性剂后，Cd(Ⅱ)-Cadion 体系的增敏率反高于 Cd(Ⅱ)-Cadion 2B 体系 2.7~3.4 倍，其中在 SDBS 后，竟达 5.5 倍。绝对灵敏度除乳化剂 OP 和 Brij 35 外，也以 Cd(Ⅱ)-Cadion-SF 为高。此结果与前文 [1] 相反。为此，下面以 Triton X-100 为例，从多方面进一步研究。

Triton X-100 胶束对 Cd(Ⅱ)-Cadion 和 Cd(Ⅱ)-Cadion 2B 作用的研究

(1) 有效介电常数的测定与讨论　已经证明：显色剂及其显色配合物在胶束中的增溶位置直接影响胶束对该显色反应的增敏作用 [1]。本文用紫外 - 可见分光光度法 [2, 3] 测定了 Cadion 和 Cadion 2B 以及相应的配合物在最适条件下于 Triton X-100 胶束中的有效介电常数 ($\overline{D}_{eff}$) 以推求它们的增溶位。实验中所选用的参考溶剂及显色剂在这些参考溶剂中的主吸收峰 λ_p 如表 2，测得的 $\overline{D}_{eff}$ 如表 3，由表 3 数据可看出，由于 Cadion 2B 的疏水性强于 Cadion，故在胶束中 Cadion 2B 的增溶位更近于胶束内芯，但与 Cd(Ⅱ) 形成配合物后，$\overline{D}_{eff}$ 反比 Cd(Ⅱ)-Cadion 所处微环境的大得多，近于在甲醇溶液中，说明 Cd(Ⅱ)-Cadion 2B 大部分位于胶束界面和水相。相反，Cd(II)-Cadion 则由于两亲结构明显，仍处于"刚性不对称微环境"，增敏作用较强。

(2) 分配系数的测定　根据胶束的拟均相萃取模型，被增溶物在胶束相的分配系数 K_D，也是间接推测被增溶物的增溶位的重要参考参数 [1]，为此，本文参照文献 [4-6] 测定了显色剂及其配合物在 Triton X-100 胶束中的分配系数 K_D，也列于表 3。

结果表明，疏水性很大的 Cadion 2B 的 K_D 值远大于亲水性较大的 Cadion 的 K_D，这与胶束的拟均相萃取原理相符。但它们与 Cd^{2+} 形成螯（配）合物后，虽然疏水性均增大，但分配系数却比各自显色剂的 K_D 减小，Cd(Ⅱ)-Cadion 的 K_D 减小约 1.6 倍，而 Cd(II)-Cadion 2B 的 K_D 竟减小 7.8 倍，而且其 K_D 值反小于 Cd(Ⅱ)-Cadion 的 K_D。这应从胶束增溶模型来解释，因这类物质的增溶属于极性 - 非极性增溶 [7]，被增溶物或深或浅地穿插入胶束的栅状层。而被增溶物分子能进入胶束栅状层的功，是被增溶物分子的横断面和模压的乘积，螯（配）合物分子的横断面大于相应显色剂的横断面，因此螯合物分子被部分挤出栅状层而移入胶束界面或水相，从而使分配系数降低。根据相同原理，从 Cd(Ⅱ)-Cadion 2B 的 K_D 急剧降低的结果看，也启示了 Cd(Ⅱ)-Cadion 2B 的横断面要比 Cd(Ⅱ)-Cadion 的大得多。

(3) 析相试验　对于聚氧乙烯型非离子表面活性剂胶束的增溶作用，被增溶物分子除了一部分能增溶于胶束内芯和（或）栅状层外，如具有可形成氢键的部分，还可包藏于胶束外层的聚氧乙烯的亲水键外壳 [7] 中，将此溶液加热至该非离子表面活性剂在此体系的浊点以上时，增溶于胶束

表 2　参考溶剂中显色剂的光谱性质

参考溶剂	正丁醇	正丙醇	乙醇	甲醇	甲醇 - 水	水
Cadion λ_p(nm)	548.6	549.8	546.3	536.4	538.3	380.9
Cadion 2B λ_p(nm)	602.0	601.0	597.2	587.3	589.5	354.6
$\bar{D}_{eff}$(F/m)	17.15	20.8	25.0	32.0	64.0	78.1

表 3　显色剂及其配合物在 Triton X-100 胶束微环境中的 $\bar{D}_{eff}$ 及分配系数

	Cadion	Cd(II)-Cadion	Cadion 2B	Cd(II)-Cadion 2B
$\bar{D}_{eff}$(F/m)	21.62	22.58	19.54	56.17
K_D	2458	1570	10000	1279

内芯和栅状层的被增溶物就会被胶束挟带而析出。因此，研究析相率的大小，也可作为推断被增溶物的增溶位的间接判据。

为此我们按最佳显色条件配制显色液，每份各加 2mL 浓 Triton X-100 溶液 (~20%)，终体积为 50mL，沸水浴中进行析相，将胶束相与上层清液分离后，分别在各自 λ_{max} 下测定显色剂的吸光度，对于显色配 (螯) 合物的析相率，则加入 10 μg Cd^{2+}，按上法析相后，用原子吸收法测定上层清液中的 Cd^{2+} 量求得。结果如表 4。

表 4　析相试验结果

析相前	Cadion	Cd(II)-Cadion	Cadion 2B	Cd(II)-Cadion 2B
	A	Cd^{2+}(μg)	A	Cd^{2+}(μg)
	0.405	10	0.536	10
析相后	0.033	0.175	0.024	0.225
析相率	91.9%	98.4%	95.5%	97.8%

从析相结果看出，Cadion 和 Cadion 2B 及其相应的配 (螯) 合物的析相率的大小，与各物的憎水性一致。但 Cadion 和 Cd(Ⅱ)-Cadion 析相率的差却大于 Cadion 2B 和 Cd(Ⅱ)-Cadion 2B 的差，这从另一侧面说明，与显色剂原来的增溶位相比，Cadion 2B 在转变成 Cd(Ⅱ)-Cadion 2B 后，从胶束内芯或 (和) 栅状层移入胶束界面，水相和被聚氧乙烯链外壳包藏的比例要比 Cadion 体系的大。增溶于聚氧乙烯链外壳的被增溶物主要是借聚氧乙烯链上的醚氧和末端羟基与被增溶物分子形成氢键而被包藏，在高温时，氢键断裂，使析相不完全。但从两显色配合物的析相率近于相等的结果，却可看出这两个配合物与聚氧乙烯链形成氢键的能力也近乎相同，这也给这两个配合物的分子结构，予以有益的启发。

(4) 从紫外 - 可见光谱法探求增溶位　根据相似介质的微环境极性相似，因而引起吸收光谱变化的相似性原理，取与 Triton X-100 摩尔数相同的聚乙二醇 (PEG) 浓溶液 [7]，分别比较显色剂及其相应的配合物在此两溶液中的吸收曲线，其最大吸收波长的比较如表 5。

试验结果表明，Cd(Ⅱ)-Cadion 2B 的吸收光谱在 PEG 介质中与在 Triton X-100 较接近 (从表 5 可看出，两者的 λ_{max} 颇为接近)。说明 Cd(Ⅱ)-Cadion 2B 较多地增溶于类似 PEG 结构的聚氧乙

表 5　显色剂及其配合物在 Triton X-100 和 PEG 溶液中吸收光谱 λ_{max}(nm) 比较

	Cadion	Cd(Ⅱ)-Cadion	Cadion 2B	Cd(Ⅱ)-Cadion 2B
Triton X-100	546.6	490.8	601.4	524.9
PEG	382.6	462.1	467.6	514.8

烯链外壳中。

配合物的结构与胶束增敏的关系　从表 1 所列 Cadion 和 Cadion 2B 及相应配合物的光度特性，以及对它们在 Triton X-100 胶束中增溶位的研究结果，似与前文的结论有矛盾。为此，我们进一步从相应配合物的分子结构加以考察。

由文献 [8-10] 已知 Cd(Ⅱ) 与 Cadion 形成 1∶2 配合物，而 Cd(Ⅱ) 与 Cadion 2B 形成 1∶3 配合物。Cd(Ⅱ) 的最高配位数为 6，它与 Cadion 以 1∶2 摩尔比配合时，两个 Cadion 分子仅占据四个配位点，尚有两个配位点被 H_2O 占据，故能进一步与邻菲咯啉 (Phen) 配合而置换出两分子 H_2O 形成 Cd(Ⅱ)-Phen-(Cadion)$_2$ 三元配合物 [9]，但 Cd(Ⅱ) 的六个配位点均被 Cadion 2B 配合，我们研究证明，邻菲咯啉对 Cd(Ⅱ)-Cadion 2B 体系，无论它所用的量多少，吸收光谱和吸光度均无变化，这从另一侧面证明 Cd(Ⅱ) 与 Cadion 2B 形成 1∶3 配合物的可靠性。

此外，电泳试验 (两配合物均泳向阴极) 及与阴离子表面活性剂的作用 (强烈增敏，见表 1)，证明此两配合物均带正电。红外光谱显示，显色剂分子上的氨基偶氮的 >N-H 键在 3260cm^{-1} 的伸缩振动特征峰，在形成镉配合物后大大减弱。1510cm^{-1} 芳香胺的弯曲振动峰及 1402~1300cm^{-1} C—N 的伸缩振动峰发生变化。

根据上述文献和多种试验结果可以推论 Cd(Ⅱ)-Cadion 和 Cd(Ⅱ)-Cadion 2B 的可能结构分别如图 1 和图 2。

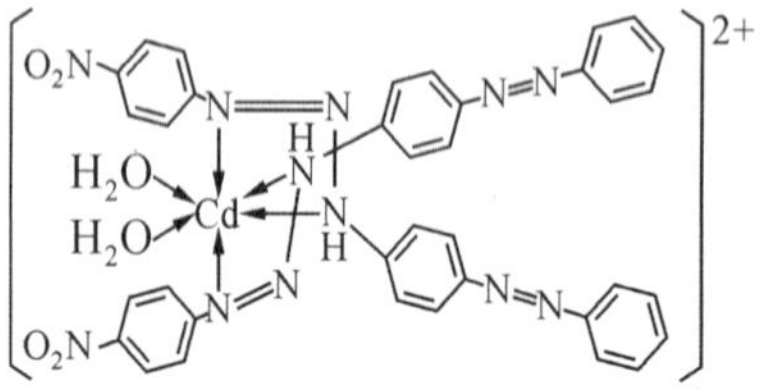

图 1　Cd(Ⅱ)–Cadion 螯合物的结构

前文 [1] 已证明，胶束增敏作用的产生及其大小，决定于被增溶的显色配合物具有"两亲"结构，增溶于胶束栅状层感受胶束"刚性不对称微环境"中两端作用力的大小，后者又取决于胶束栅状层的大小和被增溶显色配合物分子的大小的匹配程度。

在同一表面活性剂胶束中，由于 Cd(Ⅱ)-Cadion 2B 的横断面比 Cd(Ⅱ)-Cadion 的大得多 (比较图 1 和图 2)，而且 Cd(Ⅱ)-Cadion 2B 的"两亲"结构又不如 Cd(Ⅱ)-Cadion 的明显，因此 Cd(Ⅱ)-Cadion 2B 不易插入栅状层，感受胶束"刚性不对称微环境"两端的作用极弱，这是在胶束体系中 Cd(Ⅱ)-Cadion 2B 的增敏率反而比 Cd(Ⅱ)-Cadion 低得多的主要原因。

胶束栅状层的大小，因表面活性剂的类型和浓度而异，例如在通常浓度下，Triton X-100 形成相当大的近于球形 (r=5nm) 胶束，Brij35 形成较紧密的棒状胶束 (r=2nm，l=18nm)[11]，对于前者，

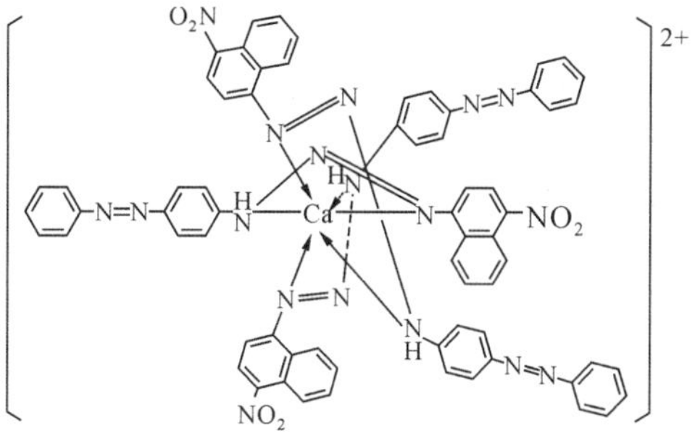

图 2 Cd(Ⅱ)–Cadion 2B 的结构

两配合物均有可能插入其栅状层，但以横断面较小，两亲结构明显的 Cd(II)-Cadion 插入较深，而在 Brij35 胶束中，两者均不易插入其栅状层，此时，对这两体系的增敏作用，主要借聚氧乙烯外壳与各配合物形成氧键，而从"析相试验"中指出及由图 1，2 看出，此两配合物能形成氧键的原子相同，因此受氢键的影响也相同，总的结果，仍反映 Cadion 2B 和 Cadion 分子中共轭链长不同而引起灵敏度大小的差异（见表 1）。阴离子 - 非离子型混合胶束的光谱特性，较接近于阴离子表面活性剂，但其栅状层较单一表面活性剂胶束的复杂，且由于 Cd(Ⅱ)-Cadion 2B 的横断面过大，与混合胶束的栅状层的匹配性较差，因此增敏率仍不如 Cd(Ⅱ)-Cadion。

综上述试验和讨论，本文的研究结果，并不与前文[1]矛盾，而是前文的补充和发展。

致谢：杨芸同志帮做红外光谱，谨致谢意。

参 考 文 献

[1] 戚文彬，王耕，化学学报，1989，47，873。

[2] 王耕，戚文彬，分析试验室，1990，9(5)，1。

[3] Cardinal, J. R.; Mulkerjee, P., *J. Phys. Chem.*, 1978, 82, 1614.

[4] 王耕，戚文彬，分析试验室，1987，6(12)，1。

[5] 戚文彬，朱利中，化学学报，1987，45，707。

[6] Cuccovia, I. M.; Schröter, E. H.; Monteiro, P. M., Chaimovich, H., *J. Org. Chem.* 1978, 43, 2248.

[7] 戚文彬，"表面活性剂与分析化学"，上册，中国计量出版社，北京，1986，第 85 页。

[8] Shen, Nai-Kui; Wei, Fu-Sheng, *Anal. Lett.*, 1981, 14 (A19), 1565.

[9] 戚其平，沈乃葵，魏复胜，化学试剂，1983，5，269。

[10] 浦炳寅，魏丹毅，高等学校化学学报，1986，7，585。

[11] Kalyanasundaram, K.; Thomas, J. K., "*Micellization, Solubilization,* Microemulsions"，Vol. 2, ed. By Mittal, K. L., Plenum Press, New York, 1977, p. 569.

The Relationship between Micellar Sensitization and the Structure of the Organic Chromogenic Reagent
II. Comparison of Cadion with Cadion 2B

Qi Wen-Bin, Kang Ji-Tao

(Department of Chemistry, Hangzhou University, Hangzhou, 310028)

Abstract

In this paper, the relationship between micellar sensitization and the structure of the organic chromogenic reagent was studied from many aspects. We found that the sensitivity of Cd(II)-Cadion 2B was higher than Cd(II)-Cadion without any surfactants. But the sensitivity of Cd(II)-Cadion was enhanced more pronouncedly than that of Cd(II)-Cadion 2B with addition of surfactants. The enhancement by surfactants had such asequence: SDBS>mixed surfactants>SDS>cationic surfactants. Take Trition X-100 as an example. The effective dielectric constants and distribution coefficients of Cadion, Cd(II)-Cadion, Cadion 2B, Cd(II)-Cadion 2B in micellar solution were determined. The location and orientation of the solubilizates in the micelles were studied also by means of micelle separated method and spectrophotometry. The structure of Cd(II)-Cadion and Cd(II)-Cadion 2B were investigated. Some conclutions were drawn from these results: it was confirmed that the amphiphilio structure of the reagent and its complex played an important role in the micellar sensitizing effect. The solubilizate had pronounced amphiphilio structure causing solubilized into the palisade layer of micelle. The area cross section and the amphiphilio structure of the solubilizate determined the sensitizing effect. In such a situation the enriching effect of the micelles and the "rigid unsymmetrio microenvironment" effect might take place. As a result, the system was sensitized. According to this view and the structure of Cd(II)-Cadion and Cd(II)-Cadion 2B, the above results were discussed.

分析化学 1992,20(10): 1157~1159　　研究简报　　　　1157

FENXI HUAXUE(Chinese Journal of Analynal of Analytical Chemistry)

β- 环糊精对钴(Ⅱ)三羟基荧光酮显色体系的作用机理研究

刘定武　王耐冬　戚文彬 *

(杭州大学化学系，杭州，310028)

摘　要　测定了 β- 环糊精 (β-CD) 与 9 种三羟基荧光酮试剂及其钴络合物的包含物的离解常数 (K_{Df})，以及 β-CD 存在下 9 种三羟基荧光酮试剂的酸离解常数 (K_a) 的变化。发现 β-CD 对此类显色剂的显色体系的增敏作用，与 K_{Df} 和 K_a 的变化有一定联系。

关键词　β- 环糊精，包含物离解常数，酸离解常数，显色体系。

1　引　言

我们已研究了 β- 环糊精 (β-CD) 对 Co(Ⅱ)- 三羟基荧光酮显色体系作用的某些特性，并认为 β-CD 对此显色体系的作用机理，与形成 β-CD 的包合物有关，本文测定了 β-CD 对 9 种三羟基荧光酮试剂及它们相应钴络合物的包合离解常 (K_{DF})，以及 β-CD 存在下，此 9 种显色剂的酸离解常数 (K_a) 的变化，借以探究 β- 环糊精对此类显色体系的作用机理。

2　实验部分

2.1 主要仪器和试剂

U-3400 紫外可见近红外分光光度计 (日立)，722 型光栅分光光度计 (上海第三分析仪器厂)

钴标准溶液：含钴 1mg/ml，使用时逐级稀释至 10μg/ml。缓冲液：HAc-NaAc 体系，NH₃·H₂O-NH₄Cl 体系，硼砂 -NaOH 体系。9 种三羟基荧光酮试剂 (见表 1 注，购自无锡高速分析仪器厂试剂部)，均用无水乙醇配成 5.0×10^{-4} mol/L 溶液。所用水为去离子水。

2.2 实验方法

2.2.1 K_{DF} 的测定　在一系列 50ml 容量瓶中，分别加入一定量的钴标准溶液，4ml 荧光酮试剂，10ml 硼砂 -NaOH 缓冲溶液 (pH=10.7)，β-CD 用量从 0，2.0，4.0，6.0，8.0，10.0，12.0，14.0，16.0 至 18.0ml，以去离子水定容，分别作试剂空白对水，络合物对水，络合物对试剂空白的 Benesi-Hildebrand 图 [1,2]。

2.2.2 K_a 的测定　采用中点法和时数作图法 [3,4]。

3　结果和讨论

3.1 K_{DF} 的测定

测定 K_{DF} 的方法较多，我们应用分光光度法测定了 9 种三羟基荧光酮试剂及其相应荧光酮钴络合物的 K_{DF}。

---

* 国家自然科学基金资课题。

设 CD 和 F 分别代表 β-CD 被包合的客体，则 $CD \cdot F \rightleftharpoons CD + F$

$$K_{DF} = \frac{[CD][F]}{[CD \cdot F]}$$

由于即使在最高 CD 有效浓度时，客体也不可能全被包合，故用经典的 Benesi-Hildebrand 方程式求其包合离解常数。

$$\frac{C_D C_F}{\Delta A} = \frac{K_{DF}}{\Delta \varepsilon} + \frac{C_D}{\Delta \varepsilon}$$

式中 C_D 和 C_F 分别为 β-CD 和客体的总浓度，$\Delta \varepsilon$ 为游离客体和包合后的客体的摩尔吸光系数差，ΔA 为加 β-CD 后所测得的体系吸光度变化。以 $C_D C_F / \Delta A$ 对 CD 作图，得直线的斜率 $(\frac{1}{\Delta \varepsilon})$ 和截矩 $(\frac{K_D}{\Delta \varepsilon})$，从而求得 K_{DF}，结果如表 1。

表 1 β-CD 对 Co(Ⅱ)- 荧光酮体系峰值的影响与 K_{DF} 的关系

试剂 (R)	体系						
	R+β-CD(水参比)		Co²⁺-R+β-CD(水参比)		Co²⁺-R+β-CD(试剂空白参比)		
	结果						
	峰值	K_{DF1}*	峰值	K_{DF2}*	峰值	K_{DF3}*	增效情况
DiBrPF	降低	4.80×10^{-3}	降低	2.33×10^{-3}	升高	1.28×10^{-4}	增敏
p-DiMeNH₂PF	降低	1.34×10^{-3}	升高	4.37×10^{-4}	升高	2.38×10^{-3}	增敏
PF	降低	6.11×10^{-4}	降低	5.25×10^{-4}	降低	4.22×10^{-3}	褪色
o-CIPF	降低	3.10×10^{-3}	降低	4.46×10^{-3}	降低	3.02×10^{-3}	华退
o-NO₂PF	升高	3.13×10^{-4}	降低	3.12×10^{-3}	降低	3.78×10^{-3}	褪色
m-NO₂PF	升高	3.22×10^{-5}	升高	8.34×10^{-5}	降低	1.78×10^{-3}	褪色
p-NO₂PF	降低	3.97×10^{-4}	降低	6.59×10^{-4}	降低	6.20×10^{-4}	褪色
SAF	降低	4.00×10^{-4}	降低	1.97×10^{-3}	降低	1.49×10^{-3}	褪色
DiBrOHPF	降低	1.46×10^{-3}	降低	1.98×10^{-3}	降低	6.51×10^{-4}	褪色

注：*K_{DF1}：试剂对水，K_{DF2}：络合物对水，K_{DF3}：络合物对试剂空白。

　　**DiBrPF：二溴苯基荧光酮；p-DiMeNH₂PF：对二甲氨基荧光酮；PF：苯基荧光酮；

　　o-CIPF：邻氯苯基荧光酮；o-NO₂PF：邻硝基苯基荧光酮，m-NO₂PF：间硝基荧光酮；

　　p-NO₂PF：对硝基苯基荧光酮，SAF：水杨基荧光酮，DiBrOHPF：二溴羟基苯基荧光酮。

从表 1 可以看出，β-CD 与三羟基荧光酮及其络合物之间的相互作用有下面一些特点：

3.1.1 β-CD 对三羟基荧光酮及其钴络合物吸收峰的位置影响不大，但对于吸收峰的强度有不同程度的影响，说明有不同程度的包合作用，这种影响有两种情况，一种是试剂或（和）络合物的吸收峰值增强，如 Co²⁺-DiBrPF、Co²⁺-p-DiMeNH₂PF、m-NO₂PF 等，另一种是使试剂和络合物的峰值均减弱，如 PF、o-CIPF、Co²⁺-PF、Co²⁺-o-CIPF 等。

3.1.2 β-CD 可使 Co²⁺-DiBrPF 和 Co²⁺- p-DiMeNH₂PF 增敏，而使其它 Co²⁺- 三羟基荧光酮体系褪色，这与 β-CD 和相应络合物的 K_{DF} 值有一定联系。设 K_{DF1}、K_{DF2}、K_{DF3} 分别代表 β-CD-R(对水)，β-CD- Co²⁺+R(对水) 和 β-CD- Co²⁺-R(对试剂空白) 求得的 K_{DF} 值，(1) 若 $K_{DF_1} > K_{DF_2}$(或 K_{DF_3})，β-CD 与络合物的包合的能力更强，促使络合物的产率增大，体系增敏。如 Co²⁺-p-DiMeNH₂PF：体系，K_{DF_1} 为 1.34×10^{-3}，K_{DF2} 为 4.37×10^{-4}。(2) 若 $K_{DF1} < K_{DF2}$(或 K_{DF3})，β-CD 与试剂的包合物更稳定，促使部分络合物离解而褪色，如：Co²⁺-m-NO₂PF 体系，$K_{DF1}=3.22 \times 10^{-5}$，$K_{DF2}=8.34 \times 10^{-5}$，$K_{DF3}=1.78 \times 10^{-3}$。

3.2 Ka 的测定及其变化

测得了有和无 β-CD 存在时 9 种荧光酮试剂的酸离解常数（见表 2），其中以对 K_{a2} 的变化对显色反应的影响更大，因为一级的离解型体（R^{2-}），直接参与络合反应，若 β-CD 包合作用的结果，使 pKa_2 减小，有利于络合反应，使体系增敏，例如：Co^{2+}-DiBrPF 和 Co^{2+}-DiMeNH$_2$PF，反之则褪色，其结果与由 K_{DF} 所得者一致，但对于复杂的体系，以将 K_{DF} 和 Ka_2 综合考虑为宜。

表 2 荧光酮试剂的酸离解常数

	pK_s		pK_{a1}		pK_{a2}		pK_{a3}	
	1	2	1	2	1	2	1	2
DiBrPF	-	-	4.64	4.35	3.54	8.20	-	-
p-DiMeNH$_2$PF	-	-	7.22	7.01	11.27	10.88	-	-
PF	-	-	6.25	6.39	10.31	10.45	12.14	12.13
SAF	-	-	6.57	6.73	10.73	10.88	12.23	11.97
DiBrOHPF	-	-	6.75	6.77	10.47	10.63	12.24	12.17
o-ClPF	3.42	3.44	6.43	6.71	10.37	10.58	12.21	12.28
o-NO$_2$PF	3.43	3.38	6.13	6.84	9.85	10.21	12.17	12.51
m-NO$_2$PF	-	-	-	-	10.25	10.43	11.89	12.01
p-NO$_2$PF	3.32	3.40	6.23	6.37	10.04	10.31	11.95	12.13

注〔1〕1 和 2 分别代表无 β-CD 和〔β-CD〕=10^{-3}mol/L；

〔2〕DiBrPF、p-DiMeNH$_2$PF、PF、PF、SAF、DiBrOHPF 和 m-NO$_2$PF 在弱酸性溶液中水溶性极差，而 DiBrPF 和 p-DiMeNH$_2$PF 在强碱性条件下，迅速分解，故无法测得它们的 pK_a 或（和）pK_{a1}，pK_{a3}。

4 参 考 文 献

1 (a)Benesi H A, Hildebrand J H. J. Am. Chem. Soc., 1949, 71:2703;(b)Cramer E, Saenger W.Spatz H-Ch. *J. Chem.* Soc., 1967, 89(1):4

2 Szejeli J. "Cyclodextrins and Their Inclusion Complexes", Akademiai Kiado, Budapest, 1982, p.197

3 Banks V, Carlson A B. *Anal. Chim. Acta*, 1952, 7:291

4 张正奇，俞汝勤. 化学试剂，1987, 9(3)：132

（收稿日期：1991 年 6 月 25 日；修回日期：1992 年 5 月 4 日）

Mechanism of the Effect of β-Cyclodextrin on Cobalt(II)-2,6,7-Trihydroxyfluorone Chromogenic Systems

Liu Dingwu, Wang Naidong, Qi Wenbin*

(Department of Chemistry, Hangzhou University, Hangzhou 310028)

Abstract In order to study the sensitizing effect of β-cyclodextrin(β-CD)on the Co(II)-2,6,7-trihydroxyfluorone(TDF) chromogenic systems, the dissociation constants(K_{DF})of β-CD inclusion complexes of nine TDF reagents and their corresponding Co(II)-complexes were determined by Benesi-Hildebrand method. The changes of acid dissociation constants K_a of the TDF in the presence and absence of β-CD were also determined and compared. The results indicated that there was correlation between K_{DF} of K_a (especially K_{a2}) and the sensitizing effect. The effect of K_{DF} and K_{a2} is agreeable. Both the K_{DF} of K_{a2} are considered preferably.

Keywords β-Cyclodextrin, Dissociation constant of inclusion complex, Acid dissociation constant, Chromogenic system.

(Reccived June 25, 1991; Revised May 4, 1992)

学高为师　身正为范

——纪念戚文彬教授诞辰100周年

MICROCHEMICAL JOURNAL 53, 361–370 (1996)
ARTICLE NO. 0052

Comparative Study of Fluorescence Enhancement of Some Fluorescence Systems in Different β-Cyclodextrin Derivatives and Cyclodextrin–Surfactant Media

LIZHONG ZHU,* ZHIHONG QI,[†] ZHOUSHUN LU,* HUI JING,* AND WENBIN QI*,[1]

*Department of Environmental Science, Hangzhou University, Hangzhou, Zhejiang 310028, People's Republic of China; and †American Maize Products Company, 1100 Indianapolis Boulevard, Hammond, Indiana 46320-1094

The effects of two cationic chemical modified β-cyclodextrins, quaternary ammonium β-CD and tertiary amine β-CD on fluorescence systems, such as Zr(IV)-Morin, Zr(IV)-Quercetin, Al(III)-Ferron, and Al(III)-H$_2$QS, were studied comparatively with β-CD. A mechanistic investigation has been conducted using pyrene as probe molecule for the media polarity changes in its surrounding microenvironment. The different effects of various CDs or CD-surfactant mixtures on these systems have been interpreted in terms of formation and geometric compatibility of multicomponent complexes, fluorescence quantum yield ratio of fluorophoric complex to that of the corresponding fluorophoric reagent. The chemical structure of fluorophoric reagent was also considered. Some characters of ionized chemical modified β-CDs were deduced. The mechanism of the synergistic fluorescence enhancement of β-CDs with surfactant was discussed preliminarily. © 1996 AcademicPress, Inc.

INTRODUCTION

Cyclodextrins (CDs) are composed of D-glucopyranose residues bounded by (1–4carbon) linkages. The most common members of this family are α, β, γ-cyclodextrins, made up of six, seven, and eight glucopyranose residues, respectively. The cavities of CDs are relatively hydrophobic and have an internal diameter of 4.7-8.3 Å. Among them, β-cyclodextrin (β-CD) is the most readily available and lowest priced.

Upon inclusion of fluorophores, CDs offer a less polar and more rigid protective microenvironment and generally dramatically enhance the fluorescence of the guest molecule by shielding the excited species from the quenching and nonradiative decay processes that occur in bulk solution in its hydration sphere upon their entry into the cyclodextrin cavity, while water molecules are simultaneously expelled from the cavity. β-cyclodextrin (β-CD) has been more generally utilized for such fluorescence applications. However, in many instances, it has been observed that the magnitude of the fluorescence enhancement attainable with β-CD is restricted due to its inherently limited water solubility. To overcome the poor solubility of β-CD, numerous chemically modified CDs have been synthesized.

The relative effectiveness of different water-soluble β-CD media to function as fluorescence enhancement

---

242

agents has been evaluated [1]. We have studied the effectiveness of fluorescence enhancement by hydroxyethyl-β-CD (HEβCD), hydroxypropyl-β-CD (HPβCD), dimethyl-β-CD (DMβCD), and trimethyl-β-CD (TMβCD) on the Al(Ⅲ)-Ferron system compared with the effectiveness of unmodified β-CD [2,3]. However, ionic CDs, the β-CD derivatives carrying ionizable functional groups, have not yet been commercialized, with only a few exceptions that are currently in the developmental stage and have not been used in fluorescence applications.

In this paper, we take two cationic β-CD derivatives, quaternary ammonium β-CD (hydroxypropyltrimethylamine β-CD, QAβCD) and tertiary amine β-CD (diethylaminoethyl β-CD, TA βCD) as examples; their effects, either with or without surfactants, on the fluorescence systems, such as Zr(Ⅳ)-Morin, Zr(Ⅳ)-Quercetin, Al(Ⅲ)-Ferron, and Al(Ⅲ)-8-hydroxyquinolinesulfonic acid (H$_2$QS) were studied comparatively with β-CD. A mechanistic investigation has further been conducted using pyrene as probe molecule, for the media polarity change in its surrounding microenvironment. The different effects of various cyclodextrins or CD–surfactant mixtures on these systems have been interpreted in terms of formation and geometric compatibility of the corresponding ternary or quaternary complexes. Some characters of ionic β-CD derivatives were deduced.

EXPERIMENTAL

Apparatus

A RF-540 spectrofluorometer (Shimadzu) with a 1×1 quartz cell was used for recording spectra. Excitation and emission spectra were corrected. A UV-265 spectrophotometer (Shimadzu) with 1-cm silica cells was used to measure the absorbance. A CSFIA sonic vibrator (Shanghai Ultra-machine Factory) was used for sonicating reaction mixtures.

Reagents

Zr(Ⅳ) and Al(Ⅲ) stock solutions (1000 μg/ml) were prepared by dissolving analytical reagent grade ZrOCl$_2$·8H$_2$O and KAl(SO$_4$). 12H$_2$O in deionized water. Morin ($2 \times 10^{-3}M$ in 5% ethanol), quercetin ($1 \times 10^{-3}M$ in ethanol), Ferron (3×10^{-4} M aqueous solution), and H$_2$QS (1×10^{-3} M ethanol solution) were used as fluorophoric reagents. TAβCD and QAβCD (American Maize Products Company) were used as received, as was β-CD(Shuzhou Gourmet Powder Factory, Purified). All CDs used were 1% aqueous solutions. All other reagents used were of analytical grade. Water was deionized. Pyrene (Aldrich,99$^+$% purity, as received) stock solutions were prepared in cyclohexane. Aqueous pyrene solutions were prepared by pipetting a stock solution of pyrene into a 25ml flask. The cyclohexane was then evaporated with dry nitrogen and the flask was diluted with deionized water to give a 0.19 μM solution. Naphthalene was purified by sublimation. Its stock solution was prepared in absolute ethanol. The solutions used were prepared by diluting the stock solution in deionized water to give a 1 M solution in 1% ethanol.

Procedures

Zr(Ⅳ)–morin and Zr(Ⅳ)–quercetin systems: To an aliquot containing 1~2 μg Zr(Ⅳ) solution was added 3.0 ml 6M HCl solution, 2 ml morin or qucertin solution, and various concentrations of β-CD, QAβCD, or TA β CD solution in a 25ml volumetric flask. The mixture was diluted to exactly 25.0 ml with deionized water and sonicated for 2 h, then let stand for 0.5–1 h. The fluorescence and absorption spectra were measured. The excitation wavelength was 425.0 nm for the morin system and 436.0 nm for the quercetin system.

TABLE 1
Effect of CDs on the Fluorescence Intensity of the Zr(Ⅳ)-Morin System

Conc.(μM)	Intensity(λ_{em})		
	β-CD	TAβCD	QAβCD
0	12.9(502.3)	12.9(502.3)	12.9(502.3)
1.0	12.8(502.3)	12.7(502.4)	12.8(502.6)
8.0	-	12.6(502.4)	13.0(502.2)
24.0	-	20.4(503.5)	19.9(503.7)
40.0	37.0(504.8)	33.6(504.4)	32.5(504.9)
80.0	-	148.8(508.8)	152.6(505.7)

Note. ABS $\times$ 2; ORD $\times$ 16; $E_{ex} = Eem = 5$ nm; $\lambda_{ex} = 425.0$ nm.

Al(Ⅲ)–Ferron and Al(Ⅲ)–H$_2$QS systems: The procedures were similiar to those for the above systems, but taking Al(Ⅲ) 2 μg, NaAc–HAc buffer solution (pH 5) 2 ml, Ferron solution 3 ml (or H$_2$QS solution 0.90 ml). The excitation wavelength was 270.1 nm for Al(Ⅲ)–Ferron, 381.0 nm for Al(Ⅲ)–H$_2$QS. While the synergistic effect of cetyltrimethyl ammonium bromide (CTMAB) with CDs was examined, various concentrations of CTMAB were tested.

RESULTS AND DISCUSSION

Comparison of Effects of TAβCD and QAβCD with β-CD on the Fluorescence Enhancement

The results are shown in Tables 1–4.

Mechanistic Investigation

Using pyrene as fluorescent probe. Pyrene is an especially suitable fluorescent probe because of its vibronic fine structure and sensitivity to microenvironmental changes. The polarity of the microenvironment surrounding pyrene may be estimated from the ratio of intensities of band I (-373 nm)/band Ⅲ (-383 nm) (I_1/I_3) [4]. This sensitivity to microenvironmental changes has been used to study the polarity of CDs' cavities. Although for ionic β-CD derivatives carrying polar groups which may occur deviations with this probe's study. However, these results may still be as good informations.

TABLE 2
Effect of CDs on the Fluorescence Intensity of the Zr(Ⅳ)–Quercetin System

Conc.(μM)	Intensity(λ_{em})		
	β-CD	TAβCD	QAβCD
0	75.1(494.1)	75.1(494.1)	75.1(494.1)
0.8	77.8(493.8)	78.0(494.1)	78.2(494.1)
4.0	82.6(493.9)	85.8(494.0)	87.6(494.0)
8.0	86.8(494.1)	92.2(493.9)	80.6(494.2)
12.0	92.6(494.1)	-	-
16.0	-	98.6(493.8)	107.6(494.0)
40.0	-	90.8(494.1)	122.2(494.1)

Note. ABS $\times$ 1; ORD $\times$ 4; $E_{ex} = E_{em} = 10$ nm; $\lambda_{ex} = 430.0$ nm.

TABLE 3
Effect of CDs on the Fluorescence Intensity of the Al (Ⅲ)–Ferron System

Conc.(μ M)	Intensity(λ_{cm})		
	β-CD	TAβCD	QAβCD
0	12.8(495.7)	12.8(495.7)	12.8(495.7)
1.0	14.7(497.2)	19.1(493.5)	17.6(494.4)
8.0	18.9(494.1)	25.4(488.2)	21.8(489.2)
16.0	23.1(494.0)	29.2(482.7)	19.3(485.5)
40.0	5.7(409.8)	27.7(419.8)	19.4(465.0)
-		59.0(417.5)	38.3(406.2)

Note. ABS × 1; ORD × 4; $E_{ex} = E_{em} = 10$ nm; $\lambda_{ex} = 270.1$ nm.

Figures 1–3, show the changes of I_1/I_3 ratios for β-CD, QAβCD, and TAβCD in water (pH 7), HAC–NaAC buffer solution (pH 5), and 0.72 M HCl solution, respectively. It is clear that in any media the initial addition of β-CD leads to a dramatic decrease in I_1/I_3 ratio, followed by leveling off the ratio at higher β-CD concentrations. This effect is attributed to the transfer of pyrene from the hydrophilic aqueous environment into the nonpolar CD cavity. The band intensity ratio reaches a constant level, suggesting a substantially more nonpolar environment surrounding the pyrene that in water. However, when TAβCD or QAβCD was added to the pyrene solution, the I_1/I_3 ratio decreases more slightly and the slopes of decreasing lines are greatly dependent upon the pH of the media; for TAβCD the dependence is more apparent. The results indicate that the microenvironment around the pyrene is slightly altered and suggest that not as much of the pyrene is getting into the modified β-CD cavities as in unmodified β-CD. These results also suggest that the bulky hydroxypropyl, trimethylamine, and diethylaminoethyl groups are blocking the cavity, thus restricting the pyrene from fully entering the modified β-CD cavity. They also indicate that the steric effect of QAβCD is greater than that of TAβCD.

We further investigated the complexing ability of QAβCD and TAβCD with pyrene and naphthalene as probes, by quenching measurements using KI[5]; the results were inagreement with that from the I_1/I_3 study.

Effect of concentrations of CDs. Since the analyte–CD complexation process is a dynamic equilibrium, the analyte fluorescence dependence upon CD concentration is due to the increase proportion of analyte molecule which is included in the protective CD cavity. Despite the differences in complexing ability, all the soluble β-CD derivatives examined should be able to sufficiently complex most of the analytes at their higher CD concentrations.

TABLE 4
Effect of CDs on the Fluorescence Intensity of the Al(Ⅲ)–H₂QS System

Conc.(μM)	Intensity(λ cm)		
	β-CD	TAβCD	QAβCD
0	24.6(495.0)	24.6(495.0)	24.6(495.0)
8.0	20.5(493.6)	36.1(490.1)	32.5(491.1)
40.0	-	46.9(485.1)	36.3(487.2)

Note. ABS × 1; ORD × 4; $E_{ex} = E_{em} = 10$ nm; $\lambda_{ex} = 381.0$ nm.

It is shown in Table 1 that while the concentrations of CDs increased from 0 to 8 m M, the fluorescence enhancements by β-CD, QAβCD, and TAβCD were only slight. At $40\mu M$ the enhancement by β-CD is about

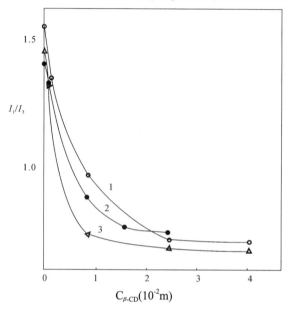

FIG. 1. I_1/I_3 ratios of pyrene probe study for β-CD in various media: (1) in deionized water (pH 7); (2) in NaAC–NAC buffer solution (pH 5), (3) in 0.72M HCl solution.

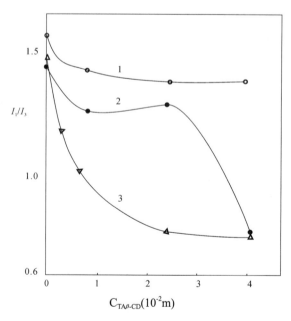

FIG. 2. I_1/I_3 ratios of pyrene probe study for TAβCD in various media: (1) in deionized water (pH 7), (2) in NaAC–HAC buffer solution (pH 5); (3) in 0.72M HCl solution.

1.9 fold, while by QAβCD and TAβCD only its 1.5 and 1.6 fold, respectively. However, in the 80 mM solution, the enhancement by QAβCD and TAβCD increased 10.8 and 10.5 fold, respectively. In the meantime, the enhancement by unmodified β-CD was restricted by its solubility (~14 μM). This indicated that the important factors for complexing ability of derivatized β-CD are the steric effect (which inhibits complexation), the hydrophobic effect, and their solubility, the latter two factors favor complexation.

For Al(Ⅲ)-Ferron system (Table 3), as the concentrations of CDs were increased, significant blue-shifts of emission maximal wavelength resulted, from 495.7 nm in water to 417.5 nm (for TAβCD) and 406.2 nm (for QAβCD), with fluorescence intensity enhancements about 3.6 and 2 fold, respectively. For the Al(Ⅲ)–H$_2$QS system, the maximal emission wavelength was also blue-shifted but more slightly, with fluorescence intensity enhancements only 90.65% by TAβCD and 47.5% by QAβCD. It is probable that in the reaction media at pH 5, the substituted group on the TAβCD molecule is not protonated, in spite of the steric effect; the hydrophobic interaction for its complexing ability became more important.

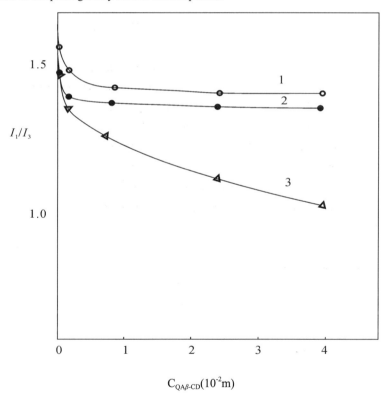

FIG. 3. I_1/I_3 ratios of pyrene probe study for QAβCD in various media: (1) in deionized water (pH 7); (2) in NaAC–HAC buffer solution (pH 5); (3) in 0.72M HCl solution.

TABLE 5

$\phi_{N\text{-}CD}/\phi_N$ of the Zr(IV)–Morin System

Conc.(μM)	$\phi_{N\text{-}CD}/\phi_N$		
	β-CD	TAβCD	QAβCD
12.0	1.280	-	-
40.0	-	2.321	2.399

Analytical Characters of Ionic Chemical Modified β-CD

As has been discussed above, one of the primary characters of ionic chemical modified β-cyclodextrins, like other modified cyclodextrins, is steric hindrance, which inhibits analyte from collections in their cavities [5]. On the other hand, its hydrophobic interaction force is increased, which is one of the primary factors for the formation of inclusion complexes between cyclodextrins and different guest molecules. But this force of ionic chemical modified β-CD is dependent upon its ionic species. For example, as TAβCD, the following equilibrium shifted reversibly depending on the acidity of the reaction media:

$$\beta\text{-CD[CH}_2\text{CH}_2\text{N(C}_2\text{H}_5)_2]_n + n\text{H}^+ \qquad \beta\text{-CD[CH}_2\text{CH}_2\text{NH}^+\text{C}_2\text{H}_5)_2]_n$$

So we may deduce that another important character of ionic chemical modified β-CD is its complexing ability which is greatly dependent upon the acidity of its reaction media. Comparing curve 1 with curves 2, 3 in Fig. 1–3, the slopes of I_1/I_3–C_{CD} are quite different. The results further prove the above character of the ionic β-CD derivative system. Last, it is important to note that unmodified β-CD contains 21 hydroxyl groups, upon chemical modification, the products obtained are always a mixture of the modified β-CD with various degrees of substitution. It should also be noted that the analyte orientation within the CD cavity can be different for its interaction of modified β-CDs compared to that observed in unmodified β-CD, and higher order complexes are possible at higher CD concentrations. For ionic modified β-CDs, the factors for their complexing ability may be more complicated.

Comparison of Fluorescence Quantum Yield

TABLE 6

$\phi_{N\text{-}CD}/\phi_N$ of the Zr(IV)–Morin System

Conc.(μM)	$\phi_{N\text{-}CD}/\phi_N$		
	β-CD	TAβCD	QAβCD
12.0	1.429	-	-
16.0	-	1.737	1.935

TABLE 7

$\phi_{\text{N-CD}}/\phi_{\text{N}}$ of the Al (III)–Ferron System

Conc.(μM)	$\phi_{\text{N-CD}}/\phi_{\text{N}}$		
	β-CD	TAβCD	QAβCD
8.0	0.473	-	-
12.0	0.381	-	-
40.0	-	2.902	1.668

The fluorescence intensity of dilute fluorophore solution is proportional to the molar absorptivity at maximal excitation wavelength (ε_{ex} multiplied by fluorescence quantum yield (ϕ); thus ε_{ex} and ϕ are two indices of fluorescence enhancement. The enhancement of fluorescence was evaluated using the equation[6]

$$\phi_{\text{N-CD}}/\phi_{\text{N}}=(I_{\infty}/I_0)/(A_{\infty}/A_0)$$

Where ϕ_{N}, $\phi_{\text{N-CD}}$ are the fluorescence quantum yield of fluorophoric reagent and its inclusion complex, respectively, I_{∞} is the fluorescence intensity when the fluorophore is "fully" included, while I_0 represents that in the absence of CD. A_{∞} and A_0 are corresponding absorbance at maximal excitation wavelength. The results are in Tables 5–8.

The Effect of Surfactant

The systems of analyte–CD–surfactant (SF) in aqueous solution have been studied as a function of concentration of surfactant with absorption and fluorescence spectra using pyrene as probe[7–12]. The results suggest that two equilibrium processes are involved. Below the critical micelle concentration (CMC) of the surfactant, the three-component complex analyte–CD–SF was formed, leading to the achievement of a more hydrophobic environment for the included analyte; if the latter is a fluorophore the fluorescence intensity will be increased. Synergistic sensitization takes place, such as the effect of CDs with Triton X-100 (<CMC) on the Zr(IV)-Morin system. However, as the concentration of SF increases above the CMC, another equilibrium process, mixed micelles containing CD occur, resulting in reduction of flourescence intensity.

It should be noted that CDs are capable of forming inclusion complexes with compounds having a size compatible with the dimensions of the cavity. For Al(III)–Ferron and Al(III)–H$_2$QS systems, when a cationic surfactant, CTMAB, co-existed with CDs, Al(III)(Ferron)$_3$(CTMAB)$_3$[13] and Al(III)(H$_2$QS)$_2$(CTMAB)$_3$[14] were formed respectively. These molecules are too large to find complete accommodation in the cavities of CDs. The included fraction of these bulky complexes will be reduced, so the fluorescence intensity of the above two systems is much smaller than that affected only by CTMAB.

TABLE 8

$\phi_{\text{N-CD}}/\phi_{\text{N}}$ of the Al (III)–H$_2$QS System

Conc.(μM)	$\phi_{\text{N-CD}}/\phi_{\text{N}}$		
	β-CD	TAβCD	QAβCD
8.0	0.278	-	-
40.0	-	0.318	0.649

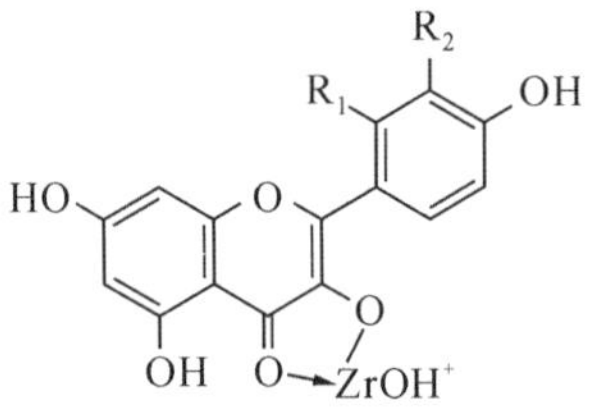

FIG. 4. Chemical structure of Zr(IV)–flavone; Zr(IV)–morin, R_1 = OH, R_2 = H, Zr(IV)–quercetin, R_1 = H, R_2 = OH.

Effect of Chemical Structure of Fluorophoric Reagent

From Table 1 and Table 2, the observed fluorescence intensity for Zr(IV) in CDs is much greater if morin is used as fluorophoric reagent than of quercetin is used. This is due to a difference in the position of the Zr(IV)–flavone bond in these reagents. The complexing groups of morin and quercetin are the ketone and *o*-hydroxyl groups. Their Zr(IV)complex is as Fig. 4.

The only structural difference between the two reagents is the position of the second hydroxyl group in the benzene ring (Fig. 4).

The intramolecular hydrogen bonds between the hydroxyl group and the oxygen bridge were formed in the Zr(IV)–morin complex, while not in Zr(IV)–quercetin. Thus, a more rigid structure would result from Zr(IV)–morin, accounting for its greater fluorescence quantum yield (also see Table 5 and Table 6).

The different chemical structures of ferron and 8-hydroxyquinoline–5–sulfonic acid (H$_2$QS) is that in ferron molecules an electrophilic group of I is introduced to 7-position, thus the activity of π electrons in the conjugated system is increased. Meanwhile the excited energy is reduced, and thus the fluorescence yield is increased. However, in the co-presence of CDs, causing their plane structure of Al(III)–Ferron (H$_2$QS) torsion deformation in their cavities, the fluorescence intensities were decreased with emission while maximal wavelength is blue-shifted. For Al(III)–H$_2$QS both fluorescence enhancement and emission maximal wavelength blue-shift were much smaller.

CONCLUSIONS

In the case of chemically modified β-CDs both steric effect (which inhibits complexation) and hydrophobic effect (which favors complexation) are in opposition with respect to the analyte inclusion complexation process and thus a range of fluorescent enhancements are observed. But for the ionic groups modified β-CDs the hydrophobic force is smaller than that of nonionized derivatives. It should be noted that the reactivity (including inclusion complexing ability) is greatly pH-dependent. The chemical structure of the fluorophoric reagent and their corresponding fluorescent complexes also plays an important role in fluorescence intensity and fluorescence enhancement.

ACKNOWLEDGMENTS

This project was supported by the Zhejiang Provincial Natural Science Foundation of China. The authors are also grateful to G. A. Reed of American Maize Products Company for providing the CDs used in this study.

REFERENCES

1. Frankewich, Raymond P.; Thimmaiah, K. N.; Hinze, Willie L. *Anal. Chem.*, 1991, 63, 2924–2933.

2. Zhu, Lizhong; Qi, Zhihong Helena; Lu, Zhoushun; Zhu, Jingpin; Qi, Wenbin. *Proceedings of 1994 Pittsburgh Conference*, p. 822.

3. Qi, Wenbin; Qi, Zhihong. *New Analytical Enhancing Reagents*, Chap. 4. Hangzhou Univ. Press, 1994.

4. Kalyanasundaram, K.; Thomas, J. K. *J. Am. Chem. Soc.*, 1977, 99, 2039–2044.

5. Zung, Jonathan B.; Ndou, Thilivhali T.; Warner, Lslah M. *Appl. Spectrosc.*, 1990, 44, 1491–1493.

6. Jiang, Yunbao; Huang, Xianzhi; Chen, Guozhen. *J. Xiamen Univ. Nat. Sci.*, 1991, 30, 395–398.

7. Nelsen, G.; Warner, I. M. *Carbohydrate Res.*, 1989, 192, 305–312.

8. Hashimoto, S.; Thomas, J. K. *J. Am. Chem. Soc.*, 1985, 107, 4655–4662.

9. Xie, R. Q.; Liu, Y.-C.; Lei, X. G. *Res. Chem. Intermed.*, 1991, 16, 71–95.

10. Liveri, V. Turco.; Cavallaro, G.; Giammona, G.; Pitarresi, G.; Puglisi, G.; Vemtura, C. *Thermochimi. Acta*, 1992, 199, 125–132.

11. Kusumoto, Y.; Shizuka, M. *Chem. Phys. Lett.*, 1986, 125, 64–68.

12. Qi, Wenbin; Luo, Hongshan. *Chin. J. Anal. Chem.*, 1992, 20, 1052–1056.

13. Jie, Nianguin; Zhang, Chuanhong; Jiang, Shufu. *Metallurg. Anal.*, 1988, 8, 18–20.

14. Cui, Wancang; Wang, Jinling; Shi, Huiming. *Chin. J. Anal. Chem.*, 1983, 11, 900–940.

第 25 卷　　　　　　　　　　分 析 化 学 (FENXI HUAXUE) 研究简报　　　　　第 8 期

1997 年 8 月　　　　　　　　Chinese Journal of Analytical Chemistry　　　　　944~946

$\beta-$ 环糊精及其衍生物对萘胺的荧光增强效应及机理

朱利中　陆州舜　戚文彬

(杭州大学环境科学系，杭州 310028)

摘　要　研究了 $\beta-$ 环糊精 (β-CD) 及其衍生物 (2- 羟基) 丙基 -β- 环糊精 (HP-β-CD)、叔胺 -β-环糊精 (TA-β-CD) 对萘胺荧光强度的影响，发现 HP-β-CD、TA-β-CD 对萘胺的荧光增强作用比 β-CD大。初步探讨了十二烷基硫酸钠 (SDS)、Triton X-100、溴化十六烷基三甲铵 (CTMAB) 与 β-CD或 HP-β-CD 对萘胺荧光强度的协同增敏作用及其机理。

关键词　$\beta-$ 环糊精及其衍生物，萘胺，荧光光度法

1 引　言

β-CD 在荧光分析中的应用日趋增多。但由于 β-CD 在水中的溶解度较小，一定程度上限制了它的增敏作用。于是人们通过化学修饰的方法，合成了多种 β-CD 衍生物，从而改善 β-CD 的溶解度和分析特性。研究表明，β-CD 衍生物比 β-CD 具有更大的荧光增强作用[1,2]，混合增效试剂对有机物等荧光强度有协同增敏作用。然而 β-CD 衍生物对有机物的荧光增强效应及机理有待深入研究。

本文以萘胺为研究对象，比较研究了 β-CD 及衍生物——(2- 羟基) 丙基 -β- 环糊精 (HP-β-CD)和叔胺 -β- 环糊精 (TA-β-CD) 对萘胺的荧光增强作用，还研究了 β-CD、HP-β-CD 与十二烷基硫酸钠 (SDS)、Triton X-100、溴化十六烷基三甲铵 (CTMAB) 对萘胺荧光体系的协同增敏作用，初步探讨了荧光增强作用的机理。

2 实验部分

2.1 主要仪器及试剂

RF-540 型荧光分光光度计 (日本岛津)；960 型荧光分光光度计 (上海分析仪器三厂)；CO50型超声波振荡仪。

萘胺储备液 :5×10^{-3}mol/L 的无水乙醇溶液；萘胺工作液 : 3×10^{-6}mol/L；β-CD、HP-β-CD、TA-β-CD 水溶液: 8.81×10^{-3}mol/L；表面活性剂水溶液: SDS，5×10^{-3}mol/L; Triton X-100, 0.01mol/L;CTMAB，2×10^{-3}mol/L；pH 为 8.0 的 Michaelis 缓冲液。

2.2 实验步骤

在 25 mL 容量瓶中，分别加入 1.0 mL α- 萘胺 (或 β- 萘胺) 工作液，3.0 mL β-CD(或 HP-β-CD、TA-β-CD) 溶液，3.0 mL pH 8.0 的缓冲溶液，用去离子水稀释至刻度；超声振荡 30 min，测定 α-萘胺 (或 β- 萘胺) 的荧光强度。α- 萘胺的最佳激发波长和发射波长分别为 342.3 nm 和 444 nm; β-萘胺的最佳激发波长和发射波长分别为 350.5 nm 和 410 nm。

1994-10-14 收稿；1997-03-28 接受。

3 结果与讨论

3.1 pH 对萘胺荧光强度的影响

在各种 CD 体系中，当溶液的 pH 大于 6.0 时，α- 萘胺和 β- 萘胺的荧光强度均达到最大且保持恒定，说明 pH 对萘胺荧光强度的影响趋势相同。本文选 pH 8.0；这时萘胺以分子型体存在。

3.2 β-CD 及其衍生物对萘胺荧光强度的影响及机理

实验表明，β-CD 及其衍生物 HP-β-CD、TA-β-CD 对 β- 萘胺的荧光增强作用大于对 α- 萘胺的荧光增强作用；其中 β-CD 衍生物对萘胺的荧光增强作用又比 β-CD 大；β-CD 及其衍生物对萘胺的荧光增强效应与其浓度有关（表 1）。当 β-CD、HP-β-CD、TA-β-CD 浓度较低时，萘胺的荧光强度随其浓度的增大而增强；当其浓度大于 3.52×10^{-3} mol/L 时，萘胺的荧光强度达到最大且基本恒定。

表 1 β-CD 及其衍生物对萘胺荧光强度的影响
Table 1 Effect of CDs on the fluorescence intenties of naphthylamine

| CDs 浓度 Concentration of CDs(mol/L) | α- 萘胺 α-Naphthylamine | | | | | | β- 萘胺 β- Naphthylamine | | | | | |
| | β-CD | | HP-β-CD | | TA-β-CD | | β-CD | | HP-β-CD | | TA-β-CD | |
	F	n%	F	n%	F	n%	F	n%	F	n%	F	n%
0	25.5	—	25.5	—	25.5	—	20.4	—	20.4	—	20.4	—
1.76×10^{-3}	29.4	15.3	37.8	48.2	38.7	51.8	32.1	57.4	34.8	70.6	38.4	88.2
3.52×10^{-3}	33.9	32.9	42.3	65.9	42.3	65.9	38.7	89.7	39.3	92.6	40.8	100.0
5.29×10^{-3}	34.2	34.1	42.9	68.2	43.2	69.4	38.4	88.2	40.8	100.0	42.3	107.4
7.05×10^{-3}	34.5	35.5	43.5	70.6	43.6	71.1	38.1	86.8	41.1	101.5	42.0	105.9

n: 荧光增敏率 (fluorescence-enhanced rate)，F: 相对荧光强度 (relative fluorescence intensity)。

根据文献 [3] 所提供的实验方法，测定 β-CD 及其衍生物与萘胺的包络常数（见表 2），发现 HP-β-CD、TA-β-CD 与萘胺的包络常数（K_c）要比 β-CD 大。这说明 HP-β-CD 和 TA-β-CD 的外部修饰基团使 β-CD 母体内腔的刚性结构变成挠曲性主体，增加了内腔的包合性能 [4]，使得萘胺与 HP-β-CD、TA-β-CD 的包合物比与 β-CD 的包合物之间的匹配性更好，包合更为紧密，从而使萘胺在 HP-β-CD、TA-β-CD 内腔的三维空间中转动、振动、

表 2 β-CD 及其衍生物与萘胺的包合常数（K_c）
Table 2 Inclusion constants of CDs with naphthylamine (K_c)

| | 包合常数 Inclusion constants | | |
	β-CD	HP-β-CD	TA-β-CD
α- 萘胺 α-Naphthylamine	492	1553	2083
β- 萘胺 β- Naphthylamine	1007	1818	4261

移动的自由度减小，减少了非辐射跃迁的概率，提高了萘胺的荧光强度。因此，β-CD 衍生物比 β-CD 有更大的荧光增强作用。

Framkenich 等 [1] 认为 β-CD 衍生物有比 β-CD 更大的荧光增强效应，是因为它在水中的溶解度比 β-CD 大得多，并有更多客体分子被包合而产生的结果。实验表明，当 β-CD 及其衍生物浓度为 3.52×10^{-3} mol/L 时，萘胺的荧光强度不再随它们浓度的增大而增强，而是趋于稳定。因此，溶解度增大是 β-CD 衍生物具有较大荧光增强作用的一个原因，而其主要原因是 β-CD 衍生物比 β-CD 具有更强的包合能力。

实验还表明，β-CD 及其衍生物对 β- 萘胺的荧光增强作用比对 α- 萘胺大，这与它们对萘胺的包合能力及包合方式有关。

3.3 混合增效试剂对萘胺的荧光增强作用

实验结果表明，Triton X-100 对 α- 萘胺和 β- 萘胺有较强的荧光增强作用；SDS 的增敏作用较弱；而 CTMAB 仅对萘胺有荧光增强作用。例如，当溶液中 Triton X-100 浓度为 8.0×10^{-3} mol/L 时，

对 α-、β- 萘胺的荧光增敏率分别为 123.5% 和 114.7%；当 SDS 浓度为 2.0×10^{-3}mol/L 时，对 α-、β- 萘胺的增敏率分别为 9.8% 和 60.8%；当 CTMAB 浓度为 1.6×10^{-3}mol/L 时，对 α- 萘胺的荧光增敏率达 160.4%，而对 β- 萘胺没有增敏作用。

研究还表明，Triton X-100 与 β-CD 或 (HP-β-CD) 混合增效试剂对萘胺能产生较强的协同增敏作用，对 β- 萘胺的协同增敏作用大于对 α- 萘胺的作用。例如，Triton X-100-β-CD 对 α-、β- 萘胺荧光强度的协同增敏率分别为 72.6% 和 91.0% ;Triton X-100-HP-β-CD 对 α- 萘胺和 β- 萘胺的协同增敏率分别为 45.9% 和 107.4%。CTMAB 与 β-CD 或其衍生物联用对萘胺未能产生协同增敏作用，SDS-β-CD 仅对 β- 萘胺有一定的协同增敏作用，其增敏率为 26.6% ;而 SDS-HP-β-CD 联用对萘胺荧光强度未能产生协同增敏作用。

β-CD 及其衍生物与表面活性剂对萘胺荧光产生协同增敏作用，其原因是 β-CD 及其衍生物与表面活性剂分子的疏水长链产生包络作用，改善了内腔的疏水性以及与客体分子之间的 匹配性，增强了 β-CD 及其衍生物的包合能力。例如，Triton X-100 存在下，β-CD(或 HP-β-CD) 与萘胺的包络常数增大 (表3)。实验还发现，当萘胺 -CD-Triton X-100 体系的荧光强度达到最大值时，Triton X-100 的浓度为 3.52×10^{-3}mol/L，此时 CD 与 Triton X-100 的包络比约为 1：1。应当指出，混合增效试剂对萘胺产生协同增敏作用的大小并非与包络常数的增长率成正比；因此，包络常数增大仅是混合增效试剂对萘胺产生协同增敏作用的主要原因之一；其作用机理，有待于进一步研究。

表 3 Triton X-100 存在下 CDs 与萘胺的包络常数

Table 3 Inclusion constants of CDs and naphthylamine in the presence of Triton X-100

	包络常数 Inclusion constant			
	β-CD	Triton X-100	HP-β-CD	Triton X-100-HP-β-CD
α- 萘胺 α-Naphthylamine	492	7029	1553	10057
β- 萘胺 β-Naphthylamine	1007	5543	1818	12057

致　谢：本文所用 β-CD 衍生物均由 American Maize-Products Company 提供，在此表示衷心的感谢。

参 考 文 献

1 Frankewich R P, Thimmaiah K N, Hinze W L. *Anal. Chem.* , 1991 , 63: 2924

2 Zhu Lizhong, Qi Zhihong, Lu Zhoushun, Jing Hui, Qi Wenbin. *Microchem. J.* , 1996, 53: 361

3 江天宝 , 黄贤智 , 陈国珍 . 厦门大学学报 (自然科学版), 1990, 29(2): 188

4 戚文彬 , 戚志红 . 新分析增效试剂 , 杭州 : 杭州大学出版社 , 1994: 123

Effects of β-Cyclodextrin and Its Derivatives on Fluorescence Enhancement of Naphthylamine

Zhu Lizhong[*],　Lu Zhoushun,　Qi Wenbin

(Department of Environmental Science, Hangzhou University,　Hangzhou 310028)

Abstract　Effect of β-cyclodextrin and its derivatives such as 2-hydroxypropyl-β-cyclodextrin (HP-β-CD), tertiary amine β-cyclodextrin (TA-β-CD) on the fluorescence intensities of α -, β-naphthylamine were investigated in detail. The mechanism of the fluorescence enhancement of β-CD and its derivatives on naphthylamine was discussed based on the inclusion constants. The synergistic fluorescence enhancements of β-CD or its derivatives with surfactants such as SDS, Triton X-100 and CTMAB were also studied.

Keywords　Cyclodextrins, naphthylamine, fluorescence spectrophotometry

(Received 14 October 1996; accepted 28 March 1997)

后 记

日月如梭，转瞬百年。我国分析化学界的前辈、杭州大学环境科学系教授戚文彬先生离开我们已经整整 17 年了，先生的音容笑貌仍时常浮现在我们面前，先生的高风亮节仍在继续指引着我们认真做事踏实做人。

先生是浙江慈溪人，毕业于当时西迁贵州的浙江大学化学系，经历了风风雨雨，潮落潮起，但他追求真理、严谨治学、宽厚待人的风骨不变，淡泊名利、任劳任怨、谦逊大度的作风永存，他的一生都奉献给了他热爱的教学科研事业，在我国分析化学、环境化学界享有较高的地位和影响。

"分析化学"这个理念自 20 世纪 30 年代由王琎教授这一辈先驱者引入中国，开始在中国的大学化学教学中得到普及。新中国成立后，高教部委托王琎先生编撰分析化学教材，当时还只是一个年轻讲师的戚文彬被王先生邀请为唯一合作者。该教材在高等教育出版社于 1958 年出版后的近 20 年中被全国师范院校普遍采用。先生的学术影响由此起步。

20 世纪 70 年代末，先生开始研究增效试剂对显色和荧光反应的增效作用，以及两种或两种以上增效试剂的协同作用。在随后近 20 年的时间里，他与郑用熙、史慧明、慈云祥等教授一起掀起了表面活性剂对分光光度法增溶增敏增效作用与机理的研究高潮。特别在多元络合物分光光度分析和环境分析化学理论及应用研究中成绩卓越，他首先创立了显色反应增敏"胶束刚性不对称微环境"等一系列理论，编著出版了《表面活性剂与分析化学》、《新分析增效试剂》这两部有很大影响的学术专著，还在国内外发表论文一百多篇。不仅在国内，在东南亚乃至在整个国际分析化学界都有了很大的影响，他被邀请为 1989 年和 1995 年太平洋沿岸地区国际化学大会有关分析增效试剂的专题讨论会的共同组织者，并作大会专题发言。由于在分析增效试剂研究上的成就，戚先生的"表面活性剂在分析化学中的应用及其机理研究"和"有序介质中的分析反应的机理和应用"成果，分别获 1989 年国家教育委员会科技进步奖二等奖和 1994 年国家教育委员会科技进步奖三等奖，1996 年化学工业部自然科学奖三等奖。

20 世纪 80 年代初，应上海科学技术出版社之邀，先生主编了大学自学丛书之一的《分析化学》教材，给当时大批迫切要求学习现代科学基础知识而又无法进入大学校园的好学青年们提供了良好的业余学习条件，以适应新时期发展的需求。先生还曾主编由化学工业出版社于 1982 年出版的大型分析化学工具书——《分析化学手册（第二分册）》。该《分析化学手册》于 1994 年酝酿再版时，已退休的先生仍认真参与新版的修订。新版于 1997 年出版后 2000 年获第十届全国优秀图书奖二等奖。手册的第三版也已于 2016 年出版发行，继续保留了先生对于表面活性剂在分析化学中增敏增效作用的内涵。

作为一个大学教授，先生从事高校教学科研工作 50 年，栽得桃李满天下。他十分重视培养学生发现问题、提出问题和解决问题的能力，无论是研究生还是本科生，他都循循善诱，善为人师，师德高尚。即便是慕名上门求教的青年学子，他都能给予热情的指导和帮助，真正做到了无私奉献。他担任过《分析化学》、《环境污染与防治》等杂志的编委，对每一篇论文审稿都倾注了很大的热忱，详细指出其各项不足之处，在相关杂志社内有口皆碑。先生既是满腹经纶的专家，又是和蔼可亲的长者，赢得了"宽厚长者，学业良师"的美誉，得到他帮助和教诲的青年学子不计其数，许多人已成为国内化学界、环保界的骨干力量。

今年 1 月 21 日，我们在杭州为先生举行了百年诞辰纪念会，纪念会得到了先生亲朋好友的热烈响应。中国科学院院士湖南大学俞汝勤教授写来了热情洋溢的纪念文章，原杭州大学校长郑小明教授与会并发表的深情的演讲，中国工程院院士朱利中教授展示了继承和发扬先生学术精神的研究成果……我们将这些作品及先生好友和弟子们怀念先生的小文，编集成册，于是有了这本纪念文集。

在文集中，我们还收集了由先生独自撰写的 4 篇论文，也收录了各位师兄弟姐妹们在先生指导下完成的论文。为真实体现论文的原始性，我们就按论文发表时的原貌将其纳入了文集中。虽然其中有不少表述方式现在看来欠妥，与我国现行科技期刊论文的规范格式有点不合，还有非 SI 制，如浓度单位的 ppm 等，但这样处理可以原汁原味地体现论文的原始状况，敬请读者可以理解和谅解。

先生已逝，风貌永存！

编者
2019.4 于西子湖畔